AGATHA CHRISTIE é a [...] tempos, superada ape[nas ...]. [E]m uma carreira que durou mais de cinquenta anos, escreveu 66 romances de mistério, 163 contos, dezenove peças, uma série de poemas, dois livros autobiográficos, além de seis romances sob o pseudônimo de Mary Westmacott. Dois dos personagens que criou, o engenhoso detetive belga Hercule Poirot e a irrepreensível e implacável Miss Jane Marple, tornaram-se mundialmente famosos. Os livros da autora venderam mais de dois bilhões de exemplares em inglês, e sua obra foi traduzida para mais de cinquenta línguas. Grande parte da sua produção literária foi adaptada com sucesso para o teatro, o cinema e a tevê. *A ratoeira*, de sua autoria, é a peça que mais tempo ficou em cartaz, desde sua estreia, em Londres, em 1952. A autora colecionou diversos prêmios ainda em vida, e sua obra conquistou uma imensa legião de fãs. Ela é a única escritora de mistério a alcançar também fama internacional como dramaturga e foi a primeira pessoa a ser homenageada com o Grandmaster Award, em 1954, concedido pela prestigiosa associação Mystery Writers of America. Em 1971, recebeu o título de Dama da Ordem do Império Britânico.

Agatha Mary Clarissa Miller nasceu em 15 de setembro de 1890 em Torquay, Inglaterra. Seu pai, Frederick, era um americano extrovertido que trabalhava como corretor da Bolsa, e sua mãe, Clara, era uma inglesa tímida. Agatha, a caçula de três irmãos, estudou basicamente em casa, com tutores. Também teve aulas de canto e piano, mas devido ao temperamento introvertido não seguiu carreira artística. O pai de Agatha morreu quando ela tinha onze anos, o que a aproximou da mãe, com quem fez várias viagens. A paixão por conhecer o mundo acompanharia a escritora até o final da vida.

Em 1912, Agatha conheceu Archibald Christie, seu primeiro esposo, um aviador. Eles se casaram na véspera do Natal de 1914 e tiveram uma única filha, Rosalind, em 1919. A carreira literária de Agatha – uma fã dos livros de suspense do escritor inglês Graham Greene – começou depois que sua irmã a desafiou a escrever um romance. Passaram-se alguns anos até que o primeiro livro da escritora fosse publicado. *O misterioso caso de Styles* (1920), escrito próximo ao fim da Primeira Guerra Mundial, teve uma boa acolhida da crítica. Nesse romance aconteceu a primeira aparição de Hercule Poirot, o detetive que estava destinado a se tornar o personagem mais popular da ficção policial desde Sherlock Holmes. Protagonista de 33 romances e mais de cinquenta contos da autora, o detetive belga foi o único personagem a ter o obituário publicado pelo *The New York Times*.

Em 1926, dois acontecimentos marcaram a vida de Agatha Christie: a sua mãe morreu, e Archie a deixou por outra mulher. É dessa época também um dos fatos mais nebulosos da biografia da autora: logo depois da separação, ela ficou desaparecida durante onze dias. Entre as hipóteses figuram um surto de amnésia, um choque nervoso e até uma grande jogada publicitária. Também em 1926, a autora escreveu sua obra-prima, *O assassinato de Roger Ackroyd*. Este foi seu primeiro livro a ser adaptado para o teatro – sob o nome *Álibi* – e a fazer um estrondoso sucesso nos teatros ingleses. Em 1927, Miss Marple estreou como personagem no conto "O Clube das Terças-Feiras".

Em uma de suas viagens ao Oriente Médio, Agatha conheceu o arqueólogo Max Mallowan, com quem se casou em 1930. A escritora passou a acompanhar o marido em expedições arqueológicas e nessas viagens colheu material para seus livros, muitas vezes ambientados em cenários exóticos. Após uma carreira de sucesso, Agatha Christie morreu em 12 de janeiro de 1976.

Agatha Christie

Os trabalhos de Hércules

Tradução de Marcio Hack

www.lpm.com.br

L&PM POCKET

Coleção **L&PM** POCKET, vol. 924

Texto de acordo com a nova ortografia.
Título original: *The Labours of Hercules*

Primeira edição na Coleção **L&PM** POCKET: fevereiro de 2011
Esta reimpressão: janeiro de 2020

Tradução: Marcio Hack
Capa: designedbydavid.co.uk © HarperCollins/Agatha Christie Ltd 2008
Preparação: Tiago Martins
Revisão: Ana Laura Freitas

CIP-Brasil. Catalogação na Fonte
Sindicato Nacional dos Editores de Livros, RJ.

C479t

Christie, Agatha, 1890-1976
  Os trabalhos de Hércules / Agatha Christie; tradução de Marcio de Paula S. Hack. – Porto Alegre, RS: L&PM, 2020.
  320p. – (Coleção L&PM POCKET; v. 924)

  Tradução de: *The Labours of Hercules*
  ISBN 978-85-254-2103-6

  1. Ficção inglesa. I. Hack, Marcio de Paula S. II. Título. III. Série.

10-6584.   CDD: 823
                            CDU: 821.111-3

The Agatha Christie Roundel Copyright © 2013 Agatha Christie Limited. Used by permission. All rights reserved.
The Labour of Hercules Copyright © 1947 Agatha Christie Limited. All rights reserved.
AGATHA CHRISTIE, POIROT and the Agatha Christie Signature are registered trade marks of Agatha Christie Limited in the UK and elsewhere. All rights reserved.

Todos os direitos desta edição reservados a L&PM Editores
Rua Comendador Coruja, 314, loja 9 – Floresta – 90.220-180
Porto Alegre – RS – Brasil / Fone: 51.3225.5777

Pedidos & Depto. Comercial: vendas@lpm.com.br
Fale conosco: info@lpm.com.br
www.lpm.com.br

Impresso no Brasil
Verão de 2020

Sumário

Prólogo 7
Capítulo 1 – O leão de Nemeia 15
Capítulo 2 – A hidra de Lerna 46
Capítulo 3 – A corça da Arcádia 75
Capítulo 4 – O javali de Erimanto 96
Capítulo 5 – Os estábulos de Áugias 122
Capítulo 6 – As aves do lago Estínfalo 145
Capítulo 7 – O touro de Creta 170
Capítulo 8 – Os cavalos de Diomedes 202
Capítulo 9 – O cinto de Hipólita 224
Capítulo 10 – O rebanho de Gerião 242
Capítulo 11 – As maçãs das Hespérides 265
Capítulo 12 – A captura de Cérbero 284

Prólogo

A decoração do apartamento de Hercule Poirot era essencialmente moderna. Por todo lado via-se o brilho do metal cromado. As poltronas, embora confortáveis e acolchoadas, eram de contornos rígidos e retilíneos.

Em uma delas sentava-se Hercule Poirot, impecável – bem ao centro da poltrona. Em frente a ele, em outra, sentava-se o dr. Burton, membro do All Souls College, saboreando aos poucos uma taça do Château Mouton Rothschild de Poirot. De impecável o dr. Burton não tinha nada. Era rechonchudo, mal-ajambrado e, sob um tufo de cabelos brancos, seu rosto era muito corado e afável. Seu riso era asmático e profundo, e tinha o hábito de cobrir a si mesmo e tudo o que havia à sua volta com cinzas de cigarro. Era em vão que Poirot o cercava de cinzeiros.

O dr. Burton fez uma pergunta.

– Conte-me – disse ele. – Por que Hercule?

– Você se refere ao meu nome de batismo?

– Bom, não me parece um nome *cristão* – o outro objetou. – Pagão, certamente. Mas por quê? É isso o que eu quero saber. Extravagância do seu pai? Capricho da sua mãe? Razões de família? Se não me engano, embora minha memória não seja mais a mesma, você tinha um irmão chamado Achille, não é verdade?

Poirot repassou em sua mente os detalhes da carreira de Achille Poirot. Será que aquilo tudo de fato acontecera?

– Apenas por um curto tempo – ele respondeu.

O diplomático dr. Burton não insistiu no assunto.

– As pessoas deviam ter mais cuidado com o nome que dão aos filhos – ele refletiu. – Tenho afilhados, sei como é. Uma delas se chama Blanche e tem a pele morena de uma cigana! Depois há Deirdre, a Deirdre das Dores; é uma menina alegríssima. Quanto à jovem Patience, bem, ela é demasiado impaciente! E Diana... bem, Diana – o velho estudioso dos clássicos estremeceu. – Pesa setenta e tantos quilos hoje, e tem apenas quinze anos! Eles dizem que é aquela gordurinha de criança que desaparece na adolescência, mas eu não acho. Diana! Eles queriam chamá-la de Helen, mas quanto a isso bati o pé. Se você visse o pai e a mãe dela! Isso, para não falarmos da avó! Insisti muito em um nome como Martha ou Dorcas, ou alguma outra coisa sensata, mas foi inútil, foi como falar com as paredes. Os pais são pessoas esquisitas...

Ele começou a chiar suavemente – seu rosto pequeno e gordo franziu-se.

Poirot olhou-o em dúvida.

– Estava imaginando uma conversa. Sua mãe e a falecida sra. Holmes, sentadas, costurando roupinhas ou tricotando, e dizendo: "Achille, Hercule, Sherlock, Mycroft...".

Poirot não achou a mesma graça que o amigo.

– Se entendo bem, você quer dizer que *eu* não tenho o aspecto físico de um Hércules?

Os olhos do dr. Burton esquadrinharam Hercule Poirot, a pequena e aprumada pessoa à sua frente, usando calças listradas, um correto paletó preto e uma elegante gravata borboleta; foram de seus sapatos de couro envernizado até sua cabeça em forma de ovo e passaram pelo imenso bigode que adornava seu lábio superior.

– Francamente, Poirot – disse o dr. Burton –, nem um pouco! Suponho – ele acrescentou – que você não tenha tido muito tempo para estudar os clássicos.

– Isso mesmo.

– Pena. Uma pena. Não sabe o que perdeu. Todos seriam obrigados a estudar os clássicos, se a coisa fosse do meu jeito.

Poirot deu de ombros.

– *Eh bien*, tenho passado muito bem sem eles.

– Passou bem! Passou bem! Não é uma questão de passar bem. Essa visão é completamente errada. Os clássicos não são uma via rápida para o sucesso, como esses cursos por correspondência modernos! O que importa não são as horas que um homem passa trabalhando. São suas horas de lazer! Esse é o erro que todos nós cometemos. Veja você: está ficando mais velho, vai querer se afastar das coisas, relaxar um pouco. O que vai fazer então com as *suas* horas de lazer?

Poirot tinha a resposta na ponta da língua.

– Vou me dedicar, a sério, ao cultivo de abóboras.

O dr. Burton ficou pasmo.

– Abóboras? O que quer dizer? Aquelas coisas verdes, imensas e inchadas que têm gosto de água?

– Ah! – respondeu Poirot com entusiasmo. – Mas a questão é essa. Elas não *precisam* ter gosto de água.

– Bom, eu sei. A gente põe um queijinho, cebolas picadas, molho branco.

– Não, não. Você está enganado. Considero que o sabor da própria abóbora pode ser aprimorado. É possível dar a ela – Poirot apertou os olhos – um buquê...

– Por Deus, homem, abóbora não é vinho tinto – a palavra *buquê* fez dr. Burton lembrar-se da taça que descansava perto de seu cotovelo. Tomou um gole e saboreou-o. – Vinho muito bom, este aqui. Bem redondo. Sim – meneou a cabeça em aprovação. – Mas esse negócio de abóboras, você não está falando *sério*, está? Não quer dizer que – questionou, com um horror intenso – realmente vai ficar de gatinhas – pousou suas mãos sobre a imponente barriga, aterrorizado e cheio de compaixão – e revirar esterco naquelas coisas, e alimentá-las com fios de lã umedecidos em água e tudo isso?

– Parece – disse Poirot – que você sabe bastante sobre o cultivo de abóboras, não?

– Vejo os jardineiros trabalhando quando estou no campo. Mas por favor, Poirot, que hobby! Compare isso com – sua voz mudou de tom, transformando-se num ronronar satisfeito – uma poltrona em frente a uma lareira acesa, em uma sala longa e baixa, forrada de livros. Deve ser uma sala longa, e não quadrada. Livros o cercando por todos os lados. Um cálice de vinho do porto e um livro aberto em suas mãos. O tempo recua enquanto você lê, e ele citou sonoramente:

"'Μήτ ὅ χῦτε χύβερνήτης ἐνὶ οἴνοπι πόντῳ
νῆχ θοήν ἰθήν ἐρεχθομένην χνέμοιτι'"

E então traduziu:
– "De novo, com arte, o piloto no mar escuro como vinho apruma o navio veloz golpeado pelos ventos." É claro que nunca se consegue reproduzir o espírito do original.

Naquele instante, em seu entusiasmo, ele se esquecera da presença de Poirot. E Poirot, olhando-o, sentiu de repente uma dúvida – um desconfortável aguilhão. Será que havia perdido alguma coisa? Alguma riqueza do espírito? Foi tomado pela tristeza. Sim, ele devia ter-se familiarizado com os clássicos... Há muito tempo... Agora, infelizmente, era tarde demais...

O dr. Burton interrompeu sua melancolia.
– Quer dizer que está mesmo pensando em se aposentar?
– Sim.
O outro deu uma risadinha.
– Não acredito!
– Mas eu lhe asseguro...

– Você não vai conseguir, homem. Você se interessa demais por seu trabalho.

– Não, de fato, todas as providências já estão sendo tomadas. Mais alguns casos, selecionados com cuidado especial. Não qualquer coisa que se apresente. Somente os problemas que tiverem um interesse pessoal.

O dr. Burton abriu um grande sorriso.

– A coisa é assim mesmo. Só um ou dois casos, só um caso a mais, e assim por diante. Será como o concerto de despedida da prima-dona, Poirot! Sempre há mais um.

Ele deu uma risadinha e ergueu-se sem pressa. Fazia lembrar um simpático gnomo de cabelos brancos.

– Os seus não são os trabalhos de Hércules – ele disse. – São trabalhos de amor. Você verá se não estou certo. Aposto que daqui a doze meses você ainda estará aqui, e as abóboras continuarão sendo – ele estremeceu – simples abóboras.

Despedindo-se do anfitrião, o dr. Burton deixou o austero cômodo retangular.

Ele sai destas páginas e não retorna mais. Aqui nos interessa apenas o que deixou atrás de si: uma ideia.

Pois, após sua partida, Hercule Poirot sentou-se novamente, com a lentidão de um homem que sonha, e falou baixinho:

– Os trabalhos de Hércules... *Mais oui, c'est une idée, ça...*

O dia seguinte viu Hercule Poirot examinar um grande tomo encadernado em couro e outros livros menos volumosos, e lançar ocasionais olhadelas inquietas para várias tiras de papel datilografado.

Sua secretária, a srta. Lemon, recebera a tarefa de coletar informações sobre Hércules e trazê-las até ele.

Sem interesse (não era do tipo que se pergunta sobre o porquê das coisas), mas com perfeita eficiência, a srta. Lemon havia cumprido seu dever.

Hercule Poirot estava imerso em um desnorteante mar de mitologia antiga, em especial no material que lidava com "Hércules, célebre herói que, depois de morto, foi ordenado entre os deuses, e recebeu honrarias divinas".

Até então, tudo correu bem. Mas dali em diante, as coisas não foram tão fáceis. Por duas horas Poirot leu com diligência, tomando notas, franzindo o cenho, consultando seus papéis e outros livros de referência. Por fim, recostou-se em sua poltrona e abanou a cabeça. O estado de ânimo da noite anterior dissipara-se. Que gente!

Tome por exemplo esse tal de Hércules, esse herói! Herói, pois sim! O que era ele senão uma imensa criatura musculosa, de inteligência inferior e tendências criminosas? Poirot lembrou-se de um tal Adolfe Durand, um açougueiro, que fora julgado em Lyon em 1895 – uma criatura forte como um touro que matara várias crianças. O argumento da defesa fora epilepsia – o que com certeza era o caso – mas por muitos dias se discutiu se a doença era do tipo *grand mal* ou *petit mal*. Esse Hércules antigo provavelmente sofrera do *grand mal*. Não, Poirot abanou a cabeça, se *aquela* era a ideia que os gregos faziam de um herói, avaliada segundo os critérios modernos, não serviria. Todo o molde grego o chocava. Esses deuses e deusas pareciam ter tantos codinomes quanto um criminoso moderno. De fato, pareciam ser tipos criminosos. Bebedeira, devassidão, incesto, estupro, pilhagem, homicídio e trapaça – o bastante para manter um *juge d'Instruction* constantemente ocupado. Nada de vida familiar decente. Sem ordem, sem método. Mesmo em seus crimes, nada de ordem ou método!

– Hércules, pois sim! – disse Hercule Poirot, erguendo-se, desiludido.

Olhou com aprovação em torno de si. Um cômodo quadrado, com boa mobília, moderna e retilínea, e até mesmo com uma bela escultura, representando um cubo sobre outro cubo, e acima deles um arranjo geométrico de fios de cobre. E, no centro daquela sala reluzente e ordenada, *ele*. Olhou-se no espelho. Ali estava um Hércules *moderno* – muito distinto daquele desagradável esboço de uma figura nua, com músculos saltados, brandindo uma clava. Em vez disso, uma figura pequena e compacta, trajada de vestes apropriadamente urbanas, e com um bigode (um bigode que Hércules jamais sonhara cultivar) magnífico e ao mesmo tempo sofisticado.

Porém, entre este Hercule Poirot e o Hércules da mitologia clássica havia uma semelhança. Ambos, sem sombra de dúvida, haviam ajudado o mundo a livrar-se de certas pragas... Cada um deles podia ser descrito como um benfeitor da sociedade em que viveu.

Lembrou-se do que dissera o dr. Burton na noite anterior, logo antes de ir embora: "Os seus não são os trabalhos de Hércules...".

Ah, mas nisso ele estava errado, o velho fóssil. Deveria haver, uma vez mais, os trabalhos de Hércules – de um Hércules moderno. Uma ideia engenhosa e divertida! Antes de sua aposentadoria definitiva, ele aceitaria doze casos, nem mais, nem menos. E esses doze casos seriam selecionados tomando como referência os doze trabalhos do Hércules da Antiguidade. Sim, isso não seria apenas divertido, seria artístico, seria *espiritual*.

Poirot puxou o *Dicionário da Antiguidade Clássica* e mergulhou uma vez mais na mitologia antiga. Não tinha planos de seguir seu modelo à risca. Não haveria mulheres, não haveria uma camisa de Nessus... Somente os trabalhos, e nada mais.

O primeiro trabalho, então, seria o do Leão de Nemeia.

"O Leão de Nemeia", ele repetiu, ensaiando o nome em seus lábios.

Naturalmente, Poirot não esperava que se apresentasse um caso envolvendo um leão de carne e osso. Seria coincidência demais que os diretores do zoológico lhe pedissem que resolvesse um caso envolvendo um leão de verdade.

Não, seria necessário um simbolismo. O primeiro caso deveria ser relacionado a alguma figura pública famosa, deveria ser espetacular, e de grande importância! Algum mestre do crime, ou então alguém que aos olhos do público pudesse ser associado a um leão. Um escritor conhecido, ou político, ou pintor... ou, por que não, alguém da realeza?

Gostou dessa última ideia. Alguém da realeza...

Poirot não se apressaria. Esperaria... esperaria pelo caso de alta importância que seria o primeiro dos trabalhos que escolheria para si.

Capítulo 1

O leão de Nemeia

I

– Alguma coisa interessante esta manhã, srta. Lemon? – ele perguntou ao entrar na sala no dia seguinte.

Ele confiava na srta. Lemon. Era uma mulher sem imaginação, mas tinha instinto. Qualquer coisa que ela afirmasse merecer atenção quase sempre merecia atenção. Era uma secretária nata.

– Nada de mais, sr. Poirot. Só uma carta, que acho que pode interessá-lo. É a primeira da pilha de correspondências.

– E de que se trata? – Poirot, interessado, deu um passo a frente.

– É de um homem que quer que o senhor investigue o desaparecimento do pequinês de sua esposa.

Poirot parou, com o pé ainda suspenso no ar. Lançou um olhar de intensa censura para a srta. Lemon. Ela não percebeu. Já tinha recomeçado a datilografar. Batia à maquina com a velocidade e a precisão de uma metralhadora.

Poirot ficou abalado; abalado e ofendido. A srta. Lemon, a eficiente srta. Lemon, o decepcionara! Um *cachorro*. Um *pequinês*! E isso depois do sonho que tivera noite passada. Estava saindo do palácio de Buckingham após receber pessoalmente os agradecimentos, quando seu mordomo entrara com o chocolate quente matinal!

As palavras tremeram em seus lábios – palavras mordazes, corrosivas. Não as disse porque a srta. Lemon, devido à velocidade e eficiência de sua digitação, não as ouviria.

Com um grunhido de indignação pegou a carta que encimava a pequena pilha a um lado de sua mesa.

Sim, era exatamente como a srta. Lemon dissera. Um endereço comercial, um pedido curto, nada refinado, como uma correspondência de negócios. O assunto... o rapto de um cão pequinês. Um daqueles animais de estimação de olhos esbugalhados, mimados por mulheres ricas. Hercule Poirot fez uma careta enquanto lia.

Nada que se destacasse ali. Nada fora do comum ou... mas sim, sim, em um pequeno detalhe a srta. Lemon estava certa. Num pequeno detalhe *havia* algo de incomum.

Hercule Poirot sentou-se. Leu a carta sem pressa, com cuidado. Não era o tipo de caso que desejava, não era o tipo de caso que tinha prometido a si mesmo. Não era, em sentido algum, um caso importante: era sumamente desimportante. Não era (e este era o xis da questão) um verdadeiro trabalho de Hércules.

Mas ele estava curioso...

Sim, ele estava curioso...

Levantou a voz para que a srta. Lemon o pudesse ouvir por sobre o barulho da máquina de escrever.

– Telefone para este Sir Joseph Hoggin – ordenou – e marque uma hora para que me receba em seu escritório, como ele sugere.

Como de costume, a srta. Lemon estava certa.

– Sou um homem simples, sr. Poirot – disse Sir Joseph Hoggin.

Hercule Poirot fez um gesto neutro com a mão direita. O gesto expressava (se assim se preferisse interpretá-lo) admiração pelo genuíno mérito da carreira de Sir Joseph, e também pela modéstia que demonstrava ao se descrever assim. Poderia também expressar uma cortês depreciação do que o homem dissera. De qualquer modo, não dava qualquer pista do pensamento que então mais ocupava a mente de Hercule Poirot: o de que Sir Joseph sem dúvidas era (usando o termo no seu sentido mais coloquial) de fato um homem muito simples. Os olhos de Hercule Poirot pousaram com reprovação sobre a mandíbula protuberante, os olhinhos de porco, o nariz de batata e a boca de lábios finos. O efeito geral daquele rosto o fazia lembrar-se de algo ou alguém; mas, por enquanto, não conseguia definir exatamente de que ou quem. Uma lembrança surgiu de leve no fundo de sua mente. Há muito tempo... na Bélgica... com certeza, algo que tinha a ver com *sabão*...

Sir Joseph continuava a falar.

– Não sou uma pessoa cheia de ares. Não faço rodeios. A maioria das pessoas, sr. Poirot, deixaria isso pra lá. Colocaria no arquivo de dívidas incobráveis e esqueceria o assunto. Mas Joseph Hoggin não. Sou um homem rico, e, por assim dizer, duzentas libras e nada para mim são a mesma coisa...

Poirot interrompeu rapidamente:

– Meus parabéns.

– Hein?

Sir Joseph ficou calado por alguns instantes. Seus olhos pequeninos se estreitaram ainda mais. Disse, ríspido:

– Não quer dizer que tenho o costume de jogar meu dinheiro fora. Eu pago pelo que quero. Mas pago o preço do mercado, nem um centavo a mais.

Hercule Poirot perguntou:

– O senhor sabe que meus honorários não são baratos?

– Sim, sim. Mas este – Sir Joseph lançou-lhe um olhar astucioso – é um problema bem pequenino.

Hercule Poirot deu de ombros, e então disse:

– Não faço descontos. Sou um especialista. Os serviços de um especialista têm um preço.

Sir Joseph disse com franqueza:

– Sei que o senhor é dos melhores nesse tipo de coisa. Fiz minhas investigações e fui informado de que o senhor era o melhor que havia. Pretendo ir até o fundo dessa questão e não medirei gastos. Foi por isso que o chamei.

– O senhor teve sorte – ponderou Hercule Poirot.

– Hein? – disse Sir Joseph mais uma vez.

– Uma sorte extraordinária – falou com firmeza Hercule Poirot. – Eu estou, posso dizê-lo sem falsa modéstia, no ápice de minha carreira. Pretendo aposentar-me muito em breve, para viver no campo e viajar ocasionalmente para ver o mundo, e também, talvez, cuidar meu jardim, dedicando atenção especial ao aprimoramento das abóboras. São vegetais magníficos, mas carecem de sabor. Esta, contudo, não é a questão. Queria apenas explicar que antes da aposentadoria me impus uma tarefa. Decidi aceitar doze casos: nem mais, nem menos. Me impus os "Trabalhos de Hércules", por assim dizer. O seu caso, Sir Joseph, é o primeiro dos doze. O que me atraiu nele – Poirot suspirou – foi sua extraordinária desimportância.

– Importância? – perguntou Sir Joseph.

– *Des*importância, foi o que eu disse. Já fui chamado por motivos os mais variados: para investigar assassinatos, mortes sem explicação, roubos, furtos de joias. Essa é a primeira vez que me pedem para dedicar meus talentos à elucidação do sequestro de um cão pequinês.

Sir Joseph grunhiu e disse:

– O senhor me surpreende! Eu acreditava que o senhor já havia lidado com uma quantidade infinita de mulheres o importunando por causa de cãezinhos de estimação.

– Disso não há dúvidas. *Mas é a primeira vez que sou convocado pelo marido.*

Os olhinhos de Sir Joseph se estreitaram. Pareceu ter gostado do que ouviu.

Ele disse:

— Começo a compreender por que o senhor me foi recomendado. O senhor é muito sagaz, sr. Poirot.

Poirot murmurou:

— Por favor, agora conte-me os fatos do caso. Quando o cachorro desapareceu?

— Faz uma semana.

— E a essa altura, suponho, sua esposa deve estar desesperada.

Sir Joseph olhou-o com seriedade e disse:

— O senhor não compreende. O cachorro foi devolvido.

— Devolvido? Então, deixe-me perguntar, qual é o *meu* papel nessa história?

O rosto de Sir Joseph ruborizou violentamente.

— Pois eu, de jeito nenhum, vou deixar que me passem a perna! Muito bem, sr. Poirot, vou contar tudo o que aconteceu. O cachorro foi roubado uma semana atrás. Surrupiaram o bicho em Kensington Gardens, onde estava passeando com a dama de companhia de minha esposa. No dia seguinte, minha esposa recebeu um pedido de duzentas libras. Veja essa, duzentas libras! Por aquele bicho maldito, que está sempre ganindo e se metendo entre os pés da gente!

Poirot murmurou:

— O senhor, acredito, não aprovou que tal valor fosse pago?

— É claro que não. E nem aprovaria caso tivesse sido informado! Milly (minha esposa) sabia disso muito bem. Ela não disse nada para *mim*. Apenas mandou o dinheiro (em notas de uma libra, como estipulado) para o endereço que foi dado.

— E o cachorro foi devolvido?

— Sim. Naquela tarde tocaram a campainha e lá estava aquele selvagenzinho sentado na soleira da porta. E não se via ninguém.

— Perfeitamente. Continue.

– Então, é claro, Milly confessou o que havia feito, e eu perdi um pouco as estribeiras. Porém, me acalmei depois de um tempo; afinal, a coisa estava feita, e não se pode esperar que uma mulher se porte com sensatez. E acho que teria deixado tudo para lá se não fosse o encontro que tive com o velho Samuelson no Clube.

– Sim?

– Com mil demônios, isso deve ser coisa de crime organizado! Aconteceu com ele a mesmíssima coisa. Da mulher dele arrancaram *trezentas* libras! Bom, isso foi um *pouco* demais! Decidi que tinham que pôr um fim à coisa. Então chamei o senhor.

– Mas certamente, Sir Joseph, o correto a fazer (e muito mais barato) teria sido chamar a polícia, não?

Sir Joseph esfregou o nariz.

Ele disse:

– O senhor é casado, sr. Poirot?

– Ai de mim – respondeu Poirot. – Não tive essa felicidade.

– Hum – disse Sir Joseph. – Sobre felicidade não sei, mas, se fosse casado, saberia que mulheres são criaturas engraçadas. Bastou mencionar a polícia para que minha mulher ficasse histérica. Ela enfiou na cabeça que alguma coisa aconteceria ao seu precioso Shan Tung se eu falasse com eles. Ela não quis nem ouvir falar, e posso dizer que ela não vê com bons olhos a ideia de chamar *o senhor*. Mas finquei o pé, e ela finalmente cedeu. Mas, veja bem, ela *não gosta* da ideia.

Hercule Poirot murmurou:

– A situação, percebo, é delicada. Seria conveniente, talvez, que eu entrevistasse a senhora sua esposa para obter dela maiores informações e, ao mesmo tempo, tranquilizá-la quanto à segurança futura de seu cãozinho.

Sir Joseph concordou e levantou-se.

– Levarei o senhor para lá imediatamente – disse.

II

Em uma grande e quente sala de estar, de mobília cheia de adornos, sentavam-se duas mulheres.

Quando Sir Joseph e Hercule Poirot entraram, um cãozinho pequinês correu na direção deles, latindo furiosamente, e dando voltas perigosas ao redor dos tornozelos de Poirot.

– Shan! Shan, vem cá. Vem aqui com a mamãe, querido... Pegue ele no colo, srta. Carnaby.

A segunda mulher aproximou-se com rapidez, e Hercule Poirot murmurou:

– De fato, um verdadeiro leão.

Com fôlego um tanto curto, a captora de Shan Tung concordou.

– Sim, é mesmo, ele é um cão de guarda muito bom. Não tem medo de nada e de ninguém. Isso, rapazinho lindo.

Havendo feito as apresentações necessárias, Sir Joseph disse:

– Bem, sr. Poirot, deixarei que o senhor faça o seu trabalho – e com um pequeno aceno de cabeça deixou a sala.

Lady Hoggin era uma mulher corpulenta, de aspecto petulante e cabelos ruivos tingidos com hena. Sua companheira, a alvoroçada srta. Carnaby, era uma criatura gorducha e simpática, e tinha entre quarenta e cinquenta anos. Tratava lady Hoggin com grande deferência e era evidente que morria de medo dela.

Poirot disse:

– Agora conte-me, lady Hoggin, todas as circunstâncias desse crime abominável.

Lady Hoggin corou.

– Fico muito feliz em ouvi-lo dizer isso, sr. Poirot. Pois foi *mesmo* um crime. Os pequineses são terrivelmente sensíveis, como crianças. O pobre Shan Tung poderia ter morrido de medo, se não de outra coisa.

A srta. Carnaby interrompeu, ofegante:

– Sim, foi uma perversidade. Uma *perversidade*!

– Por favor, conte-me os fatos.

– Bom, foi assim. Shan Tung tinha saído para seu passeio no parque com a srta. Carnaby...

– Ai meu Deus, sim, foi tudo culpa minha – interrompeu a dama. – Como eu pude ser tão idiota, tão descuidada...

Lady Hoggin disse, ácida:

– Não quero repreendê-la, srta. Carnaby, mas acho mesmo que poderia ter sido mais *atenta.*

Poirot transferiu seu olhar para a dama de companhia.

– O que aconteceu?

A srta. Carnaby desandou a falar, com efusão e um pouco de inquietação nervosa.

– Bom, foi a coisa mais incrível! Tínhamos acabado de passar pelo caminho das flores. Shan Tung estava na coleira, é claro. Acabara de dar a sua corridinha pela grama, e eu estava prestes a voltar para casa quando um bebê num carrinho chamou minha atenção, um bebezinho tão adorável, ele riu para mim, bochechas rosadas lindas, e que *cachinhos*. Eu não consegui resistir e falei com a babá que cuidava dele, perguntei quantos anos tinha (dezessete meses, ela disse) e tenho certeza que estava conversando com ela há no máximo um ou dois minutos, e então, de repente, olhei pra baixo, e Shan não estava mais lá. A coleira tinha sido cortada...

Lady Hoggin interrompeu:

– Se estivesse prestando a devida atenção aos seus deveres, ninguém poderia ter se esgueirado e cortado a coleira.

A srta. Carnaby pareceu estar prestes a irromper em lágrimas. Poirot se apressou em dizer:

– E o que aconteceu então?

– Bom, é claro que eu procurei *por todos os lados*. E *chamei* por ele! E perguntei ao funcionário do parque se tinha visto algum homem carregando um pequinês, mas ele não tinha visto nada do tipo, e eu não sabia o que fazer, e continuei procurando, mas chegou uma hora, é claro, que *tive* que voltar para casa...

A srta. Carnaby parou de falar de repente. Poirot podia imaginar com bastante clareza a cena que se seguira. Perguntou:

– E então a senhora recebeu uma carta?

Lady Hoggin tomou as rédeas da história.

– Na primeira remessa postal da manhã seguinte. A carta dizia que, se eu quisesse ver Shan Tung vivo, teria de mandar duzentas libras em notas de uma libra, em um pacote não registrado para o capitão Curtis, no número 38 da Bloomsbury Road Square. Dizia também que, se o dinheiro estivesse marcado ou se a polícia fosse informada, então... então... *as orelhas e o rabo de Shan Tung seriam... cortados*!

A srta. Carnaby começou a fungar.

– Que coisa *horrível* – ela murmurou. – Como as pessoas conseguem ser tão *malignas*!

Lady Hoggin continuou:

– Dizia que, se eu mandasse o dinheiro imediatamente, Shan Tung seria devolvido na mesma noite, são e salvo, mas que se... se depois disso eu fosse à polícia, Shan Tung sofreria as consequências...

A srta. Carnaby, choramingando, murmurou:

– Céus, mesmo agora tenho tanto medo de que... é claro, o sr. Poirot não é exatamente a polícia...

Lady Hoggin disse, ansiosa:

– Então o senhor compreende, sr. Poirot, que temos de ser *muito* cuidadosos.

Hercule Poirot aliviou a ansiedade da mulher na mesma hora.

– Mas eu não sou da polícia. Minhas investigações serão conduzidas com a maior discrição, sem causar alvoroço. Pode ficar tranquila quanto a isso, lady Hoggin, a segurança de Shan Tung não sofrerá qualquer ameaça. Isso, eu lhe *garanto*.

Ambas as senhoras pareceram aliviadas pela palavra mágica. Poirot continuou:

– A senhora está de posse da carta?

Lady Hoggin fez que não.

– Não, fui instruída a enviá-la junto com o dinheiro.

– E a senhora o fez?

– Sim.

– Hum, isso é uma pena.

A srta. Carnaby disse, animada:

– Mas ainda tenho a coleira. Devo ir pegar?

Ela deixou a sala. Hercule Poirot aproveitou-se de sua ausência para fazer algumas perguntas pertinentes.

– Amy Carnaby? Ah! Com *ela* não há nada de errado. Uma boa alma, embora seja uma tola, é claro. Já tive um grande número de damas de companhia, e *todas* eram tolas completas. Mas Amy sempre foi devotada a Shan Tung e ficou imensamente transtornada com a coisa toda. E devia ficar mesmo, perdendo tempo ao lado de carrinhos de bebês e negligenciando meu queridinho! Essas solteironas são todas iguais, ficam idiotas quando veem um bebê! Não, tenho certeza absoluta de que ela não teve nenhuma participação nisso.

– Não parece provável – Poirot concordou. – Mas já que o cachorro desapareceu quando estava aos cuidados dela, é preciso ter certeza absoluta da honestidade da senhorita. Ela está com a senhora há muito tempo?

– Há quase um ano. Ela tinha referências excelentes. Acompanhou a velha lady Hartingfield até a morte; durante uns dez anos, acho. Depois disso, cuidou de uma irmã inválida por algum tempo. Ela é de fato uma criatura excelente, mas uma tola rematada, como já lhe disse.

Amy Carnaby retornou nesse instante, um pouco mais sem fôlego, e mostrou a coleira cortada do cachorro, que entregou a Poirot com a máxima solenidade, olhando para ele com esperançosa expectativa.

Poirot examinou-a com cuidado.

– *Mais oui* – falou. – Isso com certeza foi cortado.

As duas mulheres esperavam, ansiosas. Ele disse:

– Vou ficar com ela.

Colocou solenemente a coleira no bolso. As duas mulheres soltaram um suspiro de alívio. Poirot fizera o que esperavam dele.

III

Poirot tinha o hábito de testar absolutamente todas as hipóteses.

Embora, a um primeiro olhar, parecesse improvável que a srta. Carnaby fosse qualquer outra coisa que não a mulher tola e cabeça de vento que parecia ser, Poirot ainda assim conseguiu entrevistar uma senhora um tanto austera, que era a sobrinha da falecida lady Hartingfield.

– Amy Carnaby? – disse a srta. Maltravers. – É claro que me lembro muito dela. Era uma boa alma e perfeitamente apropriada para a tia Julia. Era devotada aos cachorros e lia em voz alta muito bem. Era delicada, nunca contrariou uma inválida. O que aconteceu com ela? Não está em nenhum tipo de apuro, eu espero. Recomendei-a, cerca de um ano atrás, a uma senhora... O nome começava com H...

Poirot rapidamente explicou que a srta. Carnaby ainda se encontrava em seu posto. Tinha ocorrido, ele explicou, um pequeno problema com um cachorro desaparecido.

– Amy Carnaby adora cachorros. Minha tia tinha um pequinês. Ela o deixou para a srta. Carnaby quando faleceu, e a srta. Carnaby era devotada a ele. Me parece que ela ficou de coração partido quando o cãozinho morreu. Ah, sim, ela é uma boa alma. É claro que não é exatamente uma *intelectual*.

Hercule Poirot concordou que "intelectual" talvez não fosse a melhor palavra para descrever a srta. Carnaby.

A próxima missão de Poirot foi descobrir o zelador do parque com o qual a srta. Carnaby falara na tarde fatídica. Conseguiu encontrá-lo sem muitas dificuldades. O homem lembrou-se do incidente em questão.

– Uma senhora de meia-idade, bem gorducha. Ela parecia meio destrambelhada, eu achei. Perdeu o pequinês. Conhecia ela de vista, sim, senhor. Vem com o cachorro quase toda tarde. Vi ela chegando com o bichinho. Era de se ver como ela ficou quando perdeu o cachorro. Veio correndo me perguntar se eu tinha visto alguém com um pequinês! Era só o que me faltava! Vou lhe dizer uma coisa, o parque vive cheio de cachorros de todo tipo, terriers, pequineses, bassês, até os tais de borzois, tem de todo tipo. Você acha que vou saber qual cachorro é qual?

Hercule Poirot, com ar pensativo, demonstrou que compreendia com um aceno de cabeça.

A seguir, foi para o número 38 da Bloomsbury Road Square.

Os números 38, 39 e 40 haviam sido reunidos para formar o Balaclava Private Hotel. Poirot galgou os degraus e abriu a porta. Ao entrar, foi recebido por um ambiente na penumbra e por um cheiro de repolho cozido com um toque de arenque defumado do café da manhã. À sua esquerda havia uma mesa de mogno encimada por um crisântemo tristonho. Acima da mesa, havia um grande mural de pano verde, no qual se prendiam as cartas. Poirot observou o mural com atenção por alguns minutos. Abriu uma porta à sua direita, que dava para uma espécie de saguão, com mesas pequenas e algumas poltronas em tese confortáveis, revestidas por um tecido de estampa deplorável. Três senhoras idosas e um cavalheiro idoso de aparência intimidadora ergueram suas cabeças e presentearam o intruso com um olhar cheio de veneno. Poirot enrubesceu e retirou-se.

Seguiu andando pelo corredor até chegar a uma escada. À sua direita abria-se um corredor perpendicular que levava a um cômodo que evidentemente era a sala de jantar.

Um pouco mais adiante, no mesmo corredor, havia uma porta com uma plaqueta que dizia: "Escritório".

Poirot bateu à porta. Nada ouvindo em resposta, abriu-a e olhou para dentro. Viu uma grande mesa coberta de papéis, mas nenhuma pessoa. Retirou-se, fechando a porta, e foi até a sala de jantar.

Uma garota tristonha, usando um avental sujo, remexia em um cesto de facas e garfos que ia distribuindo as mesas.

Hercule Poirot perguntou num tom humilde:

– Com licença, mas será que eu poderia falar com a pessoa encarregada?

A garota dirigiu-lhe um olhar mortiço e disse:

– Sei não, senhor.

Hercule Poirot respondeu:

– Não encontrei ninguém no escritório.

– Bem, eu não sei onde ela está, não.

– Talvez – disse Hercule Poirot, paciente e persistente – você pudesse descobrir para mim?

A garota suspirou. O trabalho do dia já fora fatigante, e agora ficava pior com esse novo fardo que lhe punham sobre as costas. Ela falou, com voz triste:

– Bem, vou ver o que posso fazer.

Poirot agradeceu e retirou-se para a entrada, sem ousar encarar mais uma vez o olhar hostil dos ocupantes do saguão. Ele fitava o mural de cartas quando um farfalhar e um forte cheiro de violetas de Devonshire anunciaram a chegada da administradora do hotel.

A sra. Harte foi muito cortês. Ela exclamou:

– Mil desculpas por não ter conseguido me encontrar no escritório. O senhor deseja um quarto?

Hercule Poirot murmurou:

– Não exatamente. Eu gostaria de saber se um amigo meu esteve aqui há pouco. Capitão Curtis.

– Curtis! – exclamou a sra. Harte. – Capitão Curtis? Onde será que eu ouvi esse nome?

Poirot não a ajudou. Ela balançou a cabeça, contrariada.

Ele disse:

– Então nenhum capitão Curtis hospedou-se com a senhora?

– Bem, não recentemente, com certeza. Mas, sabe, eu estou certa de que já ouvi esse nome. Será que o senhor poderia descrever o seu amigo?

– Isso – respondeu Hercule Poirot – seria difícil. – Ele continuou: – Suponho que às vezes deve acontecer de chegar correspondência para alguém quando na verdade o destinatário não está hospedado aqui, não é?

– Isso acontece, é claro.

– O que a sra. faz com essas cartas?

– Bom, guardamos por algum tempo. Sabe como é, provavelmente quer dizer que a pessoa em questão vai chegar dentro de pouco tempo. É claro, se cartas ou pacotes ficam muito tempo conosco, sem que ninguém os reclame, os devolvemos para o correio.

Hercule Poirot concordou com polidez.

Ele disse:

– Compreendo. – E acrescentou: – O que acontece é que enviei a carta para meu amigo para o seu hotel.

O rosto da sra. Harte iluminou-se.

– Ah, então é isso. Devo ter visto o nome em algum envelope. Mas temos tantos cavalheiros oficiais reformados do exército que moram aqui, ou estão apenas de passagem... Deixa eu ver.

Ela olhou para o mural.

Hercule Poirot falou:

– No momento, não está aí.

– Deve ter sido devolvida ao carteiro, imagino. Sinto *muito* mesmo. Não era nada de *importante*, eu espero?

– Não, não. Não tinha importância.

Enquanto Poirot se encaminhava para a porta, a sra. Harte, envolvida em seu pungente odor de violetas, o seguiu.

– Caso seu amigo venha...

– É bastante improvável. Devo ter cometido algum erro...

– Nossos preços – disse a sra. Harte – são bastante modestos. O café depois do jantar está incluído no preço. Gostaria que o senhor visse um ou dois dos nossos quartos com sala...

Com dificuldade, Hercule Poirot conseguiu escapar.

IV

A sala de estar da sra. Samuelson era mais ampla, mobiliada com mais luxo e desfrutava de um aquecimento central ainda mais sufocante do que a sala de lady Hoggin. Hercule Poirot, desorientado, descobriu um caminho entre aparadores dourados e grandes aglomerações de estátuas.

A sra. Samuelson era mais alta do que lady Hoggin, e tinha o cabelo tingido por água oxigenada. O pequinês dela chamava-se Nanki Poo. Os olhos esbugalhados do animalzinho esquadrinharam Hercule Poirot com arrogância. A srta. Keble, dama de companhia da sra. Samuelson, era magra e angulosa onde a srta. Carnaby era gorducha, mas era igualmente falastrona e sem fôlego.

Ela, também, havia sido culpada pelo desaparecimento de Nanki Poo.

– Fora de brincadeira, sr. Poirot, foi a coisa mais espantosa. Tudo aconteceu em menos de um segundo. Foi na frente da Harrods. Uma babá me perguntou as horas...

Poirot a interrompeu.

– Quer dizer que estava com uma criança?

– Sim, é claro. E que bebezinho adorável! Uma coisinha linda. Bochechas rosadas tão encantadoras! Dizem que as crianças de Londres não parecem saudáveis, mas tenho certeza de que...

– Ellen – disse a sra. Samuelson.

A srta. Keble corou, gaguejou, e ficou em silêncio.

A sra. Samuelson disse com acidez:

– E enquanto a srta. Keble se debruçava sobre um carrinho de bebê que não lhe dizia respeito, esse ousado vilão cortou a coleira de Nanki Poo e saiu correndo com ele.

A srta. Keble murmurou, com olhos marejados:

– A coisa toda não levou mais que um segundo. Eu olhei em volta e o cachorrinho tinha sumido. Só sobrou a coleira balançado em minha mão. Talvez o senhor queira ver a coleira, sr. Poirot?

– De modo algum – respondeu Poirot, rápido. Não tinha qualquer intenção de começar a colecionar coleiras cortadas. – Eu suponho – ele prosseguiu – que logo depois a senhora recebeu uma carta?

A história seguiu exatamente o mesmo percurso: a carta, as ameaças de cortar as orelhas e a cauda de Nanki Poo. Apenas duas coisas diferiram: a quantia de dinheiro pedida, trezentas libras, e o endereço para o qual devia ser enviada: dessa vez era para o comandante Blackleigh, no Harrington Hotel, Clonmel Gardens 76, Kensington.

A sra. Samuelson continuou:

– Quando Nanki Poo voltou para mim são e salvo, fui pessoalmente até lá, sr. Poirot. Afinal, trezentas libras são trezentas libras.

– Disso não há dúvidas.
– A primeiríssima coisa que vi foi a carta que continha o meu dinheiro em uma espécie de mural na entrada. Enquanto esperava pela proprietária, peguei a carta e a pus na bolsa. Infelizmente...

Poirot disse:
– Infelizmente, quando a senhora a abriu, a carta continha apenas tiras de papel.
– Como é que o senhor sabe? – perguntou admirada a sra. Samuelson, voltando-se para Poirot.

Poirot deu de ombros.
– Obviamente, *chère Madame*, o ladrão não esqueceria de tomar posse do dinheiro antes de devolver o cachorro. Ele então substituiria as notas com tiras de papel e devolveria a carta ao mural, para que não notassem sua ausência.
– Nenhuma pessoa chamada "comandante Blackleigh" jamais se hospedou lá.

Poirot sorriu.
– E, é claro, meu marido ficou bastante irritado com a coisa toda. Na verdade, ele ficou furioso, muito *furioso*!

Poirot murmurou com cautela:
– A senhora não... ahm.. o consultou antes de enviar o dinheiro?
– Mas é claro que não – disse a sra. Samuelson, resoluta.

Poirot fez cara de que não entendeu. A senhora explicou-se.
– Eu não podia de jeito nenhum correr esse risco. Os homens são tão esquisitos quando a questão é *dinheiro*... Jacob teria insistido em ir à polícia. Eu não podia correr esse risco. Meu querido Nanki Poo, pobrezinho. Podiam ter feito *qualquer coisa* com ele! É claro, *tive* de contar para meu marido *depois*, pois tive de explicar por que a minha conta estava no vermelho.

Poirot murmurou:

– Entendo, entendo.

– E, para falar a verdade, nunca o vi tão enraivecido. Homens – disse a sra. Samuelson, arrumando seu belo bracelete de diamantes e girando os anéis em seus dedos – só pensam em dinheiro.

V

Hercule Poirot subiu no elevador até o escritório de Sir Joseph Hoggin. Entregou seu cartão e foi informado de que Sir Joseph estava ocupado no momento, mas que o receberia dentro em pouco. Uma loira esnobe, enfim, deslizou para fora da sala de Sir Joseph, com as mãos cheias de papéis. Ao passar, dedicou um breve olhar desdenhoso para o homenzinho esquisito.

Sir Joseph estava sentado atrás de sua imensa mesa de mogno. Havia uma mancha de batom em seu queixo.

– Bem, sr. Poirot? Sente-se. Tem novidades para mim?

Hercule Poirot respondeu:

– O caso todo é de uma agradável simplicidade. Em ambos os casos o dinheiro foi enviado para uma daquelas pensões ou hotéis residenciais onde não há porteiro ou recepcionista, e nos quais um grande número de hóspedes está sempre entrando e saindo, incluindo um número um tanto grande de oficiais reformados. Nada seria mais fácil do que entrar, subtrair uma carta do mural, levá-la embora ou então pegar o dinheiro e substituí-lo por tiras de papel. Portanto, em ambos os casos, perde-se a pista em um beco sem saída.

– Quer dizer que não tem ideia de quem seja o sujeito?

– Eu tenho algumas ideias, sim. Preciso de alguns dias para investigá-las mais a fundo.

Sir Joseph olhou para ele, curioso.

– Fez um bom trabalho. Então, quando o senhor tiver qualquer coisa para reportar...

– Falarei com o senhor em sua casa.

Sir Joseph disse:

– Se o senhor chegar até o fundo desse mistério, será um trabalho muito bem feito.

Hercule Poirot respondeu:

– Não há possibilidade de fracasso. Hercule Poirot nunca fracassa.

Sir Joseph olhou para o homenzinho e riu.

– Tem muita certeza de si, não é? – ele perguntou.

– Uma certeza inteiramente justificada.

– Ah, bem – Sir Joseph Hoggin reclinou-se em sua cadeira. – O orgulho precede a queda...

VI

Hercule Poirot, sentado em frente ao seu radiador elétrico – e sentindo uma tranquila satisfação com a observação de seu belo padrão geométrico – estava dando instruções para seu mordomo e faz-tudo.

– Compreende, Georges?

– Perfeitamente, senhor.

– É provável que seja um prédio ou um sobrado de apartamentos. E deve ser dentro de certos limites. Ao sul do parque, a leste da igreja de Kensington, a oeste de Knightsbridge Barracks e ao norte de Fulham Road.

– Compreendo perfeitamente, senhor.

Poirot murmurou.

– Um casinho muito curioso. Nele há evidências de um talento bem claro para a organização. E há, é claro, a surpreendente invisibilidade do protagonista, o próprio Leão de Nemeia, se posso descrevê-lo assim. Sim, um casinho interessante. Gostaria de sentir mais simpatia por meu cliente, mas, por um acaso infeliz, ele é muito parecido com um fabricante de sabão de Liège que envenenou sua esposa de modo a casar-se com uma secretária loira. Um dos meus primeiros sucessos.

Georges fez que sim com a cabeça, e disse com seriedade:

– Essas loiras, senhor, são responsáveis por muitos problemas.

VII

Tinham-se passado três dias quando o inestimável Georges disse:

– Aqui está o endereço, senhor.

Hercule Poirot apanhou o papel que lhe era estendido.

– Excelente, meu bom Georges. E qual dia da semana?

– Quintas-feiras, senhor.

– Quintas-feiras. E hoje, felizmente, é quinta-feira. Então não pode haver atraso.

Vinte minutos depois Hercule Poirot galgava as escadas de um obscuro prédio de apartamentos enfiado em uma ruela que desembocava em outra, mais elegante. O número 10 da Rosholm Mansions ficava no terceiro e último andar, e não havia elevador. Poirot subiu com dificuldade pelas estreitas escadas em caracol.

Parou para recuperar o fôlego no último andar, e vindo detrás da porta do número 10, um novo ruído quebrou o silêncio: um agudo latido.

Hercule Poirot fez que sim com a cabeça, um leve sorriso em seus lábios. Ele apertou a campainha do nº 10.

Os latidos redobraram. Som de passos se aproximando, a porta se abriu...

A srta. Amy Carnaby recuou, levando a mão aos seios fartos.

– Permite que eu entre? – perguntou Hercule Poirot, e entrou sem esperar pela resposta.

À direita, havia uma porta aberta que dava para a sala de estar, e Poirot entrou por ela. A srta. Carnaby o seguiu como uma sonâmbula.

O cômodo era muito pequeno e abarrotado. Em meio aos móveis podia-se encontrar um ser humano, uma mulher idosa deitada em um sofá arrastado para perto do aquecedor a gás. Ao entrar, Poirot viu um cachorro pulando do sofá e se aproximando, enquanto emitia alguns latidos agudos e desconfiados.

– Aha – disse Poirot. – O protagonista! Eu o saúdo, meu pequeno amigo.

Curvou-se para a frente, estendendo a mão. O cachorro a cheirou, com os olhos inteligentes fixados no rosto do homem.

A srta. Carnaby perguntou num suspiro:

– Então o senhor sabe?

Hercule Poirot confirmou com a cabeça

– Sim, eu sei – ele olhou para a mulher no sofá. – Sua irmã, eu suponho?

A srta. Carnaby respondeu mecanicamente.

– Sim. Emily, este... este é o sr. Poirot.

Emily Carnaby quase engasgou.

Amy Carnaby disse:

– Augustus...

O pequinês olhou para ela, abanando o rabo. Então voltou a examinar a mão de Poirot. Mais uma vez seu rabo abanou de levinho.

Com delicadeza, Poirot pegou o cachorrinho no colo e sentou-se com Augustus em seu joelho. Disse:

– Enfim, capturei o Leão de Nemeia. Meu trabalho está concluído.

Amy Carnaby perguntou numa voz dura e seca:

– O senhor realmente sabe de tudo?

Poirot fez que sim com a cabeça.

– Acho que sim. A senhorita foi quem organizou tudo, e contou com a ajuda de Augustus. Levava o cãozinho da sua patroa para seu passeio costumeiro, o trazia até aqui e voltava para o parque com Augustus. O zelador do parque a via com um pequinês, como sempre. A babá, se fosse possível encontrá-la, também confirmaria que você levava um pequinês na coleira quando puxou conversa com ela. Então, no meio da conversa, a senhorita cortava a coleira e Augustus, devidamente adestrado, ia embora na mesma hora, direto para cá. Alguns minutos mais tarde a senhorita dava o alarme de que o cachorro havia sido roubado.

Houve uma pausa. Então a srta. Carnaby se endireitou com uma certa dignidade patética e disse:

– Sim. É tudo verdade. Eu... eu não tenho nada a dizer.

A mulher inválida deitada no sofá começou a chorar baixinho.

Poirot disse:

– Nada mesmo, mademoiselle?

A srta. Carnaby respondeu:

– Nada. Roubei dos outros. E agora fui descoberta.

Poirot murmurou:

– E não tem nada a dizer em sua própria defesa?

Uma pequena mancha vermelha apareceu de repente nas bochechas pálidas de Amy Carnaby, que respondeu:

– Não... não me arrependo do que fiz. Acho que o senhor é um bom homem, sr. Poirot, e que talvez o senhor entenda. Tenho tido tanto *medo*.

– Medo?

– Sim, imagino que seja difícil para um cavalheiro entender. Mas o senhor vê, eu não sou de maneira alguma uma mulher inteligente, não tenho instrução e estou ficando velha... E tenho tanto medo do futuro... Não consegui economizar nada; como poderia, tendo que cuidar de Emily? E, quanto mais velha e incapaz eu ficar, menos senhoras vão me querer. Vão querer alguém jovem e cheio de energia. Conheci... conheci tantas pessoas como eu... Mulheres que ninguém quer por perto e que vivem num quartinho sem condições de ter uma lareira, nada que proteja do frio, e quase nada para comer, e não podem sequer pagar o aluguel do quarto... Existem as instituições, é claro, mas não é muito fácil entrar nelas a menos que se tenha amigos influentes, e eu não tenho. Há muitas outras pessoas na mesma situação que eu... pobres damas de companhia... mulheres inúteis, sem instrução, sem nenhuma perspectiva... tudo o que sentem é um medo mortal...

Sua voz tremeu enquanto dizia:

– E assim... algumas de nós... nos juntamos e... e eu tive essa ideia. Na verdade foi ser dona de Augustus que me deu essa ideia. O senhor sabe, para a maioria das pessoas, os pequineses são todos iguais (assim como achamos que acontece com os chineses). Na verdade, é claro, isso é ridículo. Quem conhecesse eles não poderia confundir Augustus com Nanki Poo ou Shan Tung, ou qualquer outro pequinês. Pra início de conversa, ele é *muito* mais inteligente, e é *muito* mais bonito, mas, como eu estava dizendo, para a maioria das pessoas um pequinês é só um pequinês. Augustus me deu essa ideia. Isso e mais o fato de que tantas mulheres ricas têm pequineses.

Poirot disse, sorrindo vagamente:

– Deve ter sido um golpe muito lucrativo! Quantas há na... na gangue? Ou talvez seja melhor perguntar quantas operações tiveram sucesso?

A srta. Carnaby disse:

– Shan Tung foi o décimo sexto.

Hercule Poirot ergueu as sobrancelhas.

– Meus parabéns. Sua organização deve ter sido de fato excelente.

Emily Carnaby disse:

– Amy sempre foi boa para organizar as coisas. Nosso pai (era o vigário de Kellington, em Essex) sempre disse que Amy tinha muito jeito para planejar as coisas.

Ela sempre cuidou da organização de eventos sociais, bazares... esse tipo de coisa.

Poirot disse, com uma pequena mesura:

– Eu concordo. Como criminosa, mademoiselle, a senhorita é de primeiríssima classe.

Amy Carnaby exclamou:

– Criminosa. Meu Deus, acho que sou mesmo. Mas... em nenhum momento me senti assim.

– E como se sentia?

– O senhor tem toda razão, é claro. Foi um desrespeito à lei. Mas sabe?... Como posso explicar? Quase todas essas mulheres que nos empregam são tão rudes e desagradáveis! Lady Hoggin, por exemplo, não se importa o mínimo com o que me fala. Dia desses me disse que o tônico estava com um gosto ruim, e praticamente me acusou de colocar sujeiras na coisa. E por aí vai. – A srta. Carnaby ruborizou-se. – É muito desagradável mesmo. E não poder dizer nada ou responder à altura torna tudo muito mais irritante, se o senhor me entende.

– Entendo perfeitamente – respondeu Hercule Poirot.

– E ver o dinheiro sendo jogado fora sem a menor culpa? Isso incomoda demais. E Sir Joseph de vez em quando descrevia um *coup* que realizou na City, às vezes algo que me parecia (é claro, eu só tenho um cérebro feminino e não entendo nada de finanças) completamente *desonesto*. Sabe, sr. Poirot, tudo isso... tudo isso me *tirou dos eixos*, e eu senti que tomar um pouco de dinheiro dessas pessoas, que de fato não sentiriam a falta dele e não o adquiriram de forma muito honesta... bom, não me parecia errado *mesmo*.

Poirot murmurou:

– Uma Robin Hood moderna! Me conte, srta. Carnaby, alguma vez teve de cumprir as ameaças que fez nas cartas?

– Ameaças?

– Chegou a ser obrigada a mutilar os animais da maneira que especificava?

A srta. Carnaby olhou horrorizada para Poirot.

– É claro que eu nunca sonharia em fazer uma coisa assim! Aquilo foi só um... um toque artístico.

– Muito artístico. Teve efeito.

– Bem, é claro que eu sabia que teria. Sei como eu ficaria se fosse com Augustus, e é claro que tinha que ter certeza que aquelas mulheres não diriam nada para os maridos antes de pagar. O plano funcionou muito bem, todas as vezes. Em nove de dez casos, a dama de companhia recebeu a tarefa de postar a carta com o dinheiro. Em geral abríamos a carta com vapor d'água, pegávamos o dinheiro e colocávamos papel no lugar. Uma ou duas vezes foi a própria dona do cachorro que postou a carta. Então, é claro, a dama de companhia teve de ir ao hotel para retirar a carta do mural. Mas isso também foi bem fácil.

– E o toque da babá? Era sempre uma babá?

– Bom, sabe como é, sr. Poirot, velhas solteironas são conhecidas por ficarem sentimentais com bebês, que nem idiotas. Me pareceu bem *natural* que elas se distraíssem com um bebê e não prestassem atenção em mais nada.

Hercule Poirot suspirou e disse:

– Sua psicologia é excelente, sua organização é de primeira classe, e além disso a srta. é uma atriz muito boa. Sua atuação quando entrevistei lady Hoggin outro dia foi impecável. Nunca pense mal de si mesma, srta. Carnaby. A senhorita talvez seja o que se chama de mulher sem instrução, mas não há nada de errado com sua inteligência ou com sua coragem.

A srta. Carnaby disse, com um leve sorriso nos lábios:

– E mesmo assim fui desmascarada, sr. Poirot.

– Apenas por mim. Isso era inevitável! Quando entrevistei a sra. Samuelson, percebi que o sequestro de Shan Tung fazia parte de uma série de crimes. Eu já sabia que a senhorita herdara um pequinês e tinha uma irmã inválida. Tudo o que precisei fazer foi pedir ao meu inestimável mordomo que procurasse por um pequeno apartamento dentro de um determinado raio, um apartamento que fosse ocupado por uma senhora inválida, com um cãozinho pequinês e uma irmã que a visitava uma vez por semana, em seu dia de folga. Foi bem simples.

Amy Carnaby empertigou-se e disse:

– O senhor foi muito bondoso. Isso me dá a coragem de lhe pedir um favor. Sei que não posso escapar da punição pelo que fiz. Imagino que serei presa. Mas se for possível, sr. Poirot, não deixe que haja muita publicidade. Seria tão estressante para Emily e para os poucos velhos conhecidos. Eu não poderia, talvez, ir para a prisão usando um nome falso? Ou é *muito* errado pedir uma coisa dessas?

Hercule Poirot respondeu:

– Creio que posso fazer mais do que isso. Mas antes preciso deixar uma coisa bem clara. Esse esquema tem que *acabar*. Nada de outros cachorros desaparecidos. Tudo isso chegou ao fim!

– Sim! Ah, sim!

– E o dinheiro que a senhorita extraiu de lady Hoggin deve ser devolvido.

Amy Carnaby atravessou a sala, abriu a gaveta de uma cômoda, e voltou trazendo um maço de cédulas, que entregou a Poirot.

– Eu tinha planos de distribuir esse dinheiro no nosso grupo hoje.

Poirot pegou o dinheiro e contou, e depois levantou-se.

– Acho possível, srta. Carnaby, que eu consiga persuadir Sir Joseph a não prestar queixa.

– Sr. Poirot!

Amy Carnaby juntou as mãos como quem reza. Emily deu um grito de alegria. Augustus latiu e abanou o rabo.

– Quanto a você, *mon ami* – falou Poirot, dirigindo-se ao cachorrinho. – Há uma coisa que eu gostaria que me desse. É do seu manto de invisibilidade que preciso. Em todos esses casos ninguém, nem por um instante, suspeitou que houvesse um segundo cachorro envolvido. Augustus possuía a invisibilidade do leão.

– É claro, sr. Poirot, que, de acordo com as lendas, muito antigamente os pequineses eram leões. E eles ainda têm um coração de leão!

– Augustus é, creio eu, o cachorro que lhe foi deixado por lady Hartingfield, que dizem que morreu? A srta. nunca teve medo de deixá-lo voltar para casa sozinho, atravessando as ruas?

– Ah, não, sr. Poirot, Augustus sabe tudo sobre as ruas. Foi treinado por mim com muito cuidado. Ele entende até mesmo o conceito de rua de mão única.

– Nesse caso – disse Hercule Poirot – ele é superior à maioria dos seres humanos!

VIII

Sir Joseph recebeu Hercule Poirot em seu escritório e disse:

– Bem, sr. Poirot? Conseguiu ficar à altura de sua vaidade?

– Deixe primeiro que eu lhe faça uma pergunta – disse Poirot depois de se acomodar na cadeira. – Sei quem é o criminoso e creio que possa fornecer provas suficientes para condenar essa pessoa. Mas, nesse caso, duvido que um dia recupere o seu dinheiro.

– Não recuperar o meu dinheiro?

Sir Joseph ficou roxo.

Hercule Poirot continuou:

– Mas não sou um policial. Estou agindo nesse caso tendo em vista somente os seus interesses. Eu poderia, creio, recuperar todo seu dinheiro, se não se prestasse nenhuma queixa formal.

– Hein? – falou Sir Joseph. – Isso exige um pouco de reflexão.

– A decisão cabe apenas ao senhor. A rigor, suponho que o senhor deva prestar queixa, em nome do interesse público. A maioria das pessoas diria o mesmo.

– Aposto que diriam – disse Sir Joseph com rispidez. – Não é o dinheiro *delas* que foi para as cucuias. Se tem uma coisa que odeio nesse mundo é ser enganado. Nunca ninguém me enganou e ficou impune.

– Bem, qual é sua decisão?

Sir Joseph deu um soco na mesa.

– Fico com o dinheiro! Ninguém vai poder dizer que me roubou duzentas libras impunemente.

Hercule Poirot levantou-se, foi até a escrivaninha, preencheu um cheque de duzentas libras e o entregou ao seu cliente.

Sir Joseph disse, com voz fraca:

– Bom, que diabos me mordam! Quem raios *é* esse sujeito?

Poirot abanou a cabeça.

– Se o senhor aceitar o dinheiro, perde o privilégio de fazer perguntas.

Sir Joseph dobrou o cheque e o pôs no bolso.

– É uma pena. Mas o dinheiro é o que importa. E quanto lhe devo, sr. Poirot?

– Meus honorários não serão altos. Esta foi, como eu disse, uma questão muito *desimportante*. – Fez silêncio por um instante, e continuou: – Hoje em dia, quase todas as minhas investigações são de casos de assassinato...

Sir Joseph teve um pequeno arrepio.

– Deve ser interessante, não? – perguntou.

– Às vezes. O curioso é que o senhor me faz lembrar

de um dos meus primeiros casos, na Bélgica, muito anos atrás. O ator principal do caso parecia-se muito com o senhor. Era um homem rico, fabricante de sabão. Ele envenenou a esposa para poder casar-se com a secretária... Sim... a semelhança é muito impressionante...

Um ruído indistinto saiu dos lábios de Sir Joseph, que haviam assumido uma estranha cor azul. A coloração rósea desaparecera por completo de seu rosto. Afundou um pouco em sua cadeira. Os olhos, parecendo querer saltar para fora das órbitas, encaravam Poirot.

Então, com as mãos tremendo, remexeu os bolsos. Pegou o cheque e o rasgou em pedaços.

– Pronto, fim de conversa. Está vendo? Considere esse o seu pagamento.

– Ah, mas Sir Joseph, meus honorários não seriam tão altos assim.

– Mas está tudo certo. O senhor fica com o dinheiro.

– Doarei para uma instituição de caridade que o mereça.

– Faça o que bem entender com esse dinheiro.

Poirot chegou mais para perto, e disse:

– Creio que não seja necessário dizer, Sir Joseph, que, na posição em que se encontra, faria bem em tomar todo o cuidado do mundo.

Sir Joseph respondeu, com voz quase inaudível:

– Não precisa se preocupar. Serei cuidadoso, com certeza.

Hercule Poirot saiu do escritório. Enquanto descia as escadas, falou para si mesmo: "Então... *eu estava certo*".

IX

Lady Hoggin disse para seu marido:

– Engraçado, esse tônico tem um gosto bem diferente. Não tem mais aquele gosto amargo. Por que será?

Sir Joseph resmungou:

– Esses farmacêuticos. Sujeitos descuidados. A cada vez fazem uma coisa diferente.

Lady Hoggin disse, ainda em dúvida:

– É, deve ser isso.

– É claro que é. O que mais poderia ser?

– Aquele homem descobriu alguma coisa sobre o caso de Shan Tung?

– Sim. Me devolveu o dinheiro direitinho.

– Quem foi?

– Não me disse. Sujeito muito misterioso aquele Hercule Poirot. Mas você não precisa se preocupar.

– É um homenzinho engraçado, não é?

Sir Joseph teve um leve arrepio e lançou uma olhadela para os lados e para o alto, como se sentisse a presença invisível de Hercule Poirot por trás de seu ombro direito. Desconfiava de que sempre sentiria aquela presença.

E disse:

– Ele é um demoniozinho muito do esperto!

E pensou consigo mesmo: "Greta que se dane! *Eu* é que não vou arriscar o meu pescoço por *nenhuma* loira platinada!"

X

– Ah!

Amy Carnaby olhou incrédula para o cheque de duzentas libras. Ela exclamou:

– Emily! Emily! Ouve só isso.

> *Cara srta. Carnaby:*
> *Permita-me incluir nesta carta uma contribuição ao seu Fundo, muito meritório, antes que ele encerre as atividades de uma vez por todas.*
> *Atenciosamente,*
>
> *Hercule Poirot.*

— Amy — disse Emily Carnaby —, você teve uma sorte incrível. Imagine onde você poderia estar agora.

— Wormwood Scrubs. Ou seria Holloway? — murmurou Amy Carnaby. — Mas agora está tudo acabado, não é, Augustus? Chega de andar no parque com a mamãe ou com as amigas dela e um pequeno par de tesouras.

Uma distante nostalgia apareceu em seus olhos. Ela suspirou.

— Augustus querido! É uma pena. Ele é tão inteligente... Aprende tudo que ensinamos...

Capítulo 2

A hidra de Lerna

I

Hercule Poirot olhou para o homem sentado à sua frente, tentando encorajá-lo.

O dr. Charles Oldfield era um homem talvez nos seus quarenta anos. Tinha cabelos loiros levemente acinzentados nas têmporas e olhos azuis que mostravam uma expressão preocupada. Suas costas se curvavam um pouco, e seus modos eram um tanto tímidos. Ademais, parecia achar difícil ir ao assunto que o trouxera até ali.

Disse, gaguejando de leve:

– Vim lhe fazer um pedido bastante estranho, sr. Poirot. E agora que estou aqui, me sinto inclinado a desistir de tudo. Porque, como percebo muito bem agora, não há nada que alguém possa fazer para resolver isso. É impossível.

Hercule Poirot murmurou:

– Deve deixar que eu seja o juiz disso.

Oldfield falou baixinho:

– Não sei por que pensei que talvez...

E interrompeu-se.

Hercule Poirot completou a frase.

– Que talvez eu pudesse ajudá-lo? *Eh bien*, talvez possa. Conte-me o seu problema.

Oldfield se endireitou na cadeira. Poirot notou mais uma vez como o homem parecia esgotado.

Oldfield disse, e sua voz trazia uma nota de desespero:

– O senhor sabe, falar com a polícia não adianta nada... Não há o que eles possam fazer. E, ainda assim, a cada dia a coisa piora. Eu... eu não sei o que fazer.

– *O que é* que está pior a cada dia?

– Os rumores... Ah, a coisa é bem simples, sr. Poirot. Há pouco mais de um ano, minha mulher morreu. Ficou inválida alguns anos antes disso. Eles estão dizendo, todos estão dizendo, *que eu a matei*. Que eu dei veneno para ela!

– Aha! – exclamou Poirot. – E o senhor a envenenou?

– Sr. Poirot! – disse o dr. Oldfield, levantando-se num pulo.

– Acalme-se – disse Hercule Poirot. – E sente-se novamente. Partamos do princípio, então, de que o senhor *não* envenenou sua mulher. Mas seu consultório, imagino, é situado em um distrito do interior...

– Sim. Market Loughborough. Em Berkshire. Eu sempre soube que era o tipo de lugar onde havia muita fofoca, mas nunca pensei que pudesse chegar ao ponto que chegou – arrastou a cadeira um pouco mais para perto. – Sr. Poirot, o sr. não tem noção do que eu passei. De início, não fazia a menor ideia do que estava acontecendo. Não percebi que as pessoas pareciam menos amigáveis, que havia uma tendência de me evitar... Mas atribuí isso ao fato da perda recente de minha esposa. Então a coisa ficou pior, mais visível. Até na rua as pessoas mudam de calçada para não falar comigo. Meu consultório está falindo. Onde quer que eu vá percebo cochichos, olhares hostis que me espiam enquanto línguas mal-intencionadas sussurram um veneno mortal. Recebi uma ou duas cartas... coisas desprezíveis.

Ficou em silêncio por alguns segundos e prosseguiu:

– E... e *não sei o que fazer quanto a isso*. Não sei como combater isso, essa rede vil de mentiras e suspeitas. Como é possível refutar o que nunca dizem às claras, o que nunca dizem na sua frente? Me sinto impotente, encurralado. Sendo destruído aos poucos, sem nenhuma piedade.

Poirot balançou a cabeça, pensativo. Disse:

– Sim. O boato é como a hidra de Lerna de nove cabeças. Não pode ser exterminada, pois assim que lhe cortam uma cabeça, crescem duas em seu lugar.

O dr. Oldfield disse:

– É exatamente isso. Não há nada que eu possa fazer, *nada*! Vim ao senhor como um último recurso, mas não acredito nem um minuto que o senhor possa fazer alguma coisa.

Hercule Poirot ficou em silêncio por um minuto ou dois. Então disse:

– Não tenho tanta certeza assim. Seu problema me interessa, dr. Oldfield. Eu gostaria de poder tentar destruir o monstro de muitas cabeças. Antes de qualquer coisa, conte-me um pouco mais sobre as circunstâncias que fizeram surgir essa fofoca maliciosa. Sua mulher faleceu, como o senhor diz, há pouco mais de um ano. Qual foi a causa da morte?

– Úlcera gástrica.

– Foi feita uma autópsia?

– Não. Ela já vinha sofrendo de problemas gástricos há um bom tempo.

Poirot concordou com a cabeça.

– E os sintomas da inflamação gástrica e do envenenamento por arsênico são muito parecidos, um fato de conhecimento público hoje em dia. Nos últimos dez anos houve pelo menos quatro casos de assassinato de muita publicidade, e em todos eles a vítima foi enterrada, sem suspeitas, com um diagnóstico de desordem gástrica. Sua mulher era mais velha ou mais nova do que o senhor?

– Cinco anos mais velha.

– Há quanto tempo eram casados?

– Quinze anos.

– Ela deixou bens?

– Sim. Era uma mulher um tanto quanto abastada. Deixou cerca de trinta mil libras.

– Uma quantia muito útil. Foi deixada para o senhor?

– Sim.

– O senhor e sua esposa tinham um bom relacionamento?

– Certamente.

– Nada de brigas, de cenas?

– Bem... – Charles Oldfield hesitou. – Minha esposa era o que pode se chamar de uma mulher difícil. Era inválida, se preocupava muito com a própria saúde e tendia, portanto, a ser mal-humorada e difícil de agradar. Em certas ocasiões, nada do que eu fazia estava bom.

Poirot concordou e disse:

– Ah sim, conheço o tipo. Ela reclamaria, talvez, de que era negligenciada, incompreendida... de que seu marido estava cansado dela e ficaria feliz se ela morresse.

A expressão no rosto de Oldfield não deixou dúvidas quanto à verdade da suposição de Poirot. Ele disse, com um sorriso amargo:

– Exatamente isso!

Poirot prosseguiu:

– Tinha uma enfermeira que cuidasse dela? Ou uma dama de companhia? Ou uma criada dedicada?

– Uma dama de companhia que era também enfermeira. Uma mulher muito sensata e competente. Eu não acho que ela é do tipo que fala.

– Até mesmo os sensatos e competentes receberam línguas de *le bon Dieu*. E nem sempre as usam com sabedoria. Não tenho dúvidas de que a enfermeira falava, os criados falavam, que todos falavam! Temos aqui todos os elementos para criar um escândalo de cidade pequena muito aprazível. Agora vou perguntar-lhe mais uma coisa. *Quem é a mulher*?

– Não compreendo – respondeu o dr. Oldfield, tão irritado que seu rosto corou.

Poirot disse brandamente:

– Acho que compreende sim. Estou lhe perguntando quem é a senhora com a qual o seu nome foi associado.

O dr. Oldfield levantou-se. Seu rosto estava duro e frio. Disse:

– Não há nenhuma "fêmea" nesse caso. Sinto muito, sr. Poirot, por ter tomado tanto do seu tempo.

Ele foi em direção à porta.

Hercule Poirot falou:

– Também sinto muito. Seu caso me interessa. Gostaria de ajudá-lo. Mas não posso fazer nada a menos que me conte toda a verdade.

– Eu lhe contei toda a verdade.

– Não...

O dr. Oldfield parou e deu meia-volta.

– Por que insiste em dizer que há uma mulher envolvida?

– *Mon cher docteur*! Acha que não conheço a mentalidade feminina? A fofoca das cidadezinhas é sempre, invariavelmente, baseada nas relações entre os sexos. Se um homem envenenasse a esposa para poder viajar para o Polo Norte ou gozar da paz de uma vida de solteiro, isso não interessaria seus vizinhos nem por um minuto! É por estarem convencidos de que o assassinato foi cometido *para que o homem possa se casar com outra mulher* que as fofocas crescem e se espalham. Isso é psicologia da mais elementar.

Oldfield disse, irritado:

– Não sou responsável pelo que se passa na cabeça de um bando de enxeridos malditos, de um bando de fofoqueiros!

– É claro que não é.

Poirot prosseguiu:

– Então é bom o senhor voltar, sentar-se de novo e responder à pergunta que acabei de lhe fazer.

Devagar, quase com relutância, Oldfield voltou e retomou seu assento.

E disse, ficando completamente vermelho:

– Suponho que seja possível que estejam falando coisas sobre a srta. Moncrieffe. Jean Moncrieffe é encarregada de lidar com os remédios para mim. Uma moça muito boa mesmo.

– Há quanto tempo ela trabalha para o senhor?

– Há três anos.

– Sua esposa gostava dela?

– Ah... bem, não, não exatamente.

– Sentia ciúmes?

– Era absurdo!

Poirot sorriu e disse:

– O ciúme das esposas é um fato notório. Mas vou contar uma coisa para o senhor. Na minha experiência, o ciúme, por mais implausível e extravagante que possa parecer, é quase sempre baseado na *realidade*. Existe um provérbio, não é, que diz que o freguês tem sempre razão? Bom, a mesma coisa vale para o marido ou mulher com ciúmes. Por mais que as evidências *concretas* sejam escassas, eles sempre estão *fundamentalmente* com razão.

O dr. Oldfield disse com firmeza:

– Besteira. Nunca disse nada para Jean Moncrieffe que quisesse esconder de minha mulher.

– Talvez sim. Mas isso não altera a verdade do que eu disse – Hercule Poirot curvou-se para a frente. Sua voz assumira um tom grave, cativante. – Doutor Oldfield, vou me esforçar ao máximo nesse caso. Mas preciso contar com a máxima sinceridade sua, sem concessões às aparências convencionais ou aos seus sentimentos. É verdade, não é, que o senhor deixara de gostar de sua mulher algum tempo antes de ela morrer?

Oldfield ficou em silêncio por um minuto ou dois. Então disse:

– Esse negócio está me matando. Preciso ter esperança. De algum modo sinto que o senhor pode fazer algo por mim. Serei sincero, sr. Poirot. Eu não tinha grande afeição por minha esposa. Creio que fui um bom marido para ela, mas nunca amei-a de verdade.

– E essa garota, Jean?

O suor cobriu a testa do doutor como um orvalho suave, e ele disse:

– Eu... eu a teria pedido em casamento antes, se não fosse por toda essa falação, esse escândalo.

Poirot recostou-se em sua cadeira e disse:

– Enfim chegamos aos fatos reais! *Eh bien*, doutor Oldfield, aceitarei o seu caso. Mas lembre-se: o meu objetivo é encontrar a *verdade*.

Oldfield disse, amargo:

– Não é a verdade o que vai me ferir!

Ele hesitou antes de acrescentar:

– O senhor sabe, já pensei em abrir um processo por difamação! Se pudesse fazer uma acusação clara contra alguém... com certeza eu seria inocentado, não? Bom, é o que penso às vezes... Em outras, acho que só faria piorar as coisas, dar mais publicidade ao caso. As pessoas diriam: "Pode não ter sido provado, mas onde há fumaça, há fogo".

Ele olhou para Poirot.

– Sinceramente, existe *alguma* maneira de sair desse pesadelo?

– Sempre há uma maneira – disse Hercule Poirot.

II

– Vamos para o interior, Georges – disse Hercule Poirot a seu mordomo.

– Deveras, senhor? – perguntou o imperturbável Georges.

– E o propósito de nossa jornada é destruir um monstro de nove cabeças.

– De fato, senhor? Algo no estilo do monstro do lago Ness?

– Menos tangível. Não me referia a um animal de carne e osso, Georges.

– Então o compreendi mal, senhor.

– Seria fácil se fosse assim. Não há nada tão intangível, tão difícil de captar, quanto a origem de uma fofoca.

– Ah sim, deveras, senhor. Às vezes é difícil saber como uma coisa começa.

– Isso mesmo.

Hercule Poirot não se hospedou na casa do dr. Oldfield. Em vez disso, instalou-se na pousada local. Na manhã seguinte à sua chegada, conversou pela primeira vez com Jean Moncrieffe.

Era uma moça alta, de cabelos cor de cobre e olhos azuis muito firmes. Tinha um olhar bastante atento, como se sempre estivesse de guarda.

Ela disse:

– Então, o doutor Oldfield pediu a sua ajuda... Eu sabia que ele estava pensando nisso.

No seu tom de voz não havia qualquer entusiasmo.

Poirot disse:

– E a senhorita não aprova?

Olhou Poirot nos olhos e perguntou com frieza:

– O que o senhor pode fazer?

Poirot disse calmamente:

– Pode haver uma maneira de lidar com a situação.

– Que maneira? – ela cuspiu as palavras, cheia de desprezo. – Quer dizer procurar todas as velhas fofoqueiras e dizer: "Puxa, por favor, pare de falar desse jeito. Faz o dr. Oldfield sofrer tanto!". E elas responderiam: "É claro que *eu* nunca acreditei nessa história!". Isso é o pior de tudo. Elas não dizem: "Minha querida, nunca lhe ocorreu a ideia de que a morte da sra. Oldfield não tenha sido bem o que pareceu?". Não, elas dizem: "Minha querida, é claro que *não* acredito nessa história sobre o dr. Oldfield e a esposa dele. Tenho *certeza* de que ele nunca faria algo assim, embora seja verdade que ele *de fato* foi negligente para com ela, talvez só um pouquinho, e realmente não acho que é muito *sensato* ter uma jovenzinha como assistente. É claro, não estou dizendo nem por um minuto que houve qualquer coisa de *errado* entre eles. Ah não, tenho certeza de que foram *cem por cento corretos*..." – Jean se interrompeu. Seu rosto estava vermelho, e sua respiração, rápida.

Hercule Poirot disse:

– A senhorita parece saber muito bem o que andam dizendo.

A moça fechou a boca repentinamente. Disse, num tom amargo:

– É claro que sei!

– E qual é a sua solução?

Jean Moncrieffe respondeu:

– A melhor coisa que ele tem a fazer é vender o consultório e começar uma vida nova em outro lugar.

– Não acha possível que a história o persiga?

Ela deu de ombros.

– É um risco que se precisa correr.

Poirot ficou em silêncio por um minuto ou dois e disse:

– Vai casar-se com o dr. Oldfield, srta. Moncrieffe?

Ela não demonstrou qualquer surpresa com a pergunta. Apenas respondeu:

– Ele não me pediu em casamento.

– Por que não?

Os olhos azuis da moça encontraram-se com os de Poirot e vacilaram por um instante. Ela respondeu:

– Porque eu o desencorajei.

– Ah, que bênção encontrar alguém que consegue ser sincera!

– Sinceridade é a única coisa que tenho a oferecer. Quando percebi que as pessoas estavam dizendo que Charles se livrara da esposa para se casar comigo, me pareceu que se *realmente* nos casássemos, seria a última pá de cal. Eu esperava que, se não parecesse haver qualquer possibilidade de casamento entre nós, esse escândalo estúpido talvez chegasse ao fim.

– Mas isso não aconteceu?

– Não aconteceu.

– Certamente – disse Hercule Poirot – isso é um pouco estranho, não?

Jean falou com amargura:

– Aqui o pessoal não tem muito com o que se divertir.

Poirot perguntou:

– As senhorita *quer* se casar com Charles Oldfield?

A moça respondeu com frieza:

– Sim, quero. Isso desde pouco depois que nos conhecemos.

– Então a morte da esposa foi muito conveniente para a senhorita, não?

Jean Moncrieffe respondeu:

– A sra. Oldfield era uma mulher um tanto desagradável. Para ser sincera, fiquei contentíssima quando morreu.

– Sim – disse Poirot. – Sem dúvidas, a senhorita é sincera!

Ela sorriu o mesmo sorriso desdenhoso.

Poirot disse:

– Tenho uma sugestão a fazer.

– Sim?

– Esse caso requer medidas drásticas. Sugiro que alguém, talvez a senhorita mesmo, escreva para o Ministério do Interior.

– Que diabos está dizendo?

– Estou dizendo que a melhor maneira de acabar com essa história de uma vez por todas é exumar o corpo e realizar uma autópsia.

Ela deu um passo para trás, se afastando de Poirot. Seus lábios se abriram, e então fecharam-se outra vez. Poirot a olhava com atenção.

– Bem, mademoiselle? – ele disse afinal.

Jean Moncrieffe respondeu baixinho:

– Não concordo com o senhor.

– Mas por que não? Com certeza um veredicto de morte por causas naturais silenciaria todas as línguas, não acha?

– *Se* o veredicto fosse esse, sim.

– Tem ideia do que está sugerindo, mademoiselle?

Jean Moncrieffe disse, impaciente:

– Sei do que estou falando. O senhor está pensando em envenenamento por arsênico. Acha que poderia provar que ela não foi envenenada por arsênico. Mas existem outros venenos: os alcaloides vegetais. Depois de um ano, duvido que se encontrasse qualquer vestígio deles, mesmo que tivessem sido usados. E sei como são esses analistas da polícia. Eles podem vir com um veredicto neutro, dizendo que não havia nada que mostrasse o que causou a morte. E então as línguas ficariam mais afiadas do que nunca!

Hercule Poirot ficou em silêncio por um minuto ou dois. Enfim perguntou:

– Quem, na sua opinião, é a faladeira mais inveterada da cidade?

A moça refletiu. Por fim, respondeu:

– Acho que a velha srta. Leatheran é a pior de todas.

– Ah! Poderia me apresentar à srta. Leatheran, de maneira casual se possível?

– Nada seria mais fácil. Todas aquelas velhas fuxiqueiras estão perambulando por aí a essa hora da manhã, fazendo compras. Basta irmos caminhar pela rua principal.

Como Jean dissera, não houve qualquer dificuldade no procedimento. Em frente ao posto de correio, Jean parou e falou com uma mulher alta e magra, de meia idade, que tinha um nariz longo e olhos agudos e perscrutadores.

– Bom dia, srta. Leatheran.

– Bom dia, Jean. O dia hoje está maravilhoso, não acha?

Os olhos agudos passaram curiosos pelo companheiro de Jean Moncrieffe. Jean falou:

– Deixe que eu lhe apresente o sr. Poirot, que vai passar uns dias aqui na cidade.

III

Mordiscando delicadamente um pãozinho de minuto e equilibrando uma xícara de chá no joelho, Hercule Poirot se permitiu ficar íntimo de sua anfitriã. A srta. Leatheran fora gentil o bastante para convidá-lo para um chá e, em seguida, tomara para si a tarefa de descobrir o que aquele exótico homenzinho estrangeiro fazia entre eles.

Por algum tempo Poirot desviou-se habilmente das investidas, assim aguçando o apetite da mulher. Então, quando considerou que o momento certo chegara, inclinou-se para perto dela:

– Ah, srta. Leatheran – ele disse. – Posso ver que minha inteligência não é páreo para a sua! Adivinhou o meu segredo. Vim até aqui a pedido do Ministério do Interior. Mas por favor – ele baixou a voz – *não conte isso a ninguém.*

– Mas é claro, é claro – a srta. Leatheran estava agitadíssima. Todo o seu ser vibrava. – O Ministério do Interior... o senhor não quer dizer... *não* a pobre sra. Oldfield?

Poirot balançou a cabeça devagar, várias vezes.

– Bem! – a srta. Leatheran infundiu nessa única palavra toda uma gama de emoções.

Poirot disse:

– É um assunto delicado, como pode ver. Tenho ordens para informar se há ou não causa suficiente para uma exumação.

A srta. Leatheran exclamou:

– Vai tirar a pobrezinha do descanso! Que horrível!

Se ela dissesse "que maravilha!" em vez de "que horrível!", teria sido mais adequado ao seu tom de voz.

– Qual é a sua opinião, srta. Leatheran?

– Bem, é claro, sr. Poirot, houve muita *falação*. Mas eu não dou ouvido a *falação*. Há sempre *tanta* fofoca circulando que não merece confiança... Não há dúvida de que o dr. Oldfield tem se portado de maneira bem estranha desde o acontecido, mas, como eu já repeti muitas vezes, com certeza não precisamos dizer que isso se deve a uma *consciência culpada*. Pode ser só tristeza. Não que, claro, ele e a esposa tivessem uma relação exatamente afetuosa. Isso eu *sei*, e sei *de primeira mão*. A enfermeira Harrison, que ficou com a sra. Oldfield por três ou quatro anos, até a hora de sua morte, admitiu pelo menos *isso*. E eu sempre tive a sensação, o senhor sabe, de que a enfermeira Harrison *tinha as suas suspeitas*. Não que ela tenha *dito* alguma coisa, mas a gente *percebe* pelos modos da pessoa, não é verdade?

Poirot disse, com tristeza na voz:

– É tão pouco o que podemos investigar...

– Sim, eu sei, mas é claro, sr. Poirot, que se o corpo for exumado então o senhor *saberá*.

– Sim – disse Poirot – então saberemos.

– Já houve outros casos assim, é claro – disse a srta. Leatheran, seu nariz se contraindo, tal era a sua prazerosa agitação. – Armstrong, por exemplo, e aquele outro homem, não consigo lembrar o nome, e também Crippen, é claro. Sempre me perguntei se Ethel Le Neve foi cúmplice dele ou não. É claro, Jean Moncrieffe é uma moça muito boa, tenho certeza... Não diria exatamente que ela o manipulou, mas os homens ficam muito *bobos* perto das jovens, não é verdade? E, é claro, a situação os *forçava* a ficar próximos um do outro!

Poirot nada falou. Olhou para a mulher com uma expressão inocente de dúvida, calculada para estimular mais um jorro de falatório. Consigo mesmo, divertiu-se contando o número de vezes que as palavras "é claro" eram ditas.

– E, é claro, com uma autópsia e tal tanta coisa acabaria vindo à tona, não é? Criados e tudo o mais. Os criados sempre sabem de tanta coisa, não é? E, é claro, é impossível impedir que eles fofoquem, estou certa? A Beatrice, que trabalhava com os Oldfield, foi despedida quase que imediatamente depois do funeral, e eu sempre achei isso *esquisito*, ainda mais sendo tão difícil arrumar criadas hoje em dia. Parece que o dr. Oldfield temia que ela *soubesse* de alguma coisa.

– Certamente me parece que havia motivos para um inquérito – disse Poirot, solene.

A srta. Leatheran teve um leve arrepio de aversão.

– A gente se encolhe diante de uma ideia dessas – disse ela. – Nosso querido vilarejo, tão pequeno e pacífico, arrastado para as páginas dos jornais. Toda aquela *publicidade*.

– Isso a desagrada? – perguntou Poirot.

– Um pouquinho, sim. O senhor sabe, sou dos velhos tempos.

– E, como a senhorita diz, é provável que isso tudo não passe de fofoca!

– A bem da verdade eu não chegaria a *tanto*. Sabe, acho que aquilo que dizem: "onde há fumaça, há fogo" é tão verdadeiro...

– Eu mesmo estava pensando a mesma coisa – disse Poirot.

Ele se levantou.

– Posso confiar na sua discrição, mademoiselle?

– Ah, mas *é claro*! Dessa boca *ninguém* ouvirá *uma palavra*.

Poirot sorriu e se despediu.

À porta, disse à pequena criada que lhe entregou seu chapéu e seu sobretudo:

– Estou aqui para investigar as circunstâncias envolvendo a morte da sra. Oldfield, mas agradeceria muito se não comentasse isso com ninguém.

Gladys quase caiu para trás, dentro do porta guarda-chuvas. Ela ofegou, excitada:

– Ah, senhor, então é *verdade* que o doutor matou a esposa?

– Já suspeitava disso há algum tempo, não é?

– Bom, senhor, *eu* não. Beatrice. Ela estava lá quando a sra. Oldfield morreu.

– E ela é da opinião de que houve – Poirot fez com que a palavra soasse melodramática – um *crime*?

Gladys fez que sim, excitada.

– Sim, acha sim. E disse que a enfermeira que estava lá achava também, a enfermeira Harrison. Gostava muito da sra. Oldfield e ficou muito transtornada quando ela morreu, e Beatrice sempre deu a entender que a enfermeira Harrison sabia de alguma coisa, porque ela se voltou contra o doutor logo depois do acontecido, e ela não faria isso a menos que alguma coisa ali estivesse errada, não é?

– Onde está a enfermeira Harrison agora?

– Está cuidando da velha srta. Bristow, lá embaixo, no fim do vilarejo. Não tem erro. Tem uns pilares e um alpendre.

IV

Passou-se muito pouco tempo até que Hercule Poirot estivesse sentado em frente à mulher que com certeza saberia mais que qualquer pessoa sobre as circunstâncias que haviam feito surgir os rumores.

A enfermeira Harrison ainda era uma mulher bonita e se aproximava dos quarenta anos. Tinha as feições calmas e serenas de uma Madonna com grandes olhos negros e compassivos. Disse devagar:

– Sim, sei que circulam por aí essas histórias desagradáveis. Fiz o que pude para impedir, mas não tem jeito. As pessoas gostam da excitação, o senhor sabe.

Poirot disse:

– Mas deve ter havido *alguma coisa* para dar início a esses rumores, não?

Ele percebeu que sua expressão de angústia aumentou. Mas tudo o que fez foi negar com a cabeça, perplexa.

– Talvez – sugeriu Poirot – o dr. Oldfield e sua esposa não se dessem muito bem um com o outro, e talvez tenha sido isso que deu origem aos boatos.

A enfermeira Harrison negou resolutamente com a cabeça.

– Ah não, o dr. Oldfield sempre foi bastante bondoso e paciente com a esposa.

– Ele gostava muito dela?

Ela hesitou.

– Não... eu não diria bem isso. A sra. Oldfield era uma mulher muito difícil, complicada de agradar, e fazia exigências constantes, nem sempre justificadas, de atenção e compaixão.

– Quer dizer – perguntou Poirot – que ela exagerava a própria doença?

A enfermeira confirmou.

– Sim. A doença dela era em grande parte produto da própria imaginação.

– E ainda assim – disse Poirot solenemente – *ela morreu...*

– Ah, eu sei, eu sei...

Ficou olhando para a mulher por um ou dois minutos; observando sua perplexidade agitada, sua palpável incerteza.

Ele disse:

– Eu acho... Não, tenho certeza de que a senhorita *sabe* qual foi a origem de todas essas histórias.

A enfermeira Harrison corou. E disse:

– Bem. Eu poderia, talvez, dar um palpite. Acredito que foi a criada, Beatrice, que começou com todas essas fofocas, e acho que sei o que pôs isso na cabeça dela.

– Sim?

A enfermeira Harrison falou, um tanto incoerente:

– O senhor sabe, foi algo que ouvi por acidente. Um trecho da conversa entre o dr. Oldfield e a srta. Moncrieffe, e estou bem certa de que Beatrice ouviu também, embora eu ache que ela nunca vai admitir isso.

– Que conversa foi essa?

A enfermeira Harrison ficou em silêncio por um minuto, como se para verificar a exatidão da própria memória, e então disse:

– Foi mais ou menos três semanas antes do último ataque, o que matou a sra. Oldfield. Eles estavam na sala de jantar. Eu estava descendo as escadas quando ouvi Jean Moncrieffe dizer: "Quanto tempo mais? Não vou aguentar esperar muito tempo". E o doutor respondeu: "Agora não falta muito, querida, eu juro". E então ela disse: "Não posso mais aguentar essa espera. Você acha que vai dar tudo certo, não acha?". E ele respondeu: "É claro. Não há nada que possa dar errado. Dentro de um ano já estaremos casados".

Ela parou de falar.

— Essa foi a primeiríssima suspeita que eu tive, sr. Poirot, de que havia alguma coisa entre o doutor e a srta. Moncrieffe. É claro que eu sabia que ele a admirava, e que eram muito amigos, mas nada além disso. Subi as escadas de novo (eu tinha ficado muito chocada), mas percebi que a porta da cozinha estava aberta e desde então acho que Beatrice devia estar escutando. E o senhor entende, não é, que a maneira com que conversavam podia ser interpretada de duas maneiras? Podia apenas significar que o doutor sabia que sua esposa estava muito doente e não viveria por muito tempo mais, e não tenho dúvidas de que era isso que ele queria dizer, mas, para qualquer pessoa como Beatrice, poderia soar de outro modo. Poderia parecer que o doutor e Jean Moncrieffe estavam... bem... planejando se livrar da sra. Oldfield.

— Mas *a senhorita* mesma não pensou nisso?

— Não, não. Claro que não...

Poirot olhou-a com muita atenção. E disse:

— Enfermeira Harrison, sabe de alguma outra coisa? De algo que não tenha me contado?

Ela corou e respondeu, com violência:

— Não. Não. Com certeza não. O que poderia haver?

— Não sei. Mas pensei que pudesse haver... alguma coisa?

Ela abanou a cabeça. O olhar preocupado de antes havia voltado.

Hercule Poirot disse:

— É possível que o Ministério do Interior requeira uma exumação do cadáver da sra. Oldfield.

— Não! – a enfermeira Harrison estava apavorada. – Que coisa horrível!

— Acha que seria ruim?

— Acho que seria *terrível*! Pense no falatório que isso iria criar! Seria muito ruim, péssimo mesmo para o pobre dr. Oldfield.

– A senhorita não acha que na verdade pode ser muito bom para ele?

– O que quer dizer com isso?

Poirot respondeu:

– Se ele for inocente, a inocência será provada.

Ele se interrompeu. Viu a ideia criar raízes na mente da enfermeira Harrison, a viu franzir o cenho, perplexa, e então as sombras sumirem de seu rosto.

Ela respirou fundo e olhou para Poirot.

– Eu não tinha pensado nisso – ela disse. – É claro que é a única opção.

Ouviu-se uma série de baques no andar de cima. A enfermeira Harrison pulou em pé.

– É a minha velha senhora, srta. Bristow. Ela acordou de seu descanso. Preciso ir e deixá-la confortável antes de levar o chá e sair para a minha caminhada. Sim, sr. Poirot, acho que o senhor tem toda razão. Uma autópsia vai acabar com esse assunto de uma vez por todas. Vai destruir essa coisa toda, e todos esses rumores pavorosos contra o pobre dr. Oldfield vão se aquietar.

Apertou a mão de Poirot e saiu apressada da sala.

V

Hercule Poirot caminhou até os correios e fez um telefonema para Londres.

A voz do outro lado não estava de bom humor.

– Realmente *precisa* sair escarafunchando por aí, meu caro Poirot? Tem *certeza* de que é um caso para nós? Sabe como são esses boatos de cidadezinha. Em geral não valem nada.

– Este – disse Hercule Poirot – é um caso especial.

– Ah, bem. Se você diz. Você tem um hábito tão entediante de estar certo... Mas se não passarem de boatos infundados, não ficaremos muito contentes. Sabe disso, não é?

Hercule Poirot sorriu consigo mesmo e murmurou:

– Não, serei *eu* a ficar contente.

– O que foi que disse? Não ouvi direito.

– Nada. Nadinha.

Poirot desligou.

Entrando nos correios, reclinou-se sobre o balcão. Perguntou, em seu tom de voz mais cativante:

– Poderia por favor dizer-me, madame, onde a criada que trabalhou para o dr. Oldfield, Beatrice é seu nome de batismo, reside agora?

– Beatrice King? Já passou por dois lugares desde então. Agora está com a sra. Marley, pra lá do banco.

Poirot agradeceu, comprou dois cartões-postais, um talão de selos e um exemplar da cerâmica local. Durante a compra, arranjou uma maneira de mencionar a morte da sra. Oldfield. Não demorou para perceber a peculiar expressão furtiva que tomou o rosto da funcionária do correio. Ela disse:

– Foi muito de repente, não foi? Gerou muito falatório, que o senhor talvez tenha ouvido.

Um brilho de interesse surgiu em seus olhos quando perguntava:

– Talvez seja por isso que o senhor quer ver Beatrice King? Todos achamos estranha a maneira como ela foi tirada de lá, assim de repente. Alguém achou que ela sabia de alguma coisa, e *vai ver sabia mesmo*. Ela deu umas pistas bem óbvias.

Beatrice King era uma moça baixa e com adenoide que parecia muito astuta. Tinha uma aparência de estupidez apática, mas seus olhos eram mais inteligentes do que suas maneiras fariam alguém supor. Parecia, contudo, que não havia nada a se obter de Beatrice King. Ela repetiu:

– Eu não sei nada de coisa nenhuma... Não sou eu que tenho que dizer o que aconteceu por lá... Não sei o que quer dizer com ouvir por acaso uma conversa entre o doutor e a srta. Moncrieffe. Não sou dessas que ouvem atrás das portas, e o senhor não tem direito de dizer que fiz isso. Não sei de nada.

Poirot disse:

– Já ouviu falar de envenenamento por arsênico?

Um brilho de interesse rápido e furtivo passou pelo rosto emburrado da moça.

Ela disse:

– Então era *isso* que tinha naquele frasco de remédio?

– Qual frasco de remédio?

Beatrice respondeu:

– Um dos remédios que a srta. Moncrieffe fez para a patroa. A enfermeira ficou toda inquieta, dava pra ver. Ela provou e cheirou, e então jogou fora na pia e encheu o frasco com água da torneira. Era um remédio transparente igual a água mesmo. E uma vez, quando a srta. Moncrieffe levou um bule de chá para a patroa, a enfermeira desceu com o chá e fez um novo. Disse que não tinha sido feito com água fervente, mas não me convenceu! Na hora pensei que fosse só aquelas frescuras de enfermeira, mas, não sei, pode ter sido mais que isso.

Poirot concordou e disse:

– Gostava da srta. Moncrieffe, Beatrice?

– Ela não me incomodava... Um pouco metida. É claro que eu sempre soube que era caidinha pelo doutor. Precisava ver o jeito que ela olhava pra ele.

Mais uma vez Poirot fez que sim com a cabeça. Ele voltou à hospedaria.

Lá, deu algumas instruções a Georges.

VI

O dr. Alan Garcia, perito do Ministério do Interior, esfregou as mãos e piscou rapidamente os olhos para Hercule Poirot. Disse:

– Bom, acho que isso lhe serve, não é, sr. Poirot? O homem que sempre está certo.

Poirot disse:

– O senhor é muito gentil.

– O que lhe colocou na pista certa? Fofocas?

– Como o senhor diz: Entra o rumor, com vestes em que se veem pintadas muitas línguas.

No dia seguinte, Poirot uma vez mais tomou o trem para Market Loughborough.

Market Loughborough zumbia como uma colmeia. Vinha zumbindo suavemente desde o processo de exumação.

Agora que os resultados da autópsia haviam vazado, a agitação tornara-se febril.

Poirot hospedara-se na pousada há cerca de uma hora e acabara de almoçar lautamente (pudim de filé e rim acompanhado de cerveja) quando vieram lhe informar que uma senhora queria vê-lo.

Era a enfermeira Harrison. Seu rosto lívido demonstrava grande exaustão.

Dirigiu-se a Poirot.

– É verdade? É realmente verdade, sr. Poirot?

Com gentileza, Poirot a fez sentar-se.

– Sim. Encontrou-se uma quantidade de arsênico mais do que suficiente para causar a morte.

A enfermeira Harrison exclamou:

– Nunca pensei... Nem por um momento pensei – e caiu em choro.

Poirot falou, suave:

– A verdade tinha de vir à tona, a senhorita sabe.

Ela soluçava.

– Ele será enforcado?

Poirot respondeu:

– Ainda há muita coisa a ser provada. Oportunidade, acesso ao veneno, como ele foi administrado.

– Mas e se ele não teve nada a ver com isso, absolutamente nada, sr. Poirot?

– Nesse caso – disse Poirot, dando de ombros – será inocentado.

A enfermeira Harrison disse com vagar:

– Há uma coisa... Algo que, acho, devia ter lhe contado antes, mas não achei que tivesse importância. Foi só *esquisito*.

– Sabia que havia alguma coisa – disse Poirot. – É melhor que me conte agora.

– Não é nada de mais. É só que um dia, quando fui até a farmácia, por algum motivo, Jean Moncrieffe estava fazendo algo bastante... estranho.

– Sim?

– Parece tão bobo. É só que ela estava abastecendo seu pó compacto, um estojo cor-de-rosa, esmaltado...

– Sim?

– Mas não estava colocando pó lá dentro. Digo, não pó de arroz. Estava virando alguma coisa no estojo, de um dos frascos do armário de venenos. Deu um pulo quando me viu, fechou o estojinho e o enfiou na bolsa... e pôs rapidamente o frasco no armário, de modo que eu não pudesse ver o que era. Talvez não queira dizer nada, mas agora que sei que a sra. Oldfield foi mesmo envenenada... – ela se interrompeu.

Poirot disse:

– A senhorita pode me dar licença?

Ele saiu e telefonou para o sargento detetive Grey, da polícia de Berkshire.

Hercule Poirot voltou e sentou próximo à enfermeira Harrison, e os dois ficaram em silêncio.

Poirot, em sua mente, via o rosto de uma moça ruiva e ouvia uma voz límpida e dura dizer: "Não concordo". *Jean Moncrieffe fora contra a autópsia.* Dera uma desculpa bastante plausível, mas isso não mudava o fato. Uma moça competente. Eficiente. Resoluta. Apaixonada por um homem que estava preso a uma esposa inválida e lamurienta, que podia viver por muitos anos, já que, de acordo com a enfermeira Harrison, tinha, na verdade, bem poucos problemas de saúde.

Hercule Poirot soltou um suspiro.

A enfermeira Harrison perguntou:

– No que o senhor está pensando?

Poirot respondeu:

– Em como é uma pena que as coisas sejam assim...

Disse a enfermeira Harrison:

– Não acredito nem por um minuto que *ele* tivesse qualquer conhecimento disso.

Poirot respondeu:

– Não. Tenho certeza que ele não sabia.

A porta se abriu, e o sargento detetive Grey entrou. Trazia algo em suas mãos, embrulhado em um lenço de seda. Desfez o embrulho e pousou com cuidado o conteúdo. Era um reluzente estojo de pó compacto cor-de-rosa.

A enfermeira Harrison disse:

– Foi esse que eu vi.

Grey falou:

– Encontrei-o no fundo da gaveta da escrivaninha da srta. Moncrieffe. Dentro de um sachê de pano. Do que posso ver, não tem impressões digitais, mas investigarei com cuidado.

Cobrindo a mão com o lenço, pressionou o botão. O estojo se abriu. Grey disse:

– Isso aí não é pó de arroz.

Passou o dedo e com cautela provou com a ponta da língua.

– Nenhum gosto específico.

Poirot falou:

– Arsênico branco não tem gosto.

Grey disse:

– Isso vai para a análise imediatamente – ele olhou para a enfermeira Harrison. – Pode jurar que este é o mesmo estojo?

– Sim. Tenho certeza. Foi esse estojo que vi com a srta. Moncrieffe na farmácia, mais ou menos uma semana antes da morte da sra. Oldfield.

O sargento Grey suspirou. Olhou para Poirot e fez um sinal de positivo com a cabeça. Poirot tocou a sineta.

– Peça que meu criado venha até aqui, por favor.

Georges, o mordomo perfeito, discreto, reservado, entrou e olhou de modo inquiridor para seu patrão.

Hercule Poirot falou:

– A senhorita identificou esse pó compacto, srta. Harrison, como sendo o que viu em posse da srta. Moncrieffe há mais de um ano. Ficaria surpresa de saber que esse estojo aqui foi vendido pelos senhores Woolworth faz apenas algumas semanas? E que, além disso, seu design e cor entraram em produção há três meses?

A enfermeira Harrison se engasgou. Olhou para Poirot com seus olhos redondos e negros. Poirot disse:

– Já viu esse pó compacto antes, Georges?

Georges deu um passo à frente.

– Sim, senhor. Eu observei essa pessoa, a enfermeira Harrison, comprá-lo no Woolworth's na sexta-feira, dia 18. Conforme suas instruções, segui essa senhora sempre que saía de casa. Ela tomou um ônibus para Darnington no dia que mencionei e comprou o pó compacto. Foi para casa com ele. Mais tarde, no mesmo dia, ela veio à casa na qual a srta. Moncrieffe está alojada. Agindo conforme me instruiu, eu já estava dentro da casa. Observei-a entrar no quarto da srta. Moncrieffe e esconder esse objeto no fundo da gaveta da escrivaninha. Pude ver bem pela fresta da porta. Ela então saiu da casa, acreditando-se despercebida. Posso dizer que por aqui ninguém tranca suas portas da frente, e isso foi na hora do pôr do sol.

Poirot dirigiu-se à enfermeira Harrison, e sua voz saiu dura e maldosa:

– Pode explicar esses fatos, enfermeira Harrison? *Creio que não*. Não havia arsênico naquele estojo quando ele saiu da loja dos senhores Woolworth, mas havia quando ele saiu da casa da srta. Bristow. – Ele acrescentou com voz suave – *Não foi sábio de sua parte manter um suprimento de arsênico em sua posse*.

A enfermeira Harrison escondeu o rosto nas mãos. Ela disse, numa voz baixa e embotada:

– É verdade... é tudo verdade... Eu a matei. E tudo por nada... nada... fui louca.

VII

Jean Moncrieffe disse:

– Devo pedir que me perdoe, sr. Poirot. Fiquei tão enfurecida com o senhor, terrivelmente enfurecida. Achava que só estava tornando tudo ainda pior.

Poirot disse, com um sorriso:

– No início, eu estava mesmo. É como a antiga lenda da Hidra de Lerna. Sempre que uma cabeça era cortada, duas cabeças cresciam em seu lugar. Então, para começar, os rumores cresceram e se multiplicaram. Mas veja, minha tarefa, como a do meu homônimo Hércules, era chegar à primeira cabeça, a original. Quem dera início a esses rumores? Não levei muito tempo para descobrir que a história fora criada pela enfermeira Harrison. Fui falar com ela. Pareceu ser uma pessoa muito boa. Inteligente e compassiva. Mas quase imediatamente cometeu um grande erro: me relatou uma conversa que ouvira por acaso entre a senhorita e o doutor, e essa conversa *estava toda errada*. Muito improvável, do ponto de vista psicológico. *Supondo* que a senhorita e o doutor haviam planejado em conjunto o assassinato da sra. Oldfield, ambos são inteligentes e sensatos de mais para ter uma conversa dessas em uma sala com a porta aberta, pois facilmente poderiam ser ouvidos por alguém que estivesse na escada ou na cozinha. Ademais, as palavras atribuídas à senhorita não combinavam de forma alguma com o seu feitio mental. Eram as palavras de uma mulher *muito mais idosa*, e de uma mulher de tipo bem diferente. Eram palavras tais que seriam imaginadas pela enfermeira Harrison, usadas *por ela em circunstâncias semelhantes.*

"Até então, eu considerava a questão toda bastante simples. A enfermeira Harrison, percebi, era uma mulher bastante jovem e ainda bonita. Vivera muito próxima do dr. Oldfield por quase três anos. Ele nutria grande afeição por ela, e lhe era grato por sua consideração e solidariedade. Ela formara a impressão de que *se a sra. Oldfield morresse*, o doutor provavelmente a pediria em casamento. Em vez disso, após a morte da sra. Oldfield, ela fica sabendo que *o dr. Oldfield está apaixonado pela senhorita*. Então, levada pela raiva e pelo ciúme, começa a espalhar o rumor de que o dr. Oldfield envenenou a esposa.

"Foi assim, como eu dizia, que enxerguei a situação. Era o caso de uma mulher enciumada e de um boato falso. Mas a velha frase batida, "onde há fumaça, há fogo", me voltou à mente com força. Perguntei-me se a enfermeira Harrison havia feito *mais* do que espalhar um boato. Algumas coisas que ela disse soaram estranhas. Me disse que a doença da sra. Oldfield era em grande parte imaginária; que, na verdade, não sofria muitas dores. Mas o *próprio doutor* não tivera dúvidas quanto à realidade do sofrimento de sua esposa. *Ele* não ficara surpreso com sua morte. Chamou outro médico pouco antes do falecimento, e o outro doutor percebeu a gravidade de sua condição. Experimentei a sugestão de uma exumação...

De início, a enfermeira Harrison ficou assustadíssima com a ideia. Então, quase que na mesma hora, os ciúmes e o ódio tomaram posse dela. Que achem o arsênico: nenhuma suspeita seria imputada a *ela*. O doutor e Jean Moncrieffe que sofressem.

"Havia somente uma esperança. *Fazer com que a enfermeira Harrison se excedesse.* Se havia uma chance de Jean Moncrieffe sair livre, imaginei que a enfermeira Harrison faria todos os esforços possíveis para implicá-la no crime. Dei instruções ao meu fiel Georges, o mais discreto dos homens, que ela não conhecia de vista. Ele deveria segui-la de perto. E então, tudo terminou bem."

Jean Moncrieffe disse:

– O senhor foi *maravilhoso*.

O dr. Oldfield entrou na conversa, dizendo:

– Sim, foi mesmo. Nunca poderei agradecer o suficiente. Que idiota cego eu fui!

Poirot perguntou, curioso:

– Também estava cega, mademoiselle?

Jean Moncrieffe falou devagar:

– Fiquei muito preocupada. O senhor sabe, a quantidade de arsênico no armário de venenos não batia...

Oldfield exclamou:

– Jean! Você não pensou que...?

– Não, não. Não *você*. O que eu *realmente* pensei foi que a sra. Oldfield tinha de algum modo pego o arsênico, e que o estava tomando para adoecer e assim conseguir compaixão, e que sem querer tomara demais. Mas temia que, caso *houvesse* uma autópsia e o arsênico fosse encontrado, eles jamais considerariam essa teoria e pulariam à conclusão de que *você* era o criminoso. Foi por isso que nunca abri a boca sobre o arsênico que faltava. Cheguei até a adulterar o registro dos venenos! Mas a última pessoa de quem eu suspeitaria seria a enfermeira Harrison.

Oldfield concordou:

– Eu também. Era uma criatura tão gentil, tão feminina. Como uma Madonna.

Poirot disse com tristeza:

– Sim, ela com certeza daria uma boa esposa e uma boa mãe... Suas emoções foram um pouco fortes demais para ela. – Ele suspirou e murmurou uma vez mais, baixinho: – Que lamentável isso tudo.

E então sorriu para o homem de meia-idade, obviamente feliz, e para a moça de rosto ávido à frente dele. Disse consigo mesmo: "Esses dois saíram das sombras para o sol.. e eu... completei o segundo trabalho de Hércules".

Capítulo 3

A corça da Arcádia

I

Hercule Poirot bateu os pés, tentando aquecê-los. Soprou o hálito quente nos dedos. Cristais de neve derretiam e pingavam dos cantos de seu bigode.

Houve uma batida na porta, e uma camareira apareceu. Era uma moça do interior, atarracada e de respiração lenta. Encarou Hercule Poirot com uma boa dose de curiosidade. Era provável que jamais tivesse visto algo parecido.

Perguntou:

– O senhor chamou?

– Sim. Poderia ter a bondade de acender a lareira?

Ela saiu e retornou imediatamente, trazendo papel e gravetos. Ajoelhou-se diante da grande lareira vitoriana e começou os preparativos.

Hercule Poirot continuou a bater os pés, balançar os braços e soprar os dedos.

Ele estava irritado. Seu carro, um Messarro Gratz, que não custara pouco, não se portara com aquela perfeição mecânica que se esperava de um carro. Seu chofer, um rapaz que ganhava um salário nada desprezível, não conseguira consertá-lo. O carro havia se recusado a funcionar de uma vez por todas em uma estrada secundária, a dois quilômetros e meio de qualquer ajuda possível, e com a neve começando a cair. Hercule Poirot, usando, como sempre, seus elegantes sapatos de couro envernizado, fora obrigado a caminhar aqueles dois quilômetros e meio para chegar ao vilarejo ribeirinho de Hartly Dene, um vilarejo que, embora mostrasse todos os sinais típicos de animação na época do verão, parecia completamente moribundo no inverno. No Black Swan, a chegada de um novo hóspede foi recebida com um pouco de assombro. O proprietário foi quase insistente ao informar que a oficina local poderia fornecer um carro para que o cavalheiro continuasse sua viagem.

Hercule Poirot repudiou a sugestão. Sua parcimônia latina sentiu-se ofendida. Alugar um carro? Ele já *tinha* um carro, um carro grande e caro. Naquele carro, e em nenhum outro, ele continuaria sua viagem até a cidade. E de qualquer maneira, mesmo que o conserto fosse rápido, com a quantidade de neve que caía, não poderia ir embora antes da manhã seguinte. Pediu um quarto com lareira e uma refeição. Suspirando, o senhorio o levou até quarto, mandou a criada preparar o fogo e então retirou-se para discutir com a esposa o problema da refeição.

Uma hora depois, com os pés esticados na direção do fogo reconfortante, Hercule Poirot refletia sobre o jantar que acabara de comer. É verdade, o filé estava duro e cheio de nervos, as couves-de-bruxelas grandes, pálidas e, sem dúvida, aguadas, e as batatas pareciam pedras. Tampouco havia muito a ser dito em favor da porção de maçãs cozidas com manjar que se seguira. O queijo estava duro, e os biscoitos, moles. Ainda assim, refletia Hercule Poirot, olhando com benevolência para as línguas de fogo que dançavam à sua frente, e bebericando uma xícara de barro liquefeito eufemisticamente chamado de café, era melhor estar cheio do que vazio, e depois de marchar por estradas obstruídas pela neve com sapatos de couro envernizado, sentar-se ao pé do fogo era o paraíso!

Houve uma batida na porta, e a camareira apareceu.

– Com licença, senhor, o homem da oficina está aqui e gostaria de falar com o senhor.

Hercule Poirot respondeu, amável:

– Deixe ele subir.

A moça riu baixinho e saiu. Poirot pensou, cordialmente, que o que ela diria sobre ele para os amigos seria matéria de diversão por muitos dos dias vindouros do inverno.

Houve outra batida, uma batida diferente, e Poirot respondeu:

– Pode entrar.

Olhou com aprovação para o rapaz que entrou e ficou lá, parecendo pouco à vontade, torcendo o chapéu nas mãos.

"Ali", ele pensou, "estava um dos mais belos espécimes da humanidade que ele jamais vira, um rapaz simples com a aparência de um deus grego."

O rapaz disse, numa voz baixa e rouca:

– Sobre o carro, senhor, estamos com ele. E estamos cuidando do problema. É questão de uma hora mais ou menos até ficar pronto.

Poirot perguntou:

– Qual é o defeito?

O rapaz, ansioso, desandou a falar sobre os detalhes técnicos. Poirot, gentil, concordou com a cabeça, mas não estava prestando atenção. Um físico perfeito era algo que admirava muito. Na opinião dele, havia muitos ratos de óculos por aí. Disse consigo mesmo, satisfeito: "Sim, um deus grego. Um jovem pastor da Arcádia".

O rapaz interrompeu-se abruptamente. Foi quando a testa de Hercule Poirot franziu por um segundo. A primeira reação fora estética, a segunda, mental. Seus olhos se estreitaram, cheios de curiosidade, quando ergueu o olhar.

Ele afirmou:

– Compreendo. Sim, compreendo. – Ficou um momento em silêncio e então continuou: – Meu chofer já havia me dito a mesma coisa.

Poirot percebeu o rubor que apareceu nas bochechas do rapaz, viu os dedos que retorciam o quepe com nervosismo.

O rapaz gaguejou:

– Sim... hum... sim, senhor. Eu sei.

Hercule Poirot falou suavemente:

– Mas você achou melhor vir até aqui e me contar em pessoa?

– Ah, sim, senhor. Achei que seria melhor.

– Isso – ponderou Hercule Poirot – foi muito atencioso da sua parte. Obrigado.

Havia um leve mas inconfundível tom de "pode sair" nas últimas palavras, mas Poirot não esperava que o outro fosse embora, e estava certo. O rapaz não saiu do lugar.

Seus dedos moviam-se convulsivamente, esmagando o quepe de tweed. Disse, numa voz constrangida e ainda mais baixa:

– Perdão, senhor, mas é verdade, não é? Que o senhor é o cavalheiro detetive, é o senhor Hercules Pwarrit? – ele pronunciou o nome com muito cuidado.

Poirot respondeu:

– É verdade.

O rubor tomou o rosto do rapaz, que disse:

– Li um artigo sobre o senhor no jornal.

– Sim?

O garoto agora estava escarlate. Havia tormento em seus olhos: tormento e súplica. Hercule Poirot veio em seu auxílio, dizendo com gentileza:

– Sim? Tem algo que deseja me perguntar?

As palavras agora saíram em uma torrente.

– Tenho medo que ache que é muita ousadia da minha parte, senhor. Mas a sua chegada aqui, por acaso... bom, é uma oportunidade boa demais para ser desperdiçada. Quero dizer, sabendo pelo jornal sobre o senhor e as coisas inteligentes que fez. De qualquer modo, pensei que afinal eu podia perguntar. Nada de errado em perguntar, não é?

Hercule Poirot abanou a cabeça e disse:

– Quer a minha ajuda para alguma coisa?

O rapaz confirmou e disse, com uma voz rouca e constrangida:

– É... é sobre uma jovem senhora. Se... se o senhor pudesse achar ela para mim.

– Achá-la? Está desaparecida, então?

– Isso mesmo, senhor.

Hercule Poirot endireitou-se na poltrona. Disse num tom ríspido:

– Eu poderia ajudá-lo, sim, talvez. Mas o mais certo é procurar a polícia. É trabalho para eles, que têm muito mais recursos para isso do que eu.

O rapaz arrastou os pés e disse, desajeitado:

– Eu não poderia fazer isso, senhor. A coisa não é assim, de jeito nenhum. É bastante bizarro, por assim dizer.

Hercule Poirot encarou-o. Então, indicou uma cadeira para que se sentasse.

– *Eh bien*, então sente-se. Como se chama?

– Williamson, senhor, Ted Williamson.

– Sente-se, Ted. E conte-me tudo sobre o caso.

– Obrigado, senhor – ele arrastou a cadeira mais para perto e sentou-se com cuidado na beira dela. Seus olhos ainda pareciam suplicantes como os de um cachorro.

Hercule Poirot falou, convidativo:

– Pode contar.

Ted Williamson respirou fundo.

– Bem, senhor, foi desse jeito. Eu só vi ela uma vez. E não sei o nome dela certinho nem nada mais. Mas é bizarra, a coisa toda, e o negócio da minha carta voltar e tal.

– Comece – interpôs Poirot – pelo começo. Não se apresse. Apenas conte tudo o que aconteceu.

– Sim, senhor. Bom, talvez o senhor conheça Grasslawn, aquela casa grande perto do rio, depois da ponte?

– Não conheço nada daqui.

– É de Sir George Sanderfield. Ele vem no verão, dá festas e passa fins de semana. Em geral recebe um pessoal muito festeiro. Atrizes e tal. Bom, foi no último mês de junho, o telégrafo estava com defeito e me chamaram lá pra ver.

Poirot assentiu.

– Então eu fui. O cavalheiro estava no rio com as visitas, o cozinheiro tinha saído, e o mordomo tinha ido servir as bebidas e essas coisas na lancha. Só tinha uma moça na casa, a criada de quarto de uma das visitas. Ela abriu a porta para mim e me mostrou onde era o aparelho, e ficou lá enquanto eu fazia o meu trabalho. E então nós ficamos conversando e tudo mais... Nita era o nome dela, foi o que ela me disse, e disse que era a criada de quarto de uma dançarina russa que estava hospedada na casa.

– De que nacionalidade era ela, inglesa?

– Não, senhor, deve ser francesa, eu acho. Ela tinha um sotaque engraçado. Mas falava inglês direitinho. Ela... ela era simpática, e depois de um pouco perguntei se podia sair comigo aquela noite pra ir no cinema, mas ela disse que a patroa precisaria dela. Mas disse depois que poderia sair à tardinha, porque eles não iriam voltar do rio até mais tarde. Então, resumindo, tirei a tarde de folga sem perguntar pro patrão (e quase me mandaram embora por causa disso), e nós saímos pra andar perto do rio.

O rapaz parou de falar. Um pequeno sorriso flutuava em seus lábios. Seus olhos pareciam sonhar. Poirot perguntou com gentileza:

– E ela era bonita, sim?

– Era simplesmente a coisa mais adorável do mundo. O cabelo era que nem ouro, subia pros lados que nem asas, e ela tinha um jeito alegre de andar com passinhos curtos. Eu... eu... bem, me apaixonei por ela logo ali, senhor. Não vou fingir que foi outra coisa.

Poirot balançou a cabeça. O rapaz continuou a falar.

– Ela contou que a patroa dela voltaria duas semanas depois, e a gente combinou de se encontrar de novo então – ele ficou calado por um instante. – Mas ela nunca veio. Esperei por ela no lugar que tínhamos combinado, mas nem sinal dela, então criei coragem pra ir até a casa e procurar por ela. A patroa russa estava lá, e a criada de quarto também, foi o que me disseram. Chamaram ela, mas quando chegou, bem, não era Nita, de jeito nenhum! Só uma garota morena com cara de gato. Garota mais atrevida nunca vi. Marie, era o nome dela. "Queria me ver?", ela perguntou, com um sorriso de orelha a orelha. Ela deve ter visto que fiquei surpreso. Perguntei se ela era a criada de quarto da senhora russa e disse alguma coisa sobre ela não ser a que eu tinha visto antes, e então ela riu e disse que a última criada tinha sido mandada embora de repente. "Mandada embora?", eu perguntei. "Por causa de quê?" Ela meio que encolheu os ombros e fez um gesto com as mãos. "Como é que eu vou saber?", ela disse, "eu não estava lá".

"Bem, senhor, fiquei estarrecido. Na hora não consegui pensar em nada para dizer. Mas depois disso juntei coragem, fui ver essa Marie de novo e pedi que ela me desse o endereço da Nita. Não deixei ela perceber que eu nem mesmo sabia o sobrenome da Nita. Prometi que daria um presente para ela se fizesse o que pedi. Ela é do tipo que não faz nada de graça, pra ninguém. Então ela conseguiu o negócio pra mim, um endereço no norte de Londres, e eu escrevi para Nita lá, mas a carta voltou pouco tempo depois, enviada pelo correio, com "não se encontra nesse endereço" rabiscado no envelope.

Ted Williamson parou de falar. Seus olhos, olhos firmes de um azul profundo, olharam para Poirot à sua frente. Ele disse:

– Entende, senhor? Não é um caso para a polícia. Mas quero encontrar ela. E não sei como fazer. Se... se o senhor pudesse achar ela para mim – a cor de seu rosto aprofundou-se. – Tenho... tenho um pouquinho de dinheiro guardado. Poderia pagar cinco libras. Até mesmo dez.

Poirot disse gentilmente:

– Não precisamos discutir a parte financeira por enquanto. Primeiro pense nessa questão: essa garota, a Nita. Ela sabia seu nome e onde você trabalhava?

– Ah, sim, senhor.

– Ela poderia entrar em contato com você, se quisesse?

Ted falou, dessa vez mais devagar:

– Sim, senhor.

– Então você não acha que... talvez...

Ted Williamson o interrompeu.

– O que quer dizer, senhor, é que eu me apaixonei por ela, mas não ela por mim? Talvez isso seja verdade, de um certo modo... Mas ela gostou de mim. Gostou de mim *mesmo*. Não foi só uma curtição... E fiquei pensando, senhor, que pode haver um *motivo* para isso tudo. Sabe, senhor, o grupo em que ela estava metida era estranho. Ela pode estar com problemas, se entende o que quero dizer.

– Quer dizer que ela pode estar esperando uma criança? Um filho seu?

– Meu não, senhor – Ted enrubesceu. – A gente não fez nada de errado.

Poirot olhou para ele, pensativo, e murmurou:

– E se o que você sugere é verdade, ainda assim quer encontrá-la?

O vermelho tornou-se mais intenso no rosto de Ted Williamson. Ele disse:

– Sim, eu quero, com certeza! Quero casar com ela, se ela me aceitar. E não importa o tipo de confusão em que ela estiver! Poderia, por favor, apenas tentar achar ela para mim, senhor?

Hercule Poirot sorriu. Murmurou para si mesmo:

"'Cabelo como asas de ouro'. Sim, acho que esse é o

terceiro trabalho de Hércules... Se me lembro bem, aconteceu na Arcádia..."

II

Hercule Poirot olhou pensativo para a folha de papel sobre a qual Ted Williamson havia com esforço anotado um nome e um endereço.

Srta. Valetta, Upper Renfrew Lane, 17, N15.

Perguntou-se se conseguiria alguma informação naquele endereço. Por algum motivo, achava que não. Mas foi a única ajuda que Ted pôde lhe dar.

Poirot foi ao nº 17 da Upper Renfrew Lane. Era uma rua sombria, mas respeitável. Uma mulher corpulenta de olhos cansados abriu a porta depois que Poirot bateu.

– Srta. Valetta?
– Ih, ela já não tá aqui faz muito tempo.

Poirot avançou um passo para dentro da soleira, justo quando a porta estava prestes a se fechar.

– Talvez poderia me dar o endereço dela?
– Isso eu não sei não, senhor. Ela não deixou nenhum.
– Quando ela foi embora?
– No último verão.
– Pode me dizer *quando*, exatamente?

Ouviu-se um suave tilintar vindo da mão direita de Poirot, onde duas moedas de meia coroa batiam uma na outra de maneira amigável.

A mulher de olhos cansados amoleceu de maneira quase mágica. Tornou-se a gentileza em pessoa.

– Bom, tenho certeza de que adoraria ajudar, senhor. Deixa eu ver. Agosto, não... antes disso. Julho, sim, deve ter sido julho. Ali pela primeira semana de julho. Foi embora com pressa. De volta para a Itália, eu acho.

– Ela era italiana, então?
– Isso mesmo, senhor.

– E trabalhou como criada de quarto de uma dançarina russa, não é isso?

– Isso mesmo. Madame Semoulina ou algum nome desses. Dançava no Thespian, nesse tal de balé que todo mundo gosta tanto. Era uma das estrelas, sim, senhor.

Poirot questionou:

– Sabe por que a srta. Valetta deixou o emprego?

A mulher hesitou por um momento antes de responder:

– Não sei com certeza.

– Ela foi despedida, não foi?

– Bem, eu acho que houve alguma briga! Mas, veja só, a srta. Valetta não disse muita coisa sobre isso. Não era *ela* que ia abrir o jogo. Mas parecia bem brava. Temperamento terrível o dela. Italiana mesmo. Tinha uns olhos pretos que soltavam faísca, e quando olhava para alguém parecia que queria enfiar uma faca. Eu é que não ia contrariar quando ela estava num mau humor daqueles!

– E tem certeza de que não sabe qual é o endereço atual da srta. Valetta?

As moedas de meia coroa tilintaram outra vez, encorajando-a.

A resposta pareceu sincera.

– Quem me dera, senhor. Ficaria muito feliz em contar para o senhor. Mas juro, ela foi embora com pressa, e aí está!

Poirot disse para si mesmo, pensativo: "Sim, aí está...".

III

Ambrose Vandel, após ser desviado de seu relato entusiasmado sobre o décor que estava criando para um balé que haveria em breve, deu as informações sem qualquer dificuldade.

– Sanderfield? George Sanderfield? Sujeito horrível. Rolando no dinheiro, mas dizem que é um pilantra. Muito suspeito! Se ele teve caso com uma dançarina? Mas é claro, meu querido. Teve um caso com *Katrina*. Katrina Samoushenka. Já a viu, não é? Ah, meu querido! Deliciosa demais! A técnica dela é adorável. *O Cisne de Tuolela*, você viu *esse*, não viu? A décor foi *minha*! E aquela outra coisa de Debussy, ou será que é Manine, *La Biche au Bois*? Ela dançou junto com Michael Novgin. Ele é *tão* maravilhoso, não é?

– E ela era amiga de Sir George Sanderfield?

– Sim, costumava passar o fim de semana na casa dele, perto do rio. Dizem que ele dá festas sensacionais.

– Seria possível, *mon cher*, que você me apresentasse a mademoiselle Samoushenka?

– Mas, meu querido, ela não está mais *aqui*. Foi para Paris ou algum outro canto, bem de repente. Sabe como é, dizem que *ela* era uma espiã bolchevique ou coisa assim (não que *eu* acredite nisso)... sabe como as pessoas adoram dizer essas coisas. Katrina sempre fingiu que era dos russos brancos; seu pai era um príncipe, ou um Grão-Duque, sabe como é! Isso *pega* tão melhor – Vandel parou de falar e voltou ao mais interessante dos assuntos: ele mesmo. – Então, como eu dizia, se você quer captar o *espírito* de Bathsheba, tem que mergulhar na tradição semítica. Eu a expresso por meio de...

Ele continuou a tagarelar, todo contente.

IV

A entrevista que Hercule Poirot conseguiu marcar com Sir George Sanderfield não começou de maneira muito auspiciosa.

Aquele homem "muito suspeito", como Ambrose Vandel o havia chamado, estava um pouco inquieto. Sir

George era um homem baixo e quadrado, com cabelos negros e grossos, e um cilindro de banha no pescoço.

Disse:

– Bem, sr. Poirot, que posso fazer pelo senhor? Ah... Creio que não nos conhecemos, certo?

– Não, não nos conhecemos.

– Bem, o que é? Confesso que estou bem curioso.

– É muito simples. Uma mera questão de informação.

O outro soltou uma risada nervosa.

– Quer que eu lhe dê umas informações confidenciais, hein? Não sabia que se interessava por finanças.

– Não, é uma questão de *les affaires*. É sobre uma certa dama.

– Ah, uma mulher – Sir George Sanderfield se recostou em sua cadeira de braços e pareceu relaxar. Sua voz assumiu um tom mais suave.

Poirot disse:

– O senhor conhece, suponho, mademoiselle Katrina Samoushenka?

Sanderfield riu.

– Sim. Uma criatura encantadora. É uma pena que tenha deixado Londres.

– Por que ela foi embora de Londres?

– Meu caro, *eu* é que não sei. Briga com os patrões, creio. Era do tipo temperamental. Tinha umas maneiras muito russas. Sinto não poder ajudar, mas não faço a menor ideia de onde esteja agora. Não mantive qualquer contato com ela.

Havia um tom de "assunto encerrado" em sua voz, enquanto se levantava.

Poirot acrescentou:

– Mas não é mademoiselle Samoushenka que desejo encontrar.

– Não é?

– Não. Trata-se de sua criada.

– A *criada* dela? – Sanderfield mirou Poirot com olhos arregalados.

Poirot perguntou:
– O senhor, quem sabe, não se lembraria da criada dela?

Toda a inquietação de Sanderfield retornara. Respondeu, constrangido:
– Meu Deus, não! Como lembraria? Lembro que ela *tinha* uma criada, é claro... A garota não era das melhores, aliás. Aquele tipo de garota abelhuda e sorrateira. Se eu fosse o senhor, não confiaria nem um pouco em qualquer palavra que saísse da boca daquela menina. É daquelas mentirosas natas.

Poirot murmurou:
– Então, na verdade, o senhor se lembra bastante dela, não é?

Sanderfield disse, apressado:
– Foi a impressão que tive, só isso... Nem lembro que nome tinha. Deixa eu ver. Marie alguma coisa... não, infelizmente acho que não posso ajudá-lo a entrar em contato com ela. Desculpe.

Poirot disse num tom gentil:
– Já consegui o nome de Marie Hellin no teatro Thespian, e o endereço dela. Mas estou falando, Sir George, da criada que esteve com mademoiselle Samoushenka *antes* de Marie Hellin. Estou falando de Nita Valetta.

Sanderfield arregalou os olhos. Afirmou:
– Dessa eu não me lembro mesmo. A única de que *eu* me lembro é Marie. Uma moça baixinha e morena, que tinha um olhar maldoso.

Poirot insistiu:
– A moça a que me refiro esteve em sua casa, Grasslawn, no último junho.

Sanderfield disse, azedo:
– Bem, tudo o que posso dizer é que não me lembro dela. Não acho que ela estivesse com uma criada. Acho que está cometendo um erro.

Hercule Poirot abanou a cabeça. Não acreditava estar cometendo erro algum.

V

Marie Hellin mirava Poirot com seus olhinhos astutos, e com rapidez os desviava. Disse, num tom de voz macio, sereno:

– Mas me lembro *perfeitamente*, monsieur. Fui contratada por madame Samoushenka na última semana de junho. A criada anterior havia partido às pressas.

– Você chegou a ouvir o porquê de a criada ter ido embora?

– Ela apenas foi, de repente. Isso é tudo o que eu sei! Pode ter sido por causa de doença ou por alguma coisa desse tipo. A madame não disse.

Poirot perguntou:

– Sua patroa era uma pessoa fácil de lidar?

A moça deu de ombros.

– O humor dela variava muito. Num momento chorava e logo depois estava rindo. Às vezes ficava tão desanimada que não falava nem comia. Outras vezes parecia alegríssima. São assim essas dançarinas. É coisa de temperamento.

– E Sir George?

A moça olhou-o, alerta. Um brilho desagradável surgiu em seus olhos.

– Ah, Sir George Sanderfield? O senhor gostaria de saber sobre *ele*? Talvez seja sobre ele que o senhor quer de fato saber? A outra foi só uma desculpa, hein? Ah, Sir George, eu poderia contar umas coisas estranhas sobre ele, ah poderia...

Poirot a interrompeu:

– Não será necessário.

Ela olhou para ele, espantada, com a boca aberta. Seus olhos transpareceram um misto de decepção e raiva.

VI

– É como sempre digo: você sabe tudo, Alexis Pavlovitch.

Hercule Poirot murmurou as palavras com a inflexão de voz mais lisonjeira possível.

Estava pensando consigo mesmo que esse terceiro trabalho de Hércules havia exigido mais viagens e mais entrevistas do que seria possível imaginar. Esse pequeno problema envolvendo uma criada de quarto desaparecida acabara se mostrando um dos mais longos e difíceis que Poirot jamais enfrentara. Cada pista, quando examinada, levava a lugar nenhum.

O caso o levara, na noite em questão, ao restaurante Samovar, em Paris, cujo proprietário, o conde Alexis Pavlovitch, se orgulhava de saber tudo o que acontecia no mundo artístico.

Ele agora concordava, complacente.

– Sim, sim, meu amigo, *eu* sei. Sempre sei. Você me pergunta para onde ela foi, a pequena Samoushenka, a bela dançarina? Ah, uma dançarina de verdade, aquela pequenina – beijou as pontas dos dedos. – Que fogo, que naturalidade! Aquela iria longe. Poderia ser a primeira bailarina de sua época. E então tudo chega ao fim de repente... vai embora às escondidas para o fim do mundo, e rápido, ah!, tão rápido, eles a esquecem.

– Onde ela está, então? – perguntou Poirot.

– Na Suíça. Em Vagray les Alpes. É para lá que eles vão, os que têm a tossezinha seca e que ficam cada vez mais magros com o tempo. Vai morrer, sim, ela vai morrer! É uma fatalista. Com certeza morrerá.

Poirot pigarreou, de modo a quebrar o encanto trágico. Ele queria informações.

– Você por algum acaso não se lembra de uma criada que ela teve? Uma criada chamada Nita Valetta?

– Valetta? Valetta? Lembro de ver uma criada certa vez. Na estação, quando fui me despedir de Katrina, que estava indo para Londres. Era uma italiana, de Pisa, certo? Sim, tenho certeza de que era uma italiana que veio de Pisa.

Hercule Poirot suspirou.

– Nesse caso – concluiu – agora preciso viajar para Pisa.

VII

Hercule Poirot estava no Campo Santo, em Pisa, e olhava para uma cova.

Então era ali que sua busca chegava ao fim. Ali, naquele humilde montículo de terra. Sob ele, encontrava-se a criatura que havia mexido com o coração e com a imaginação de um simples mecânico inglês.

Seria o melhor desfecho para aquele súbito e estranho romance? Agora a moça viveria para sempre na memória do rapaz, como ele a vira naquelas poucas horas mágicas de uma tarde de junho. O conflito entre nacionalidades distintas, entre diferentes costumes, a dor da desilusão, tudo aquilo tornara-se impossível para sempre.

Hercule Poirot balançou a cabeça. Estava triste. Sua mente voltou à conversa que tivera com a família Valetta. A mãe, com o rosto largo de camponesa, o altivo pai de luto, a irmã morena de lábios austeros.

– Foi de repente, signor, foi muito de repente. É verdade que fazia muitos anos que ela sofria de dor, uma dor que ia e voltava... O médico não deixou escolha: disse que precisavam fazer uma cirurgia por causa da apendicite. Levaram ela pro hospital e lá... *Si, si*, ela morreu quando estava anestesiada. Não chegou a recobrar a consciência.

A mãe fungou, murmurando:

– Bianca sempre foi uma menina tão esperta... Foi horrível, morrer tão nova...

Hercule Poirot repetiu para si mesmo: "Morreu nova...".

Essa era a mensagem que teria de levar ao rapaz que, tão confiante, pedira sua ajuda.

– *Ela não será sua, meu amigo. Morreu jovem.*

A busca havia chegado ao fim. Ali, onde estava a torre inclinada, sua silhueta contra o céu, e as primeiras flores da primavera, pálidas e cor de creme, com a promessa de vida e alegria futuras.

Seria o buliço da primavera que o fazia sentir-se tão rebeldemente indisposto a aceitar esse veredicto final? Ou seria outra coisa? Alguma coisa se remexia no fundo de sua mente... palavras... uma expressão... um nome? O problema não tivera um final correto demais, uma harmonia demasiado óbvia?

Hercule Poirot suspirou. Teria de fazer uma última jornada para que não restasse qualquer dúvida. Teria de ir a Vagray les Alpes.

VIII

Aquele, ele pensou, era realmente o fim do mundo. A plataforma de neve, aquelas choupanas e abrigos dispersos, em cada um dos quais se encontrava um ser humano imóvel, lutando contra a morte insidiosa.

Então, enfim, encontrou Katrina Samoushenka. Quando a viu, deitada, com bochechas cavas, em cada uma das quais havia uma vívida mancha vermelha, e mãos longas, magras, macilentas, esticadas por sobre as cobertas, uma memória pareceu pulsar em sua mente. Ele não se lembrara do nome, mas a *vira* dançar. Fora arrebatado e ficara fascinado por sua arte suprema, tão suprema que se esquece de que é arte.

Lembrou-se de Michael Novgin, o Caçador, pulando e rodopiando naquela floresta fantástica e escandalosa que a mente de Ambrose Vandel havia concebido. E lembrou-se da adorável Corça voadora, eternamente perseguida, eternamente desejável, uma bela criatura dourada com chifres na cabeça e pés de bronze cintilante. Lembrou-se de seu colapso final, ferida por um tiro, e de Michael Novgin ali, de pé, desnorteado, com o corpo da corça morta em seus braços.

Katrina Samoushenka olhava para ele com débil curiosidade. Disse:

– Nunca o vi antes, vi? O que deseja de mim?

Hercule Poirot fez-lhe uma pequena mesura.

– Primeiro, madame, desejo agradecê-la por sua arte, que certa vez transformou uma noite minha em uma noite de beleza.

Ela sorriu de leve.

– Mas também estou aqui por uma questão de negócios. Venho procurando, madame, há muito tempo, uma certa criada sua... O nome dela era Nita.

– Nita?

Ela olhou para Poirot. Seus olhos grandes estavam amedrontados.

– O que o senhor sabe sobre... Nita?

– Vou lhe contar.

Poirot contou sobre a noite que seu carro quebrara e sobre Ted Williamson de pé em sua frente, torcendo o quepe entre os dedos e gaguejando seu amor e sua agonia. Ela ouviu, muito atenta.

Comentou, quando Poirot parou de falar:

– É comovente isso... Sim, comovente.

Hercule Poirot concordou com a cabeça.

– Sim – ele disse. – É um conto da Arcádia, não é? O que pode me contar, madame, sobre essa moça?

Katrina Samoushenka suspirou.

– Eu tinha uma criada, Juanita. Era um amor de pessoa. Alegre, de coração leve. Aconteceu com ela o que tantas vezes acontece com os preferidos dos deuses. Morreu jovem.

Aquelas palavras haviam sido pronunciadas pelo próprio Poirot. Palavras finais. Palavras irrevogáveis. E agora as ouvia de novo. Ainda assim, persistiu, perguntando:

– Ela está morta?

– Sim, está morta.

Hercule Poirot ficou em silêncio por um minuto, e então disse:

– Há uma coisa que não entendo bem. Perguntei a Sir George Sanderfield sobre uma criada sua, e ele pareceu ficar com medo. Por que isso?

Uma leve expressão de repugnância tomou o rosto da dançarina.

– Você disse uma criada minha. Ele pensou que se referia a Marie, a moça que ficou comigo depois que Juanita me deixou. Ela tentou chantageá-lo, acho, usando alguma coisa que descobriu sobre ele. Era uma garota odiosa. Intrometida, sempre bisbilhotando cartas e gavetas trancadas.

Poirot murmurou:

– Bom, isso explica o medo dele.

Ficou em silêncio por alguns instantes e prosseguiu, ainda persistente:

– O outro nome de Juanita era Valetta, e ela morreu em decorrência de uma cirurgia para remover o apêndice, em Pisa. Isso está correto?

A hesitação da dançarina antes de confirmar com a cabeça não escapou ao seu olhar. Fora quase imperceptível, mas ainda assim acontecera.

– Sim, está certo...

Poirot disse, meditativo:

– E, ainda assim, permanece uma pequena questão. A família se referiu a ela não como Juanita, mas como *Bianca.*

Katrina encolheu seus magros ombros. Disse:

– Bianca, Juanita, isso tem importância? Acho que o nome verdadeiro dela era Bianca, mas ela achou que Juanita era um nome mais romântico e o escolheu para si.

– Ah, a senhora pensa assim? – Ele parou de falar e, então, em outro tom, declarou: – Para mim, há uma outra explicação.

– E qual é?

Poirot chegou mais perto, e falou:

– A garota que Ted Williamson viu tinha cabelos que ele descreveu como parecendo asas de ouro.

Aproximou-se um pouco mais. Seu dedo tocou de leve as duas ondas que saltavam para os lados dos cabelos de Katrina.

– Asas de ouro, chifres de ouro? Depende de como se olha, depende de se a veem como anjo ou demônio! A senhora pode ser um ou outro. Ou talvez sejam apenas os chifres dourados da corça abatida?

Katrina murmurou:

– *A corça abatida...* – e a voz dela era a de alguém que não tem esperança.

Poirot continuou:

– O tempo todo, a descrição de Ted Williamson me preocupou, me fez pensar em algo, e esse algo era *você*, dançando com seus cintilantes pés de bronze pela floresta. Devo contar-lhe o que *eu* acho, madame? Acho que houve uma semana em que esteve sem uma criada, quando foi sozinha para Grasslawn, pois Bianca Valetta havia retornado para a Itália, e a senhora ainda não encontrara uma nova criada. A senhora já sentia os sintomas da doença que desde então a abateu de vez, e ficou em casa, enquanto os outros partiam para uma excursão pelo rio que tomaria o dia inteiro. A campainha tocou, e a senhora foi até a porta, e viu... *devo dizer-lhe o que viu*? Viu um rapaz que era simples como uma criança e tão belo quanto um deus! E inventou para ele uma moça:

não *Juanita*, mas uma incógnita e, por algumas horas, caminhou com ele pela Arcádia.

Houve uma longa pausa. Então Katrina disse, numa voz baixa e áspera:

– Quanto a uma coisa, pelo menos, contei a verdade para o senhor. Dei ao senhor o final certo para a história. Nita morrerá jovem.

– *Ah non*! – Hercule Poirot transformara-se. Bateu na mesa com a mão. De repente, era um homem prosaico, trivial, prático.

Disse:

– É completamente desnecessário! *A senhora não precisa morrer.* Pode lutar pela sua vida, não pode? Assim como qualquer pessoa?

Ela balançou a cabeça com tristeza, sem esperança.

– Que vida há para mim?

– Não a vida dos palcos, *bien entendu*! Mas pense bem: há uma outra vida. Vamos, mademoiselle, seja honesta, seu pai era mesmo um príncipe, ou um Grão-Duque, ou mesmo um general?

De repente, ela riu e disse:

– Ele dirigia um caminhão em Leningrado.

– Muito bem! E por que não poderia ser a esposa de um ajudante de oficina em um vilarejo do interior? E ter filhos belos como deuses, e com pés que, quem sabe, dançarão como você um dia dançou.

Katrina tomou fôlego.

– Mas que ideia fantástica!

– Ainda assim – disse Hercule Poirot, muito satisfeito consigo mesmo – acredito que vai se tornar realidade!

Capítulo 4

O javali de Erimanto

I

Tendo viajado até a Suíça para completar o terceiro trabalho de Hércules, Hercule Poirot decidiu que, estando lá, podia aproveitar e visitar alguns lugares que até então não conhecia.

Passou alguns dias agradáveis em Chamonix, demorou-se um ou dois dias em Montreux e então seguiu para Andermatt, um lugar muito elogiado por vários amigos.

Andermatt, contudo, teve sobre ele um efeito desagradável. Ficava ao fim de um vale, fechado por altaneiras montanhas de cumes cobertos de neve. Ele sentiu, sem qualquer motivo razoável, que lá era difícil respirar.

"Impossível continuar aqui", disse Hercule Poirot para si mesmo. Foi nesse momento que seus olhos caíram sobre uma ferrovia funicular. "Sem dúvida, devo tomar esse trem."

A ferrovia, como ele descobriu, subia primeiro para Les Avines, depois para Caurouchet e por fim para Rochers Neiges, a três mil metros acima do nível do mar.

Poirot não estava disposto a subir tão alto. Les Avines, achava ele, estava mais do que bom.

Mas estava ignorando aquela parcela de acaso, que tanta importância tem na vida. O trem partira quando o coletor aproximou-se de Poirot e pediu-lhe o bilhete. Depois de inspecioná-lo e furá-lo com um temível cortador, devolveu-o com uma mesura. Nesse instante, Poirot sentiu um pequeno feixe de papel pressionado contra a palma de sua mão, junto com o bilhete.

A sobrancelha de Hercule Poirot ergueu-se um pouco. Em seguida, dissimulado, sem se precipitar, alisou o papel, que se revelou uma nota escrita às pressas, a lápis.

> *Impossível (dizia) não reconhecer esse bigode! Eu o saúdo, meu caro colega. Se estiver disposto, pode ser de grande ajuda para mim. Certamente leu sobre o caso Salley? Acredita-se que o assassino – Marrascaud – tenha um encontro marcado com alguns membros de sua gangue, em Rochers Neiges, imagine só! É claro que tudo pode não ser mais do que um embuste, mas nossa informação é confiável. Sempre há um dedo-duro, não é? Então, fique de olhos abertos, meu amigo. Entre em contato com o inspetor Drouet, que está no local. Ele é um homem sensato, mas não é páreo para a genialidade de Hercule Poirot. É importante, meu amigo, que Marrascaud seja capturado – e capturado vivo. Ele não é um homem – é um javali selvagem, um dos mais perigosos assassinos vivos. Não arrisquei falar com você em Andermatt, já que era possível que eu estivesse sendo observado, e você terá mais liberdade se for visto como um simples turista. Boa caça! Seu velho amigo – Lementeuil.*

Pensativo, Poirot afagou o bigode. Sim, era de fato impossível não reconhecer o bigode de Hercule Poirot. Mas o que era aquilo tudo? Ele lera nos jornais os detalhes do *l'affaire Salley* – o cruel assassinato de um famoso agenciador de apostas parisiense. A identidade do assassino era conhecida. Marrascaud era membro de uma famosa gangue envolvida com corridas de cavalo. Era suspeito em muitos outros casos de assassinato, mas dessa vez sua culpa fora provada para além de qualquer dúvida.

Ele fugira, acreditava-se que pela França, e as polícias de todos os países da Europa estavam à sua caça.

Então, dizia-se que Marrascaud tinha uma reunião marcada em Rochers Neiges...

Hercule Poirot abanou a cabeça lentamente. Estava intrigado. Pois Rochers Neiges ficava para além do limite das neves eternas. Havia um hotel lá, mas sua única comunicação com o mundo era através da ferrovia funicular, situado como estava em uma longa e estreita saliência que pendia sobre o vale. O hotel abria em junho, mas quase não havia hóspedes antes dos meses de julho e agosto. Era um lugar mal provido de entradas e saídas: se um homem fosse perseguido, se encontraria preso em uma armadilha. Parecia um lugar ridículo para se escolher para uma reunião de criminosos.

Mas, ainda assim, se Lementeuil dissera que sua informação era confiável, então Lementeuil provavelmente estava certo. Hercule Poirot respeitava o comissário de polícia suíço. Sabia que era um homem sensato e confiável.

Alguma razão desconhecida levava Marrascaud àquele ponto de encontro muito acima da civilização.

Hercule Poirot suspirou. Ir à caça de um assassino implacável não correspondia ao seu ideal de um descanso agradável. Exercitar o cérebro, recostado em uma confortável poltrona, refletiu Poirot, estava mais na sua linha. E não capturar um javali selvagem na encosta de uma montanha.

Um javali selvagem. Esse fora o termo usado por Lementeuil. Sem dúvida, era uma estranha coincidência...

Murmurou para si mesmo: "O quarto trabalho de Hércules. O javali de Erimanto?".

Com tranquilidade, sem dar nas vistas, esquadrinhou os companheiros de viagem.

No assento à frente estava um turista americano. A estampa de suas roupas, de seu sobretudo, a bolsa que carregava, a cordialidade esperançosa e o ingênuo fascínio pela paisagem, até mesmo o guia turístico que tinha em mãos, tudo isso o entregava e deixava claro que era um americano de cidade pequena, vendo a Europa pela primeira vez. "Dentro de um ou dois minutos", Poirot pensou, "começaria a falar." Sua cara de cachorro pidão era inequívoca.

Do outro lado da carruagem, um homem alto, de aparência muito distinta, com cabelos acinzentados e um grande nariz adunco, lia um livro em alemão. Tinha os dedos fortes e flexíveis de um músico ou de um cirurgião.

Mais além, havia três homens, todos do mesmo tipo. Homens de pernas tortas e com um ar indescritível de brutalidade. Estavam jogando baralho. Dali a pouco, talvez, convidariam um desconhecido para entrar no jogo. De início, o desconhecido ganharia. Depois, a sorte mudaria de lado.

Não havia nada de muito incomum nos três homens. A única coisa incomum era onde eles estavam.

Seria normal encontrá-los em qualquer trem, a caminho de uma corrida de cavalos ou num navio comum. Mas não em um funicular quase vazio!

Havia um último passageiro na carruagem, uma mulher. Era alta e morena. O rosto era lindo; um rosto capaz de expressar toda uma gama de emoções, que contudo encontrava-se congelado em uma estranha inexpressividade. Não olhava para nenhum dos passageiros, mirando pela janela o vale abaixo.

Não demorou, como Poirot esperava, e o americano começou a falar. Seu nome, disse, era Schwartz. Era sua primeira visita à Europa. Tudo o que vira, disse, era simplesmente magnífico. Ficara muito impressionado com o castelo de Chillon. Não achou Paris grande coisa (uma cidade supervalorizada). Visitara a casa de música Folies Bergères, o Louvre e a catedral de Nôtre Dame. E percebera que em nenhum dos restaurantes e cafés tocava-se bem um *hot jazz*. Os Champs Elysées o agradaram bastante, e gostara dos chafarizes, em especial quando iluminados pelos holofotes.

Ninguém desceu em Les Avines, tampouco em Caurouchet. Estava claro que todos no trem tinham Rochers Neiges por destino.

O sr. Schwartz explicou seu motivo. Sempre quisera estar lá no alto, entre as montanhas nevadas. Três mil metros estava de bom tamanho para ele; ouvira dizer que não era possível cozinhar direito um ovo quando se estava a tal altitude.

Na cordialidade inocente de seu coração, o sr. Schwartz empenhou-se para trazer à conversa o homem alto de cabelos acinzentados, que estava do outro lado do vagão, mas este simplesmente encarou com frieza o turista americano de cima do seu pincenê e voltou à atenta leitura de seu livro.

O sr. Schwartz então ofereceu-se para trocar de lugar com a senhora morena. A vista daquele assento era melhor, explicou.

Se ela entendia inglês, era uma questão duvidosa. De qualquer modo, apenas fez que não com a cabeça e se afundou mais na gola de pele do casaco.

O sr. Schwartz murmurou para Poirot:
– Parece errado isso, uma mulher viajando por aí sozinha, sem ninguém que cuide das coisas para ela. As mulheres precisam de muita ajuda quando estão viajando.

Lembrando-se de certas mulheres americanas que conhecera no continente, Hercule Poirot concordou.

O sr. Schwartz suspirou. Achava o mundo pouco amistoso. E com certeza um pouco de cordialidade não fazia mal a ninguém, diziam expressivamente seus olhos castanhos.

II

Ser recebido por um gerente de hotel corretamente trajado de sobrecasaca e sapatos de couro envernizado parecia, de algum modo, ridículo naquele recanto isolado do mundo, ou, melhor dizendo, acima do mundo.

O gerente era um homem grande e bonito, com ares de importância. Pedia muitas desculpas.

Assim, tão cedo, no início da estação... o sistema de água quente estava quebrado... as coisas não estavam em perfeitas condições de funcionamento... Naturalmente, ele faria tudo o que estivesse em seu poder... O quadro de funcionários ainda não estava completo... Estava muito perplexo com o número inesperado de hóspedes.

Tudo foi dito com polidez profissional, mas ainda assim Poirot teve a impressão de, por trás do tom de polidez, vislumbrar uma certa ansiedade patética. Aquele homem, apesar de toda sua gentileza, *não* estava à vontade. Alguma coisa o preocupava.

O almoço foi servido em uma sala longa, com vista para o vale muito abaixo. O garçom solitário, que chamava-se Gustave, era hábil e eficiente. Ele ia de lá para cá, dando conselhos sobre o menu e sacando sua carta de vinhos. Os três homens rústicos sentaram-se juntos a uma mesa. Riram e conversaram em francês, suas vozes se elevando.

– Bom e velho José! E a pequena Denise, *mon vieux*? Lembra que aquela *sacré* porca maldita deixou a gente na mão em Auteuil?

Era tudo muito exuberante, muito conforme o que se esperaria deles, e completamente fora de lugar!

A mulher do rosto bonito sentou-se sozinha a uma mesa do canto. Não olhou para ninguém.

Depois, quando Poirot descansava no saguão, o gerente se aproximou e assumiu o ar de quem conta um segredo.

Monsieur não devia julgar o hotel com muita severidade. Era a baixa temporada. Ninguém aparecia antes do fim de julho. Aquela senhora, monsieur a teria notado? Ela vinha todo ano, nessa época. Seu marido morrera escalando uma montanha, três anos atrás. Foi tudo muito triste. Eram muito devotados um ao outro. Ela sempre vinha antes do início da alta temporada, de modo a não ser perturbada. Era uma peregrinação sagrada. O cavalheiro idoso era um médico famoso, dr. Karl Lutz, de Viena. Ele viera, disse o gerente, para repousar e gozar da tranquilidade do local.

– Aqui é muito tranquilo, não há dúvida – concordou Hercule Poirot. – E *ces Messieurs* ali? – ele indicou os três homens broncos. – Acha que eles também procuram repouso?

O gerente deu de ombros. Mais uma vez seus olhos transpareceram preocupação. Disse, vago:

– Ah, os turistas, sempre à procura de uma novidade... A altitude, só isso já é uma sensação nova.

Não era, pensou Poirot, uma sensação muito agradável. Estava consciente das batidas aceleradas de seu próprio coração. Os versos de uma canção infantil se repetiam estupidamente em seu cérebro. "*Lá em cima do mundo, tão alto, como uma bandeja de chá dando um salto.*"

Schwartz apareceu no saguão. Seus olhos brilharam quando viu Poirot. Foi imediatamente na direção do detetive.

– Estive conversando com aquele médico. Ele fala um pouco de inglês. É judeu, foi expulso da Áustria pelos nazistas. Ora, acho que aquelas pessoas são malucas! Esse tal de dr. Lutz era um sujeito muito importante pelo visto. Especialista em nervos, psicanálise, esse tipo de coisa.

Seus olhos se dirigiram para onde estava a mulher alta, olhando pela janela para as montanhas cruéis. Baixou a voz.

— Descobri o nome dela com o garçom. É uma tal de madame Grandier. O marido morreu escalando. É por isso que ela vem para cá. Eu meio que sinto que devemos fazer algo quanto a isso, você não? Tentar quebrar o isolamento dela?

Hercule Poirot disse:

— Se eu fosse o senhor, não tentaria.

Mas a cordialidade do sr. Schwartz era incansável.

Poirot o viu se apresentar, viu o repúdio cruel com que foi recebido. Os dois ficaram ali por um instante, juntos, recortados contra a luz. A mulher era mais alta do que Schwartz. Sua cabeça estava jogada para trás, e a expressão de seu rosto era fria e ameaçadora.

Poirot não ouviu o que ela disse, mas Schwartz voltou parecendo cabisbaixo.

— Nada feito — informou. E acrescentou, melancólico: — Parece que, já que somos todos seres humanos, estamos todos no mesmo barco, não há motivo para não sermos amigáveis uns com os outros. Não concorda, senhor... sabe que não sei o *seu* nome?

— Meu nome — respondeu Poirot — é Poirier. — E continuou: — Sou um comerciante de seda de Lyons.

— Gostaria de lhe dar o meu cartão, Sr. Poirier, e se um dia o senhor vier a Fountain Springs, pode ter certeza de que será bem recebido.

Poirot pegou o cartão, apalpou o bolso da calça e murmurou:

— Ah, é uma pena, mas não estou com meu cartão agora...

Naquela noite, quanto se retirou, Poirot releu com cuidado o bilhete de Lementeuil, antes de devolvê-lo, meticulosamente dobrado, à sua carteira. Ao se deitar, disse para si mesmo: "É curioso... Me pergunto se...".

III

O garçom Gustave levou para Hercule Poirot seu desjejum: café e pãezinhos. Pediu desculpas pelo café.

– Monsieur compreende, não é, que a essa altitude é impossível um café bem quentinho? Infelizmente, ferve rápido demais.

Poirot murmurou:

– É preciso ser corajoso e aceitar esses caprichos da natureza.

Gustave sussurrou:

– Monsieur é um filósofo.

Foi até a porta, mas em vez de sair do quarto, deu uma olhada rápida para o lado de fora, fechou a porta de novo e voltou para perto da cama. Disse:

– Sr. Hercule Poirot? Sou Drouet, inspetor de polícia.

– Ah – disse Poirot. – Eu suspeitava.

Drouet baixou a voz.

– Sr. Poirot, algo de muito grave aconteceu. Houve um acidente com o trem!

– Um acidente? – Poirot ficou mais ereto. – Que tipo de acidente?

– Ninguém se feriu. Foi de noite. Talvez seja devido a causas naturais, uma pequena avalanche que trouxe pedras de todos os tamanhos. Mas é possível que tenha havido ação humana. Não se sabe. De qualquer modo, o resultado é que serão necessários muitos dias para o reparo e, enquanto isso, *estamos isolados aqui em cima.* Logo no início da temporada, quando a neve ainda é abundante, é impossível ter comunicação com o vale abaixo.

Hercule Poirot sentou-se na cama. Comentou, com suavidade:

– Isso é muito interessante.

O inspetor concordou com a cabeça.

– Sim – ele disse. – Mostra que a informação do nosso comissário estava correta. Marrascaud *fará uma reunião* aqui, e agora certificou-se de que o rendez-vous não será interrompido.

Hercule Poirot exclamou com impaciência.

– Mas é fantástico!

– Concordo – o inspetor Drouet jogou as mãos para o alto. – Isso vai contra a lógica, *mas aí está*. Esse Marrascaud, o senhor sabe, é uma criatura fantástica! Eu – falou, afirmando com a cabeça –, por mim, penso que ele é *louco*.

Poirot disse:

– Louco *e* assassino!

Drouet assentiu, seco:

– Não é divertido. Eu concordo.

Poirot disse lentamente:

– Mas se ele terá um rendez-vous aqui, nessa plataforma de neve muito acima do mundo, disso segue-se que *o próprio Marrascaud já está aqui*, já que agora os acessos estão bloqueados.

Drouet concordou com tranquilidade:

– Eu sei.

Os dois homens ficaram em silêncio por um ou dois minutos. Então Poirot perguntou:

– O dr. Lutz? Será que ele é Marrascaud?

Drouet fez que não com a cabeça.

– Acho que não. Existe um dr. Lutz de verdade, vi fotos dele nos jornais. Um homem importante e famoso. O homem que está aqui parece muito com o que vi nas fotos.

Poirot murmurou:

– Se Marrascaud for um artista dos disfarces, pode interpretar bem o papel.

– Sim, mas será que é? Nunca ouvi falar dele como um mestre dos disfarces. Ele não tem o engenho e a astúcia de uma serpente. É um javali selvagem, feroz, terrível, que ataca com uma fúria cega.

Poirot disse:

– Mesmo assim...

Drouet foi rápido em concordar.

– Ah, sim, ele é um fugitivo da justiça. Portanto, é forçado a se disfarçar. Então pode, na verdade deve, estar mais ou menos disfarçado.

– Tem uma descrição dele?

O outro deu de ombros.

– Só uma descrição vaga. A fotografia oficial de Bertillon e as medidas deviam ter sido enviadas hoje para mim. Só sei que é um homem de trinta e poucos anos, altura um pouco acima da média e pele escura. Nenhum sinal característico no corpo.

Poirot deu de ombros.

– Isso poderia descrever qualquer um. E quanto ao americano, Schwartz?

– Estava para lhe fazer a mesma pergunta. O senhor conversou com ele, e conviveu muito, acho, com ingleses e americanos. Parece ser um turista americano normal. Não há nada de errado com o passaporte dele. Talvez seja estranho que tenha escolhido vir pra cá, mas os americanos quando viajam são bastante imprevisíveis. O que o senhor acha?

Hercule Poirot abanou a cabeça com perplexidade e ponderou:

– Superficialmente ao menos, ele parece ser um homem inofensivo e um pouco amigável demais. Pode ser um chato, mas acho difícil vê-lo como perigoso. – E disse ainda: – Mas há três outros hóspedes.

O inspetor fez que sim, seu rosto de repente mostrando ansiedade.

– Sim, e eles *são* do tipo que estamos procurando. Posso jurar, sr. Poirot, que aqueles três homens são, no mínimo, membros da gangue de Marrascaud. São típicos valentões das pistas de hipismo! E um dos três pode ser o próprio Marrascaud.

Hercule Poirot refletiu. Fez um esforço para lembrar-se dos três rostos.

Um dos homens tinha o rosto amplo, de testa saliente e mandíbula gorda: um rosto porcino, bestial. O outro era macilento e magro, com um rosto afilado e estreito, de olhos frios. O terceiro homem era um sujeito de rosto pálido e um leve ar de dândi.

Sim, um dos três poderia muito bem ser Marrascaud, mas, se fosse, a questão que se impunha era: *por quê?* Por que Marrascaud e dois membros de sua gangue viajariam juntos, por que subiriam para uma ratoeira na encosta de uma montanha? Uma reunião com certeza poderia ser organizada em ambientes mais seguros e menos absurdos: um café, uma estação de trem, um cinema lotado, um parque público, um lugar que tivesse saídas em abundância, e não ali, acima do mundo, num deserto de neve.

Tentou comunicar algo disso para o inspetor Drouet, e este não demorou em concordar.

– Mas sim, é absurdo, não faz sentido.

– Se é um rendez-vous, por que viajar *juntos*? Não, isso não faz sentido.

Drouet disse, com preocupação evidente em seu rosto:

– Nesse caso, temos de examinar uma segunda hipótese. Esses três homens são membros da gangue de Marrascaud e vieram para cá se encontrar com Marrascaud. Nesse caso, *quem* é Marrascaud?

Poirot perguntou:

– Que me diz dos funcionários do hotel?

Drouet deu de ombros.

– Não há funcionários de quem falar. Há uma velha senhora que cozinha e seu velho marido, Jacques. Os dois estão aqui há cinquenta anos, parece. E tem o garçom cujo lugar eu tomei, e é tudo.

Poirot indagou:

– O gerente, é claro, sabe quem você é?
– Naturalmente. A cooperação dele era necessária.
– Já notou – disse Hercule Poirot – que ele parece preocupado?

O comentário pareceu impressionar Drouet. Ele disse, pensativo:
– Sim, isso é verdade.
– Pode não ser nada mais do que a ansiedade de estar envolvido em uma operação policial.
– Mas acha que pode ser mais do que isso? Acha que ele pode... saber de alguma coisa?
– A hipótese me ocorreu, foi só.

Drouet disse, sombrio:
– Será?

Ficou em silêncio por um instante e continuou:
– Acha que é possível fazê-lo falar?

Poirot balançou a cabeça, incerto. Respondeu:
– Creio que seria melhor não deixar que ele saiba de nossas suspeitas. Fique de olho nele, só isso.

Drouet fez que sim. Voltou-se para a porta.
– Não tem nenhuma sugestão, sr. Poirot? Eu... eu conheço a sua reputação. Já ouvimos falar do senhor no nosso país.

Poirot disse, perplexo:
– Por enquanto não posso sugerir coisa alguma. É o *motivo* que me escapa. O motivo para se realizar um rendez-vous neste lugar. Na verdade, qual é a razão do rendez-vous em si?
– Dinheiro – falou Drouet, sucinto.
– Ele foi roubado, então, além de assassinado, esse pobre Salley?
– Sim, levava uma quantia muito grande de dinheiro consigo, que desapareceu.
– E você acha que o rendez-vous tem o objetivo de dividir o montante?
– É a hipótese mais óbvia.

Poirot balançou a cabeça, insatisfeito.

– Sim, mas por que *aqui*? – Continuou, devagar: – O pior lugar possível para um rendez-vous de criminosos. Mas este é um lugar, sim, aonde se viria para encontrar uma mulher...

Drouet deu um passo para frente, ansioso.

Disse com excitação:

– O senhor acha que...

– Acho – disse Poirot – que madame Grandier é uma mulher muito bonita. Imagino que qualquer homem subiria com facilidade três mil metros, se fosse por ela. Isto é, caso ela pedisse tal coisa.

– Sabe – disse Drouet – isso é interessante. Nunca pensei que ela pudesse ter alguma ligação com o caso. Afinal, tem vindo para cá há vários anos seguidos.

Poirot disse suavemente:

– Sim. *E, portanto, a presença dela não geraria comentários.* Seria um motivo, não concorda?, para se escolher Rochers Neiges?

Drouet falou, empolgado:

– O senhor teve uma ideia, sr. Poirot. Vou investigar isso.

IV

O dia transcorreu sem incidentes. Por sorte, o hotel tinha uma boa quantidade de mantimentos. O gerente explicou que não havia razão para ficar ansioso. Os suprimentos estavam garantidos.

Hercule Poirot esforçou-se para puxar conversa com o dr. Karl Lutz e foi rechaçado. O médico deixou bem claro que a psicologia era assunto ao qual se dedicava profissionalmente, e que não iria discuti-lo com amadores. Sentava-se em um canto, lendo um grande volume em alemão que tratava do subconsciente e fazia apontamentos e copiosas anotações.

Hercule Poirot saiu e caminhou sem objetivo em torno das instalações da cozinha. Lá, ele entabulou conversa com o velho Jacques, um sujeito carrancudo e desconfiado. Sua esposa, a cozinheira, era mais acessível. Felizmente, explicou ela a Poirot, havia um grande estoque de alimentos enlatados, mas ela mesma não tinha uma opinião muito lisonjeira sobre alimentos enlatados. Eram muito caros, e não podia haver verdadeira nutrição ali. O bom Deus nunca planejara que as pessoas comeriam em latas.

A conversa chegou ao assunto dos funcionários do hotel. No início de julho, as camareiras e os garçons extras chegavam. Mas, ao longo das três semanas seguintes, não haveria ninguém, ou quase ninguém. Na maior parte, pessoas que subiam para o almoço e tornavam a descer. Ela, Jacques e um garçom poderiam cuidar disso.

Poirot perguntou:

– Já havia um garçom aqui antes da chegada de Gustave, não é?

– Mas, é claro, um garçom muito ruinzinho. Sem competência, sem experiência. Sem classe nenhuma.

– Por quanto tempo ele ficou aqui antes de ser substituído por Gustave?

– Só alguns dias, menos de uma semana. Naturalmente ele foi despedido. Não ficamos surpresos. Ia acontecer de um jeito ou de outro.

Poirot murmurou:

– Ele não reclamou muito?

– Ah não, foi embora bem quieto. Afinal, o que poderia esperar? Esse é um hotel de classe. É preciso ter um serviço decente aqui.

Poirot concordou com a cabeça e perguntou:

– Para onde ele foi?

– Aquele Robert, o senhor quer dizer? – Ela deu de ombros. – Com certeza voltou pro café desconhecido de onde veio.

– Ele desceu no trem funicular?

A mulher olhou para Poirot com curiosidade.

– Com certeza, monsieur. Existe alguma outra maneira de sair daqui?

Poirot perguntou:

– Alguém o *viu* ir embora?

Ambos olharam para Poirot com olhos arregalados.

– Ah! Acha que alguém vai acompanhar um animal como aquele, que alguém vai se despedir dele? Cada um tem seu trabalho a fazer.

– Precisamente – disse Hercule Poirot.

Ele foi embora com passos lentos, olhando para o prédio acima. Um grande hotel, com apenas uma ala aberta no momento. Nas outras alas havia muitos quartos trancados e com janelas fechadas, onde era improvável que alguém entrasse...

Virou a esquina do hotel e quase trombou com um dos três homens que jogaram baralho no trem. Era o que tinha o rosto pálido e os olhos claros. Os olhos miraram Poirot, sem expressão. Somente os lábios recuaram um pouco, mostrando os dentes como um cavalo maligno.

Poirot passou por ele e seguiu andando. Havia uma figura à sua frente, a figura alta e graciosa de madame Grandier.

Ele apressou um pouco o passo e a alcançou. Poirot disse:

– Esse acidente com o trem é preocupante. Espero, madame, que não lhe tenha trazido inconvenientes.

Ela respondeu:

– Para mim, é indiferente.

Sua voz era muito profunda, um contralto pleno. Não olhou para Poirot. Virou de repente e entrou no hotel por uma pequena porta lateral.

V

Hercule Poirot foi cedo para cama. Foi acordado um pouco depois da meia-noite.

Alguém estava mexendo na fechadura da porta.

Sentou na cama e ligou a luz. No mesmo instante, a fechadura cedeu à manipulação, e a porta abriu-se. Três homens estavam ali em pé, os três homens que jogavam baralho. Eles estavam, julgou Poirot, um pouco bêbados. Seus rostos eram tolos e ao mesmo tempo malignos. Poirot viu o brilho da lâmina de uma gilete.

O homem grande e atarracado avançou. Disse em uma voz rosnada:

– Maldito porco detetive!

E irrompeu em uma torrente de obscenidades. Os três avançaram na direção do homem indefeso sentado na cama.

– Vamos trinchar esse cara, rapazes. Hein, meus cavalos? Vamos abrir um talho na cara de monsieur detetive. Ele não será o primeiro dessa noite.

Eles avançaram, firmes, decididos... as lâminas brilharam...

E então, surpreendente em seu claro tom transatlântico, uma voz soou:

– Mãos ao alto.

Os três homens se voltaram. Schwartz, usando um pijama listrado peculiarmente escandaloso estava no vão da porta. Em sua mão via-se uma pistola automática.

– Mãos ao alto, rapazes. Eu sou bem bom de mira.

Ele apertou o gatilho, e uma bala passou cantando pela orelha do homem grande, para depois se alojar no batente de madeira da janela.

Três pares de mãos se ergueram.

Schwartz disse:

– Posso incomodá-lo, sr. Poirier?

Hercule Poirot levantou-se num piscar de olhos. Coletou as armas reluzentes e revistou os corpos dos três homens para ter certeza de que não tinham outras armas.

Schwartz ordenou:

– Agora, marchem! Há um armário grande logo ali no corredor. Sem janela. Perfeito pra vocês.

Ele os fez marchar para dentro e virou a chave na porta. Voltou-se para Poirot, sua voz tremendo com uma emoção agradável.

– Isso é pra eles verem! Sabe, sr. Poirier, teve gente em Fountain Springs que riu de mim quando disse que levaria uma arma comigo. "Aonde você pensa que está indo?", eles perguntaram. "Para a selva?" Bom, senhor, eu diria que eu ri por último. Alguma vez viu um grupo tão feio de valentões?

Poirot disse:

– Meu querido sr. Schwartz, o senhor apareceu na hora H. Poderia ter sido uma tragédia de ópera! Tenho uma grande dívida para com o senhor.

– Não foi nada. E agora, o que fazemos? Precisamos entregar esses sujeitos à polícia, e é justamente isso o que não podemos fazer! É um problema complicado. Talvez seja melhor consultar o gerente.

Hercule Poirot disse:

– Ah, o gerente. Acho que primeiro falaremos com o garçom, Gustave, pseudônimo do inspetor Drouet. Sim, o garçom Gustave é de fato um detetive.

Schwartz olhou fixo para Poirot.

– Então foi por isso que fizeram!

– É por isso que quem fez o quê?

– O senhor é o segundo a ser agredido por esse bando de criminosos. Eles já haviam passado a lâmina em Gustave.

– *O quê?*

– Vem comigo. O doutor está cuidando dele agora.

O quarto de Drouet era pequeno e ficava no último andar. O dr. Lutz, numa sala de estar, ocupava-se de colocar bandagens no rosto do homem ferido.

Ele virou a cabeça quando Poirot e seu companheiro entraram.

– Ah, é você, sr. Schwartz? Negócio horrível, esse. Que carniceiros! Monstros desumanos!

Drouet estava deitado, parado, gemendo um pouco.

Schwartz perguntou:

– Ele corre perigo?

– Não vai morrer, se é isso que está perguntando. Mas não pode falar. Não pode se agitar de maneira alguma. Cobri as feridas, o risco de septicemia passou.

Os três homens deixaram o quarto juntos. Schwartz perguntou a Poirot:

– Então, disse que Gustave é um policial?

Hercule Poirot confirmou.

– Mas o que ele está fazendo aqui em Rochers Neiges?

– Perseguindo um criminoso muito perigoso.

Em poucas palavras, Poirot explicou a situação.

O dr. Lutz disse:

– Marrascaud? Li sobre o caso no jornal. Gostaria muito de conhecer esse homem. Um caso de profunda anormalidade! Gostaria de conhecer os detalhes da infância dele.

– Da minha parte – disse Hercule Poirot – eu gostaria de saber onde ele está nesse minuto.

Schwartz questionou:

– Ele não é um dos três que prendemos no armário?

Poirot falou, com uma voz insatisfeita:

– É possível, sim, mas eu não tenho certeza... Tenho uma ideia...

Ele se interrompeu, olhando com atenção para o carpete. Era de um amarelo suave, e havia nele marcas de um marrom enferrujado profundo.

Hercule Poirot disse:

– Pegadas. Pegadas de quem pisou em sangue, me parece, e elas vêm da ala ociosa do hotel. Venham, devemos ser rápidos!

Eles o seguiram através de uma porta de vaivém e ao longo de um corredor mal-iluminado e cheio de poeira. Viraram a esquina, ainda seguindo as marcas no carpete, até que o rastro os levou a uma porta entreaberta.

Poirot empurrou a porta e entrou.

De repente, soltou uma exclamação aguda e cheia de horror.

Era um quarto de dormir. A cama apresentava sinais de que alguém dormira nela, e havia uma bandeja com comida sobre a mesa.

No meio do chão estava o cadáver de um homem. Era de altura pouco maior que a média e fora atacado com uma ferocidade selvagem e inacreditável. Havia doze feridas em seus braços e no peito, e sua cabeça e seu rosto haviam sido espancados até se tornarem quase uma pasta.

Schwartz soltou uma exclamação semirreprimida e virou as costas, parecendo estar prestes a vomitar.

O dr. Lutz soltou uma exclamação de horror em alemão.

Schwartz disse, com a voz parecendo um sussurro:

– Quem é esse cara? Alguém conhece?

– Suponho – respondeu Poirot – que fosse conhecido aqui como Robert, um garçom muito incompetente...

Lutz se aproximara, curvando-se sobre o corpo. Ele apontou com um dedo.

Havia um papel preso com alfinete no peito do homem morto. Continha algumas palavras rabiscadas à tinta.

"Marrascaud nunca mais vai matar e nem roubar de seus amigos!"

Schwartz exclamou:

– *Marrascaud*? Então esse é *Marrascaud*! Mas o que o trouxe até aqui, a esse lugar tão fora de caminho? E por que diz que o nome dele é Robert?

Poirot disse:

– Ele estava aqui disfarçado de garçom e, segundo a opinião geral, era um péssimo garçom. Tão ruim que ninguém se surpreendeu quando foi demitido. Foi embora, presume-se que para retornar a Andermatt. *Mas ninguém o viu sair*.

Lutz falou com sua voz lenta e grave:

– Afinal, o que o senhor acha que aconteceu?

Poirot respondeu:

– Acho que temos aqui a explicação para uma certa nota de preocupação que havia no rosto do gerente. Marrascaud deve ter-lhe oferecido um grande suborno para que o permitisse ficar escondido na ala ociosa do hotel...

Acrescentou, num tom pensativo:

– Mas o gerente não estava feliz com isso. Ah não, não estava feliz mesmo.

– E Marrascaud continuou vivendo nessa ala sem que ninguém soubesse, exceto pelo gerente?

– Assim parece. Seria bem possível, aliás.

Dr. Lutz disse:

– E por que ele foi morto? E quem o matou?

Schwartz gritou:

– Essa é fácil. Devia partilhar o dinheiro com sua gangue. Não o fez. Ele os traiu. Veio pra cá, para esse lugar fora de caminho, para ficar escondido por uns tempos. Pensou que seria o último lugar do mundo no qual pensariam. E estava errado. De alguma maneira ou de outra, eles descobriram e o seguiram – tocou o cadáver com a ponta do sapato. – E acertaram as contas. Desse jeito.

Hercule Poirot murmurou:

– Sim, não foi bem o tipo de rendez-vous que esperávamos.

O dr. Lutz disse, irritado:

– Esses comos e porquês podem ser muito interessantes, mas estou preocupado com nossa situação aqui e agora. Temos um morto diante de nós. Um homem doente está sob meus cuidados e tenho uma quantidade limitada de suprimentos médicos. E estamos presos aqui! Por quanto tempo?

Schwartz acrescentou:

– *E* temos três assassinos trancados em uma dispensa! É o que eu chamaria de uma situação interessante.

O dr. Lutz questionou:

– O que faremos?

Poirot respondeu:

– Primeiro, temos que falar com o gerente. Ele não é um criminoso, é apenas um homem que sucumbiu à ganância. E é um covarde também. Fará tudo o que dissermos. Meu bom amigo Jacques, ou a esposa dele, talvez possa nos dar um pouco de corda. Nossos três malfeitores devem ser colocados em algum lugar que possamos guardar com segurança até o dia em que a ajuda chegar. Acho que a pistola automática do sr. Schwartz será eficiente na realização de qualquer plano que façamos.

O dr. Lutz interveio:

– E eu? Que eu faço?

– O senhor, doutor – explicou Poirot com um tom de voz grave – fará todo o possível por seu paciente. Nós vamos empregar uma vigilância constante e esperar. Não há mais nada que possamos fazer.

VI

Passaram-se três dias antes que aparecesse um pequeno destacamento de homens na frente do hotel nas primeiras horas da manhã.

Foi Hercule Poirot quem abriu a porta da frente para eles, com um floreio.

– Bem-vindo, *mon vieux*.

Monsieur Lementeuil, comissário de polícia, pegou as duas mãos de Poirot.

– Ah, meu amigo, com que emoção eu o cumprimento! Que eventos assombrosos, por que emoções você passou! E nós lá embaixo, nossa ansiedade, nossos medos, não sabendo de nada, temendo tudo. Sem telégrafo, sem meio de comunicação. Usar um espelho e a luz do sol, isso foi realmente um golpe de mestre da sua parte.

– Não, não – Poirot se esforçou por parecer modesto. – Afinal, quando as invenções do homem falham, é preciso recorrer à natureza. Há sempre o sol no céu.

O pequeno grupo entrou no hotel. Lementeuil disse:

– Não somos esperados? – seu sorriso era um tanto sinistro.

Poirot sorriu também e respondeu:

– Não! Acreditam que o trem está longe de ficar pronto.

Lementeuil falou com emoção:

– Ah, esse é um grande dia. Acha que não há qualquer dúvida? É mesmo Marrascaud?

– Com certeza é Marrascaud. Venha comigo.

Eles subiram as escadas. Uma porta se abriu e Schwartz apareceu, usando roupão. Arregalou os olhos quando viu os homens.

– Ouvi vozes – explicou. – Ora, o que é isso?

Hercule Poirot disse, com grandiloquência:

– A ajuda chegou! Acompanhe-nos, monsieur. Esse é um grande momento.

Ele olhou fixamente para o lance seguinte de escadas.

Schwartz perguntou:

– Vai subir para ver Drouet? Como ele está, aliás?

– O dr. Lutz me informou que estava passando bem na noite passada.

Eles chegaram à porta do quarto de Drouet. Poirot a abriu. E anunciou:

— *Aqui está o seu javali selvagem, cavalheiros.* Levem-no vivo e não deixem que ele escape à guilhotina.

O homem na cama, com o rosto ainda com bandagens, olhou fixamente para o grupo. Mas os policiais o seguraram pelos braços antes que ele pudesse se mover.

Schwartz exclamou, perplexo:

— Mas esse é Gustave, o garçom. Esse é o inspetor Drouet.

— Sim, é Gustave, *mas não é Drouet*. Drouet foi o *primeiro* garçom, o garçom Robert que foi aprisionado na ala fechada do hotel, e que Marrascaud matou na mesma noite em que fui atacado.

VII

No café da manhã, Poirot explicou com calma tudo para o espantado americano.

— O senhor compreende, há certas coisas que a gente *sabe*; sabe com certeza absoluta no curso da própria profissão. Sabe, por exemplo, a diferença entre um detetive e um assassino! Gustave não era garçom (disso suspeitei na mesma hora), mas também *não era um policial*. Lidei com policiais a vida toda, e *sei*. Ele poderia passar por detetive para quem é de fora. Mas não para um homem que já foi um policial.

"Então, suspeitei imediatamente. Naquela noite, não bebi meu café. Joguei fora. E fiz bem. Mais tarde, na mesma noite, um homem veio ao meu quarto, entrou com a confiança tranquila de quem sabe que o homem cujo quarto ele está revistando está drogado. Ele olhou as minhas coisas e encontrou a carta na minha carteira, onde eu a havia deixado para que ele encontrasse! Na manhã seguinte, Gustave entra em meu quarto com o café. Ele me cumprimenta pelo meu nome e interpreta seu papel com total confiança. Mas ele está ansioso, bastante ansioso, pois de alguma maneira ou de outra a polícia estava na sua pista! Eles haviam descoberto onde ele estava, e isso representava um terrível desastre para ele. Atrapalhava todos os planos que tinha. Estava preso aqui em cima como um rato numa ratoeira.

Schwartz disse:

– A coisa mais tola foi vir pra cá! Por que ele fez isso?

Poirot disse com gravidade:

– Não é tão tolo quanto imagina. Ele tinha necessidade, necessidade urgente de um lugar isolado, longe do mundo, onde poderia se encontrar com certa pessoa, e onde uma certa coisa poderia acontecer.

– Que pessoa?

– O dr. Lutz.

– O dr. Lutz? Ele é um trapaceiro também?

– O dr. Lutz é realmente o dr. Lutz, mas não é um especialista em nervos, não é um psicanalista. É um cirurgião, meu amigo, *um cirurgião especializado em cirurgia facial.* Foi por isso que combinou de encontrar Marrascaud aqui. É um homem pobre agora, depois de ser expulso de seu país natal. Recebeu uma oferta imensa para encontrar um homem aqui e mudar a aparência dele usando suas habilidades cirúrgicas. Talvez tenha adivinhado que o homem era um criminoso, mas, se adivinhou, escolheu fechar os olhos para o fato. Compreenda isso, eles não ousariam o risco de ir para um hospital em algum país estrangeiro. Aqui em cima, onde ninguém vem tão no início da temporada – exceto por uma estranha hóspede –, onde o gerente é um homem que precisa de dinheiro e pode ser subornado, era o lugar perfeito.

"Mas, como ia dizendo, as coisas deram errado. Marrascaud foi traído. Os três homens, seus guarda-costas, que deviam encontrá-lo e protegê-lo, ainda não haviam chegado, mesmo assim Marrascaud resolve agir imediatamente. O policial que está se fingindo de garçom é sequestrado, e Marrascaud *toma seu lugar*. A gangue dá um jeito de que o trem quebre. É uma questão de *tempo*. Na noite seguinte, Drouet é assassinado, e um papel é fincado em seu cadáver. Esperavam que, quando o acesso ao mundo fosse restabelecido, o corpo de Drouet estivesse enterrado como se fosse o de Marrascaud. O dr. Lutz realiza sua operação sem delongas. Mas um homem precisava ser silenciado: Hercule Poirot. Então a gangue recebe a ordem de me atacar. Graças a você, meu amigo...

Hercule Poirot fez uma elegante mesura para Schwartz, que disse:

– Então você realmente é Hercule Poirot?

– Exato.

– E nem por um minuto se deixou enganar por aquele cadáver? Sabia o tempo todo que *não era* Marrascaud?

– Sem dúvida.

– E por que não disse?

O rosto de Hercule Poirot de súbito tornou-se severo.

– Porque eu queria me certificar de entregar o verdadeiro Marrascaud à polícia.

Ele murmurou, quase sussurrou:

– *Capturar, vivo, o javali selvagem de Erimanto...*

Capítulo 5

Os estábulos de Áugias

I

– A situação é bastante delicada, sr. Poirot.

Um pequeno sorriso dançou nos lábios de Hercule Poirot. Ele quase respondeu:

– É sempre assim!

Em vez disso, ficou sério e adotou maneiras que podiam ser descritas como as de um médico atencioso e discreto que cuida de seu paciente.

Sir George Conway continuou, solene. Os lugares-comuns se despejavam com facilidade de seus lábios: a posição extremamente delicada do governo, o interesse público, a solidariedade do partido, a necessidade de apresentar uma frente unida, o poder da imprensa, o bem-estar da nação...

Tudo soava muito bem e não significava nada. Hercule Poirot sentiu uma conhecida dor na mandíbula, quando se tem vontade de bocejar, mas as boas maneiras proíbem. Ele sentira a mesma coisa algumas vezes, ao ler transcrições dos debates do parlamento. Mas naquelas ocasiões não houvera necessidade de conter seus bocejos.

Preparou-se para aguentar com paciência. Sentiu, ao mesmo tempo, afinidade por Sir George Conway. O homem, era óbvio, queria lhe contar alguma coisa, e era óbvio também que se esquecera da simples arte da narrativa. As palavras, para ele, haviam-se tornado um meio de obscurecer os fatos, e não de revelá-los. Era exímio na arte da expressão útil, ou seja, a expressão que tem um efeito reconfortante e é vazia de sentido.

As palavras se despejavam. O rosto do pobre Sir George tornara-se muito vermelho. Lançou um olhar desesperado para o homem que se sentava à cabeceira da mesa, e o outro homem pegou a deixa.

Edward Ferrier disse:

– Tudo bem, George. Eu conto para ele.

Hercule Poirot desviou o olhar do secretário do Interior para o primeiro-ministro. Sentia um vívido interesse por Edward Ferrier, um interesse causado por uma afirmação saída casualmente da boca de um homem de 82 anos. O professor Fergus MacLeod, depois de resolver uma dificuldade de natureza química na condenação de um assassino, havia falado com brevidade sobre política. Por ocasião da aposentadoria do famoso e querido John Hammett (agora lorde Cornworthy), seu genro, Edward Ferrier, fora chamado para formar um gabinete ministerial. Para um político, era um homem jovem: não chegara ainda aos cinquenta anos. O professor MacLeod dissera: "Ferrier foi meu aluno. É um homem sensato".

Apenas isso, mas para Hercule Poirot era muita coisa. Se MacLeod chamava um homem de sensato, era um testemunho sobre a pessoa em comparação com o qual nenhum entusiasmo popular ou da imprensa tinha qualquer valor.

Coincidia, é verdade, com a avaliação popular. Edward Ferrier era considerado sensato. Só isso: não brilhante, ou notável, ou um orador particularmente eloquente, ou um homem de saber profundo. Era um homem sensato, um homem criado na tradição, um homem que se casara com a filha de John Hammett, que fora o braço direito de John Hammett e em quem podia se confiar para conduzir o país na tradição de John Hammett.

Pois Hammett era bastante querido pelo povo e pela imprensa da Inglaterra. Ele representava todas as qualidades que eram preciosas para o homem inglês. As pessoas diziam: "A gente sente que ele é *honesto*". Anedotas eram contadas sobre sua vida familiar simples, sobre seu gosto por jardinagem. Correspondendo ao cachimbo de Baldwin e ao guarda-chuva de Chamberlain, havia a capa de chuva de John Hammett. Ele sempre estava com ela, uma peça de roupa surrada pelo clima. Era um símbolo: do clima inglês, da atitude prudente da raça inglesa, do apego às coisas que se tinha há muito tempo. Ademais, com seu jeito direto e franco, típico de um inglês, John Hammett era um orador. Seus discursos, tranquilos e sinceros, continham aqueles simples clichês sentimentais tão enraizados no coração britânico. Os estrangeiros às vezes os criticavam por serem ao mesmo tempo hipócritas e insuportavelmente nobres. John Hammett não se incomodava nem um pouco em ser nobre; nobre de um jeito elegante, irônico e clássico, como ensinam aos alunos de colégios aristocráticos.

Ademais, era um homem de aparência refinada, alto, ereto, de cabelos loiros e olhos azuis muito brilhantes. Sua mãe era dinamarquesa, e ele próprio fora por muitos anos Primeiro Lorde do almirantado, o que fez surgir o apelido de "o viking". Quando por fim problemas de saúde o forçaram a desistir das paixões do poder, sentiu uma inquietude profunda. Quem seria seu sucessor? O brilhante lorde Charles Delafield? (Brilhante demais – a Inglaterra não precisa de genialidade). Evan Whittler? (Inteligente, mas talvez um pouco inescrupuloso). John Potter? (O tipo de homem que pode querer se tornar um ditador – e não queríamos nenhum ditador *nesse* país, muito obrigado). Então um suspiro de alívio foi ouvido quando o tranquilo Edward Ferrier assumiu o cargo. Ferrier era um bom sujeito. Ele fora treinado pelo velho e casara-se com a filha do velho. Como costumavam dizer os britânicos, Ferrier "levaria tudo adiante".

Hercule Poirot estudou o tranquilo homem de rosto moreno com voz grave e agradável. Magro e cansado, Edward Ferrier dizia:

– Talvez, sr. Poirot, tenha conhecimento de uma publicação semanal chamada *X-ray News*?

– Já dei uma olhada – confessou Poirot, corando um pouco.

O primeiro-ministro disse:

– Então sabe mais ou menos do que ela consiste. Coisas semidifamatórias. Parágrafos mordazes sugerindo uma história secreta sensacional. Algumas delas verdadeiras, algumas inofensivas, mas todas apresentadas de uma maneira picante. Ocasionalmente...

Calou-se e então continuou, a voz se alterando um pouco:

– Ocasionalmente, algo mais do que isso.

Hercule Poirot nada disse. Ferrier prosseguiu:

– Agora faz duas semanas que tem havido sugestões da revelação de um escândalo de primeira classe, nos "mais altos círculos do poder". "Revelações assombrosas de corrupção e abuso de autoridade."

Hercule Poirot disse, encolhendo os ombros:

– Uma jogada comum. Quando os furos reais chegam, em geral decepcionam muito os que são sedentos por escândalos.

Ferrier disse, seco:

– Esses não os decepcionarão.

Hercule Poirot perguntou:

– O senhor sabe, então, quais serão essas revelações?

– Com um nível razoável de precisão.

Edward Ferrier ficou quieto por um minuto, então começou a falar. Com cuidado, metodicamente, fez um esboço da história.

Não era uma história edificante. Acusações de tramoias descaradas, de fraudes acionárias, de flagrante malversação das reservas do partido. As acusações eram levantadas contra o primeiro-ministro anterior, John Hammett. Mostravam que ele era um cafajeste desonesto e um golpista da pior espécie, que usara de sua posição para amealhar para si uma vasta fortuna particular.

A voz tranquila do primeiro-ministro, então, cessou de ser ouvida. O secretário do Interior grunhiu. Disse, atropelando as palavras:

– É monstruoso, *monstruoso*! Esse sujeito, Perry, que edita o jornaleco, devia levar um tiro!

Hercule Poirot disse:

– Essas supostas descobertas vão aparecer no *X-ray News*?

– Sim.

– Que medidas propõe que se tome quanto a isso?

Ferrier acrescentou devagar:

– Elas constituem um ataque contra a pessoa de John Hammett. Ele pode processar o jornal por difamação.

– E fará isso?

– Não.

– Por que não?

Ferrier explicou:

– Não há nada que agradasse mais o *X-ray News*. A publicidade gerada seria enorme. A defesa deles seria matéria legitimamente publicável, e diriam que as afirmações de que se reclama são verdadeiras. Todas as informações passariam por um escrutínio exaustivo, sob o mais intenso holofote.

– Ainda assim, se o caso fosse decidido contra eles, a indenização seria muito pesada.

Ferrier disse com vagar:

– É possível que não seja decidido contra eles.

– Por quê?

Sir George disse num tom formal:

– Eu realmente penso que...

Mas Edward Ferrier já começara a falar.

– Porque o que eles planejam publicar é... a verdade.

Um grunhido irrompeu da garganta de Sir George Conway, chocado com tal sinceridade, tão pouco parlamentar. Exclamou:

— Edward, meu velho! Por certo que não vamos admitir...

A sombra de um sorriso passou pelo rosto cansado de Edward Ferrier. Ele falou:

— Infelizmente, George, há ocasiões em que é preciso dizer toda a verdade. Essa é uma delas.

Sir George explicou:

— Espero que compreenda, sr. Poirot, que tudo o que está sendo tratado aqui é de natureza confidencial. Nem uma palavra...

Ferrier o interrompeu:

— O sr. Poirot compreende isso – ele continuou a falar com calma. – O que ele talvez não entenda é isso: todo o futuro do Partido do Povo está em jogo. John Hammett, sr. Poirot, *era* o Partido do Povo. Ele simbolizava o que o partido representa para o povo da Inglaterra; simbolizava a dignidade e a honestidade. Ninguém jamais o considerou brilhante. Somos culpados de erros e confusões. Mas *realmente* defendemos a tradição de fazer o melhor possível, e também defendemos a honestidade radical. Nossa tragédia é essa: que o homem que foi nosso símbolo, o homem honesto do povo, *par excellence*, acabou se mostrando um dos piores trapaceiros dessa geração.

Ouviu-se Sir George gemer outra vez.

Poirot perguntou:

— *Vocês* não sabiam de nenhuma dessas coisas?

Mais uma vez o sorriso passou pelo rosto cansado. Ferrier respondeu:

— Pode não acreditar em mim, sr. Poirot, mas, como todo mundo, fui completamente iludido. Nunca entendi a atitude peculiar de minha esposa, a reserva que tinha para com o pai. Entendo agora. Ela conhecia a essência do caráter dele.

Após uma pausa, continuou:

— Quando a verdade começou a aparecer, fiquei horrorizado, não conseguia acreditar. Insistimos que meu sogro renunciasse, alegando motivos de saúde, e pusemos mãos à obra para... para limpar a sujeira, se posso dizer assim.

Sir George gemeu:

– Os estábulos de Áugias!

Poirot arregalou os olhos.

Ferrier disse:

– Acabará se provando, temo, uma tarefa hercúlea demais para nós. Quando os fatos vierem a público, haverá uma onda de reações por todo o país. O governo cairá. Haverá uma eleição geral, e é muito provável que Everhard e seu partido retomem o poder. E o senhor sabe qual é a política de Everhard.

Sir George explodiu:

– Um agitador. Um agitador dos pés à cabeça.

Ferrier falou com seriedade:

– Everhard é um homem capaz, mas é também imprudente, beligerante e não tem um pingo de tato. Seus partidários são incompetentes e hesitantes. Seria como uma ditadura.

Hercule Poirot concordou com a cabeça.

Sir George choramingou:

– Se ao menos pudéssemos encobrir essa coisa toda.

O primeiro-ministro abanou a cabeça. Era um gesto de derrota.

Poirot disse:

– O senhor não acredita que possa ser encoberto?

Ferrier respondeu:

– Eu o chamei, sr. Poirot, como uma última esperança. Na minha opinião, esse caso é grande demais, pessoas demais têm conhecimento dele para que possa ser ocultado com eficiência. Os dois únicos métodos disponíveis, que são, para ser curto e grosso, o uso da força bruta ou de subornos, não podem de fato ter sucesso. O secretário do Interior comparou nossos problemas com a limpeza dos estábulos de Áugias. Precisamos, sr. Poirot, da violência de um rio transbordante, do rompimento da ordem natural das coisas. Na verdade, de nada menos do que um milagre.

– Necessita, realmente, de um Hércules – disse Poirot, balançando a cabeça com uma expressão de agrado no rosto.

Ele acrescentou:

– Meu nome, lembrem-se, é Hercule...

Edward Ferrier questionou:

– O senhor pode fazer milagres, sr. Poirot?

– Foi para isso que me procurou, não foi? Por considerar que eu talvez pudesse?

– Isso é verdade... Percebi que, se houvesse uma salvação, esta só poderia vir por meio de uma ideia fantástica e inteiramente heterodoxa.

Ele ficou calado por um minuto, e então disse:

– Mas talvez o senhor tenha uma visão ética da situação? John Hammett era um vigarista, a lenda John Hammett precisa ser destruída. É possível construir uma casa honesta sobre fundações desonestas? Não sei. Mas sei que quero tentar – ele sorriu, com uma súbita e cortante acidez. – O político quer continuar no cargo, como sempre, pelos motivos mais elevados.

Hercule Poirot levantou-se, dizendo:

– Monsieur, minha experiência como policial talvez não me tenha permitido ter os políticos em grande estima. Se John Hammett estivesse no poder, eu não moveria um dedo. Não, nem um dedinho. Mas sei algo sobre o senhor. Um homem que é realmente grande, um dos maiores cientistas de hoje, uma das maiores cabeças da atualidade, me disse que o senhor é... *um homem sensato*. Farei o que puder.

Poirot fez uma mesura e saiu da sala.

Sir George explodiu:

– Bem, mas que insolência inacred...

Mas Edward Ferrier, ainda sorrindo, o interrompeu:
– Foi um elogio.

II

Na descida, Hercule Poirot foi interrompido por uma mulher alta de cabelos loiros. Ela o chamou:
– Por favor, sr. Poirot, venha até a minha sala de estar.

Poirot fez uma reverência e a seguiu.

Ela fechou a porta, gesticulou para que Poirot se acomodasse em uma cadeira e ofereceu-lhe um cigarro. Sentou-se de frente para ele. Disse, tranquila:
– O senhor acabou de falar com meu marido. E ele lhe contou... sobre meu pai.

Poirot olhou-a com atenção. Viu uma mulher alta, ainda bonita, com um rosto que mostrava personalidade e inteligência. A sra. Ferrier era uma figura popular. Como esposa do primeiro-ministro, era natural que uma boa parte das atenções do público recaísse sobre ela. Por ser filha de quem era, sua popularidade era ainda maior. Dagmar Ferrier representava o ideal popular da feminilidade inglesa.

Esposa dedicada, mãe carinhosa, comungava do amor que seu marido tinha pela vida no campo. Envolvia-se apenas nos aspectos da vida pública, que, segundo o sentimento geral, eram esferas apropriadas para a atividade feminina. Vestia-se bem, mas jamais ostentava elegância. Dedicava grande parte de seu tempo a grandes projetos de caridade e dera início a ações especiais de ajuda às esposas de homens desempregados. Todo o país a tomava como exemplo, e isso era um trunfo muito valioso para o partido.

Hercule Poirot observou:
– A senhora deve estar terrivelmente preocupada, madame.

– Ah, estou sim. O senhor não faz ideia de quanto. Há anos sinto medo de... alguma coisa.

Poirot disse:

– Não fazia ideia do que estava de fato acontecendo?

Ela abanou a cabeça.

– Não, nem um pouco. Só sabia que meu pai não era... não era o que todos pensavam que fosse. Percebi, ainda criança, que ele era um... um impostor.

Sua voz era grave e amarga. Ela continuou:

– É por ter se casado comigo que Edward... que Edward perderá tudo o que tem.

Poirot disse com uma voz suave:

– A senhora tem algum inimigo, madame?

Levantou os olhos para ele, surpresa.

– Inimigo? Creio que não.

Poirot falou, pensativo:

– Desconfio de que tem...

E prosseguiu:

– A senhora é corajosa, madame? Há uma grande campanha em curso, contra o seu marido e contra a senhora. Deve estar preparada para defender-se.

Ela exclamou:

– Mas o que importa não sou *eu*. Só Edward importa!

Poirot disse:

– Um inclui o outro. Lembre-se, madame, de que a senhora é a esposa de César.

Viu a cor fugir do rosto da mulher. Ela se inclinou para frente, e perguntou:

– O que é que está tentando me dizer?

III

Percy Perry, editor do *X-ray News*, fumava sentado à sua mesa.

Era um homem pequeno e tinha um rosto de doninha.

Estava dizendo, numa voz suave e gordurosa:

– Mas vamos jogar a sujeira deles no ventilador, com certeza. Maravilha! Maravilha! Ah, céus!

Seu subordinado, um homem jovem, magro, de óculos, disse inquieto:

– Você não está nervoso?

– Nervoso por causa de alguma retaliação violenta? Não deles. Não têm coragem. Também não lhes faria nenhum bem. Não do jeito que amarramos a coisa. Nesse país, no resto da Europa e nos Estados Unidos.

O outro disse:

– Eles devem estar preocupadíssimos. Será que não vão fazer nada?

– Vão mandar alguém pra falar macio...

Ouviu-se o zumbido de uma campainha. Percy Perry pegou o interfone. Falou:

– Quem? Certo, mande subir.

Pôs o interfone no gancho e abriu um sorriso.

– Colocaram aquele belga idiota e pomposo no caso. Ele está subindo agora para dar seu showzinho. Quer saber se estamos dispostos a jogar.

Hercule Poirot chegou. Estava imaculadamente vestido, com uma camélia branca na lapela.

Percy Perry disse:

– Prazer em conhecê-lo, sr. Poirot. Indo ver as corridas de camarote? Não? Engano meu.

Hercule Poirot disse:

– Estou lisonjeado. É bom apresentar uma boa aparência. É ainda mais importante – seus olhos passearam com inocência pelo rosto e pelos trajes algo desalinhados do editor – quando se está de posse de poucas vantagens naturais.

Perry perguntou, seco:

– Veio falar o que comigo?

Poirot inclinou-se para frente, deu-lhe um tapinha no joelho, e falou, com um sorriso radiante:

– Chantagem.

– O que diabos quer dizer com chantagem?

– Eu ouvi... um passarinho me contou... que em certas ocasiões o senhor esteve prestes a publicar determinadas afirmações muito nocivas em seu jornal, uma publicação tão *spirituel*. Então, houve um pequeno e agradável aumento no seu saldo bancário... e, afinal, aquelas afirmações não foram publicadas.

Poirot inclinou-se para trás e acenou com a cabeça, satisfeito.

– Percebe que o que está sugerindo é igual a difamação?

Poirot sorriu, confiante.

– Estou certo de que não vai se ofender.

– Me ofendo sim! Quanto à chantagem, não existe nenhuma prova de que eu tenha chantageado alguém.

– Não, não, tenho toda certeza disso. O senhor me entendeu mal. Não o estava ameaçando. Estava abrindo caminho para uma simples pergunta. *Quanto*?

– Eu não sei do que está falando – respondeu Percy Perry.

– Uma questão de magnitude nacional, sr. Perry.

Trocaram um olhar cheio de significado.

Percy Perry disse:

– Sou um reformador, sr. Poirot. Quero ver uma limpeza na política. Me oponho à corrupção. Sabe qual é o estado da política nesse país? É como os estábulos de Áugias, nem mais, nem menos.

– *Tiens*! – exclamou Hercule Poirot. – Também o senhor usa essa expressão.

– E o que é necessário – continuou o editor – para limpar esses estábulos é a grande enchente purificadora da opinião pública.

Hercule Poirot levantou-se e disse:

– Parabenizo-o por seu ponto de vista.

E acrescentou:

– É uma pena que o senhor não esteja necessitado de dinheiro.

Percy Perry apressou-se em falar:

– Ei, espere um segundo. Não foi bem isso que eu disse.

Mas Hercule Poirot já saíra porta afora.

Sua desculpa para os acontecimentos posteriores seria a desaprovação que tinha por chantagistas.

IV

Everitt Dashwood, o animado rapaz que trabalhava no *The Branch*, deu palmadas carinhosas nas costas de Hercule Poirot. Disse:

– Existe um tipo de sujeira e existe outro tipo de sujeira. A *minha* é sujeira limpa, é tudo.

– Não era minha intenção compará-lo a Percy Perry.

– Sanguessuga desprezível! Ele é uma mancha na nossa profissão. Todos nós tiraríamos ele de circulação, se fosse possível.

– Acontece – disse Hercule Poirot – que no momento estou envolvido numa pequena missão: limpar as sujeiras de um escândalo político.

– Limpando os estábulos de Áugias, hein? – indagou Dashwood. – É demais para você, meu caro. A única esperança é desviar o Tâmisa para que a água leve embora as Casas do Parlamento.

– É um cínico – disse Hercule Poirot, abanando a cabeça.

– Conheço o mundo, só isso.

Poirot afirmou:

– Você, acho, é justamente o homem que estou procurando. Tem um temperamento arrojado, é um bom sujeito, e gosta de coisas que fogem do comum.

– E supondo que isso seja verdade?

– Tenho um pequeno plano para pôr em ação. Se o que penso está correto, há uma conspiração sensacional a ser desmascarada. Isso, meu amigo, será um furo para o seu jornal.

– Diga lá – disse Dashwood, animado.

– Envolve uma conspiração difamatória contra uma mulher.

– Cada vez melhor. Sexo sempre vende.

– Então sente-se e ouça.

V

As pessoas falavam.

No Goose and Feathers, em Little Wimplington.

– Bom, eu não acredito. John Hammett foi sempre um homem honesto, não tem nem dúvida. Não era igual a alguns desses políticos.

– É isso que dizem sobre todos os vigaristas antes de eles serem descobertos.

– Dizem que ele ganhou milhares de libras com aquele negócio do petróleo da Palestina. Um negócio desonesto, sim senhor.

– Tudo farinha do mesmo saco. Pilantras sujos, todos eles.

– Você não veria Everhard fazendo isso. Ele é da velha escola.

– Ah, mas não dá pra acreditar que John Hammett era sujo. Hoje em dia não dá pra acreditar em tudo o que esses jornais dizem.

– A esposa de Ferrier era filha dele. Você viu o que estão dizendo sobre *ela*?

Eles leram com atenção um exemplar muito castigado do *X-ray News*:

"A esposa de César? Chegou ao nosso conhecimento que uma certa senhora dos altos escalões da polícia foi vista em ambientes muito estranhos há alguns dias. Ainda por cima, na companhia de seu amante. Ah, Dagmar, Dagmar, como pôde ser tão malvada?"

Uma voz rústica disse devagar:

– A sra. Ferrier não é desse tipo. Amante? Isso é mais uma besteira desses gringos.

Outra voz advertiu:

– Com mulheres, nunca se sabe. Mulher é tudo bicho estranho, se quer saber.

VI

As pessoas falavam.

– Mas, querida, acredito que isso seja pura *verdade*. Naomi ouviu de Paul, e ele ouviu de Andy. Ela é completamente *depravada*.

– Mas ela sempre foi tão fora de moda e toda certinha, e participava de projetos de caridade.

– Pura camuflagem, querida. Dizem que é uma ninfomaníaca. Bom, *veja*!, saiu no *X-ray News*. Ah, não com todas as palavras, mas dá pra ler nas entrelinhas. Não sei como eles ficam sabendo dessas coisas.

– O que você acha desse toque de escândalo político? Dizem que o pai dela desfalcou os fundos do partido.

VII

As pessoas falavam.

– Eu não gosto nem de pensar nisso, com certeza, sra. Rogers. Quero dizer, sempre achei que a sra. Ferrier fosse uma mulher muito *fina*.

– Acha que todas essas coisas horrorosas que estão dizendo são verdade?

– Como falei, não gosto de pensar isso dela. Ora, participou da inauguração de um bazar de caridade faz pouco tempo, em junho último. E eu estava tão perto dela quanto estou daquele sofá ali. E ela tinha um sorriso tão simpático...

– Sim, mas sempre digo que onde há fumaça, há fogo.

– Bom, é claro que *isso* é verdade. Céus, parece que não se pode acreditar em *ninguém*!

VIII

Edward Ferrier, com o rosto pálido e tenso, disse a Poirot:

– Esses ataques à minha esposa! É um ultraje, um ultraje do início ao fim! Vou processar aquele jornaleco asqueroso.

Hercule Poirot disse:

– Não aconselho que faça isso.

– Mas alguém tem que dar um fim a essas malditas mentiras.

– Tem certeza de que *são* mentiras?

– Maldito seja, é claro que *sim*!

Poirot falou, inclinando de leve a cabeça para um lado:

– O que diz sua mulher?

Por um momento, Ferrier pareceu surpreso.

– Ela diz que é melhor ignorar... Mas não posso fazer isso, todos estão falando.

Hercule Poirot disse:

– Sim, todos estão falando.

IX

Então apareceu um anúncio pequeno e direto em todos os jornais.

A sra. Ferrier sofreu uma leve crise nervosa. Viajou para a Escócia a fim de se recuperar.

Conjecturas, rumores e informações concretas afirmaram que a sra. Ferrier *não* estava na Escócia; nunca estivera na Escócia.

Surgiram histórias, histórias escandalosas, sobre onde a sra. Ferrier *realmente* estava...

E, mais uma vez, as pessoas falavam.

– Estou dizendo que Andy a *viu*. Naquele lugar horrível! Ela estava bêbada ou drogada, e com um homem nojento, seu amante argentino, Ramon. *Você* sabe como é!

Mais falatório.

A sra. Ferrier havia fugido com um dançarino argentino. Fora vista em Paris, drogada. Vinha consumindo drogas há anos. Bebia como uma esponja.

Devagar, o espírito virtuoso da Inglaterra, de início cético, endurecera contra a sra. Ferrier. Parecia haver algo de verdade naquilo tudo! *Aquele* não era o tipo de mulher para ser a esposa do primeiro-ministro.

– Uma Jezebel, é o que ela era, nada mais que uma Jezebel!

E então vieram as fotografias.

A sra. Ferrier, fotografada em Paris, deitada em uma boate, seu braço posto intimamente sobre ombro de um jovem moreno, pele cor de oliva e um ar de corrupção.

Outras fotos. Seminua em uma praia, descansando a cabeça no ombro do pilantra.

E na legenda: "A sra. Ferrier se diverte...".

Dois dias depois, foi instaurado um processo por calúnia contra o *X-ray News*.

X

Sir Mortimer Inglewood, conselheiro do rei, deu início aos argumentos da acusação. Tinha um ar severo e demonstrava profunda indignação. A sra. Ferrier era vítima de uma conspiração infame, uma conspiração comparável apenas com o famoso caso do colar da rainha, conhecido dos leitores de Alexandre Dumas. Aquela conspiração fora arquitetada para rebaixar a rainha Maria Antonieta aos olhos do povo. A presente conspiração igualmente fora arquitetada para atacar a honra de uma senhora nobre e virtuosa, que naquele país estava na posição de mulher de César. Sir Mortimer falou com amargo menosprezo sobre fascistas e comunistas, ambos os quais queriam solapar a democracia, se utilizando para isso de todas as maquinações desonestas imagináveis. Ele então passou a chamar as testemunhas.

A primeira foi o bispo de Northumbria.

O dr. Henderson, o bispo de Northumbria, era uma das personalidades mais famosas da Igreja Anglicana, um homem de grande santidade e integridade de caráter. Era amado e reverenciado por todos que o conheciam.

Subiu ao banco das testemunhas e, sob juramento, afirmou que, entre as datas mencionadas, a sra. Edward Ferrier estivera hospedada no palácio com ele e sua esposa. Esgotada por suas atividades em obras de caridade, haviam recomendado que ela fizesse um rigoroso repouso. Sua visita fora mantida em segredo de modo a impedir qualquer assédio da imprensa.

Um célebre médico seguiu-se ao bispo e afirmou ter ordenado repouso e completo afastamento das preocupações para a sra. Ferrier.

Um clínico geral local forneceu provas de que atendera a sra. Ferrier no palácio.

A testemunha seguinte foi Thelma Andersen.

Um frisson perpassou a corte quando ela subiu ao banco das testemunhas. Todos perceberam de imediato a grande semelhança física da mulher com a sra. Edward Ferrier.

– Seu nome é Thelma Andersen?
– Sim.

– A senhora nasceu na Dinamarca?
– Sim. Moro em Copenhague.
– E trabalhou em um café na mesma cidade?
– Sim, senhor.
– Por favor, conte-nos com suas próprias palavras o que aconteceu em dezoito de março último.
– Um cavalheiro apareceu na mesa em que eu trabalhava lá, um cavalheiro inglês. Me disse que trabalhava para um jornal inglês, o *X-ray News*.
– Tem certeza de que ele mencionou esse nome, *X-ray News*?
– Sim, tenho certeza. Pois, o senhor veja, eu, de início, pensei que era uma publicação médica. Mas não, parece que não era o caso. Então ele me disse que havia uma atriz inglesa que queria encontrar uma "dublê", e que eu era perfeita para isso. Não vou muito ao cinema e não reconheci o nome que ele mencionou, mas ele me disse que ela era muito famosa, que não vinha passando bem e que queria alguém que se passasse por ela em lugares públicos, e que por isso estava oferecendo muito dinheiro.
– Quanto dinheiro esse cavalheiro lhe ofereceu?
– Quinhentas libras. De início eu não acreditei, pensei que era alguma trapaça, mas ele me pagou metade do dinheiro na hora. Então dei meu aviso no trabalho.

A história prosseguiu. Ela fora levada a Paris, recebera roupas elegantes, e também a presença de um "acompanhante".

– Um cavalheiro argentino, muito agradável, muito respeitoso, muito educado.

Estava claro que a mulher se divertira muito. Voara para Londres e lá fora levada a certas "boates" por seu acompanhante de pele azeitonada. Ela fora fotografada em Paris com ele. Alguns dos lugares aos quais fora não eram, ela admitiu, muito refinados... Na verdade, não eram de respeito! E algumas das fotografias tiradas também não haviam sido das mais refinadas. Mas aquelas coisas, haviam dito a ela, eram necessárias para "propagandas", e o próprio señor Ramon fora sempre muito respeitoso.

Respondendo a perguntas, ela declarou que o nome da sra. Ferrier nunca fora mencionado e que não tivera ideia de que era ela a mulher para a qual estaria servindo de dublê. Não tivera más intenções. Ela identificou certas fotografias que lhe foram mostradas como tendo sido tiradas dela em Paris e na Riviera.

Havia um tom inconfundível de sinceridade absoluta em Thelma Andersen. Estava bem claro que era uma mulher simpática, mas um pouco estúpida. Seu sofrimento com a situação, agora que a compreendia, era evidente para todos.

A defesa não foi convincente. Uma negação frenética de ter qualquer coisa a ver com Thelma Andersen. As fotos em questão haviam sido trazidas até o escritório de Londres, e acreditaram que eram genuínas. O discurso de conclusão de Sir Mortimer suscitou entusiasmo. Ele descreveu o caso como uma covarde conspiração política, feita para desacreditar o primeiro-ministro e sua esposa. Toda simpatia seria estendida à infeliz sra. Ferrier.

O veredicto, uma conclusão inevitável, foi dado entre cenas sem paralelo. As indenizações foram avaliadas em uma quantia enorme. Enquanto a sra. Ferrier, seu marido e seu pai saíam do tribunal, foram saudados por urros apaixonados de uma grande multidão.

XI

Edward Ferrier apertou a mão de Poirot com afeto. Disse:

— Eu lhe agradeço mil vezes, sr. Poirot. Bom, esse é o fim do *X-Ray News*. Jornaleco imundo. Foram completamente exterminados. É o que merecem por terem criado essa conspiração ultrajante. E contra Dagmar, ainda por cima, a criatura mais bondosa da face da terra. Graças a Deus o senhor conseguiu mostrar que tudo não passou do golpe sujo que na verdade era... O que o colocou na pista de que eles poderiam estar usando uma dublê?

– Não é uma ideia inédita – relembrou-o Poirot. – Foi empregada com sucesso no caso de Jeanne de la Motte, quando ela se fez passar por Marie Antoinette.

– Eu sei. Preciso reler *O colar da rainha*. Mas como o senhor conseguiu *encontrar* a mulher que eles estavam usando?

– Procurei por ela na Dinamarca, e a encontrei lá.

– Mas por que na Dinamarca?

– Porque a avó da sra. Ferrier era dinamarquesa, e ela própria é de um tipo claramente dinamarquês. E houve outros motivos.

– A semelhança sem dúvida é impressionante. Que ideia demoníaca! Me pergunto como aquele rato teve essa ideia.

Poirot sorriu.

– Mas ele não teve.

Poirot deu um tapinha no próprio peito.

– Eu tive a ideia!

Edward Ferrier arregalou os olhos.

– Não compreendo. O que quer dizer?

Poirot respondeu:

– Precisamos retornar a uma ideia mais antiga que a do colar da rainha. Precisamos voltar à limpeza dos estábulos de Áugias. Hércules usou um rio, ou seja, uma das grandes forças da natureza. Modernize essa ideia! O que é uma grande força da natureza? O sexo, não é? É o sexo que vende as histórias, que faz as notícias. Dê às pessoas um escândalo com sexo no meio, e isso as atrairá muito mais do que qualquer simples trapaça ou fraude política.

"*Eh bien, isso* era o que eu tinha de fazer! Primeiro enfiar minhas próprias mãos na lama, como Hércules, para construir uma barragem que desviaria o curso daquele rio.

Contei com a ajuda de um amigo jornalista. Ele procurou na Dinamarca até encontrar uma pessoa apropriada para que tentássemos a troca de identidade. Falou com ela, mencionou causalmente o *X-ray News*, esperando que ela guardasse o nome na memória. E guardou.

"E então, o que aconteceu? *Lama*, uma grande quantidade de lama! A mulher de César é salpicada pela lama. Muito mais interessante para todos do que qualquer escândalo político. E o resultado, o *dénouement*? Ora, reação! A virtude absolvida! A mulher pura reabilitada! Uma grande maré de romance e emoção varrendo os estábulos de Áugias.

"Se todos os jornais do país publicarem agora a notícia dos desfalques de John Hammett, ninguém vai acreditar. Será descartado como outra conspiração política para desacreditar o governo."

Edward Ferrier respirou fundo. Por um instante, Hercule Poirot passou mais perto de ser agredido fisicamente do que em qualquer outro momento de sua carreira.

– Minha mulher! Você teve a ousadia de usá-la...

Felizmente, talvez, a sra. Ferrier entrou na sala nesse instante.

– Bem – ela disse, – tudo deu certo.

– Dagmar, você... sabia disso durante todo o tempo?

– É claro, querido – respondeu Dagmar Ferrier.

E ela sorriu o sorriso gentil e maternal de uma esposa dedicada.

– E nunca me disse nada!

– Mas, Edward, você nunca teria deixado que o sr. Poirot fizesse o que fez!

– É claro que não!

Dagmar sorriu.

– Foi o que nós pensamos.

– "Nós"?

– Eu e o sr. Poirot.

Ela sorriu para Hercule Poirot e para o marido, e acrescentou:

– Passei um tempo muito repousante com o querido Bispo, me sinto cheia de energia agora. Querem que eu batize um novo navio de guerra em Liverpool mês que vem. Acho que o povo aprovaria isso.

Capítulo 6

As aves do lago Estínfalo

I

Harold Waring as percebeu pela primeira vez enquanto subiam pelo caminho que levava ao lago. Estava sentado do lado de fora do hotel, no terraço. O dia estava bom, o lago, azul, e o sol brilhava. Harold fumava um cachimbo, e o mundo lhe parecia um lugar bem agradável.

Sua carreira política estava indo bem. Um cargo de subsecretário aos trinta anos era algo de que, com razão, devia se orgulhar. Fora informado de que o primeiro-ministro havia dito a alguém que aquele "jovem Waring vai longe". Harold, como era de se esperar, estava eufórico. A vida se apresentava a ele com vestes auspiciosas. Ele era jovem, razoavelmente bonito, muito saudável e desprovido de vínculos românticos.

Ele decidira ir a passeio a Herzoslováquia de modo a ficar em um lugar tranquilo, e ter um verdadeiro descanso de tudo e de todos. O hotel no lago Stempka, embora pequeno, era confortável e não estava superlotado. Os poucos hóspedes eram, em sua maioria, estrangeiros. Até o momento, os únicos hóspedes ingleses além dele eram uma mulher idosa, a sra. Rice, e sua filha casada, sra. Clayton. Harold gostava de ambas. Elsie Clayton era atraente de um modo um tanto fora de moda. Usava bem pouca maquiagem, se é que usava, e era afável e bastante tímida. A sra. Rice era o que se pode chamar de uma mulher de caráter. Alta, tinha uma voz profunda e maneiras imperiosas, mas tinha também senso de humor e era uma boa companhia. Sua vida era claramente dedicada à de sua filha.

Harold passara algumas horas agradáveis em companhia de mãe e filha, mas elas não tentaram monopolizá-lo, e as relações continuaram amistosas e relaxadas entre os três.

As outras pessoas no hotel não haviam chamado a atenção de Harold. Em sua maioria, eram pessoas que estavam ali para fazer caminhadas, ou membros de uma excursão rodoviária. Ficavam por uma ou duas noites e então seguiam adiante. Ele mal notara qualquer outra pessoa. Até essa tarde.

Elas vieram subindo o caminho do lago bem devagar e, naquele momento, quando a atenção de Harold fora atraída por elas, uma nuvem obscureceu o sol. Ele sentiu um leve arrepio.

Então, arregalou os olhos. Devia haver algo de estranho naquelas duas mulheres. Tinham narizes longos e curvos, como bicos de pássaros, e seus rostos, curiosamente semelhantes um ao outro, eram imóveis. Sobre os ombros, elas usavam mantos folgados que vibravam ao sabor do vento, como asas de dois grandes pássaros.

Harold pensou com seus botões. "Elas *são* como pássaros...", e acrescentou quase involuntariamente: "*pássaros de mau agouro*".

As mulheres foram para o terraço e passaram perto dele. Não eram jovens; estavam talvez mais próximas dos cinquenta que dos quarenta, e a semelhança entre elas era tão grande que com certeza deviam ser irmãs. A expressão em seus rostos era sombria. Ao passarem por Harold, o olhar de ambas recaiu sobre ele por um minuto. Era um relance curioso, avaliador... quase inumano.

O pressentimento que Harold sentia ficou mais forte. Ele percebeu a mão de uma das irmãs, uma mão longa que parecia uma garra... Embora o sol houvesse voltado a sair, sentiu mais um arrepio. E pensou:

– Criaturas horríveis. Como aves de rapina...

Suas fantasias foram interrompidas pela saída da sra. Rice do hotel. Levantou de um pulo e ofereceu-lhe uma cadeira. Agradecendo, ela sentou e, como sempre, começou a tricotar com muito vigor.

Harold perguntou:

– A senhora viu aquelas duas mulheres que acabaram de entrar no hotel?

– As de manto? Sim, passei por elas.

– Criaturas extraordinárias, não achou?

– Bom, sim, talvez elas sejam bastante estranhas. Chegaram ontem, acho. Muito parecidas. Devem ser gêmeas.

Harold disse:

– Pode ser minha imaginação, mas senti nitidamente que havia algo de maligno nelas.

– Que curioso. Preciso dar uma olhada melhor para ver se concordo com você.

E acrescentou:

– Podemos descobrir com o porteiro quem são. Não são inglesas, imagino?

– Ah, não.

A sra. Rice olhou as horas e avisou:

– Hora do chá. Se importaria de entrar e tocar a sineta, sr. Waring?

– Claro, sra. Rice.

Fez o que a senhora pediu e, ao voltar para sua cadeira, perguntou:

– Onde está sua filha nessa tarde?

– Elsie? Nós saímos para caminhar. Andamos pelo caminho em volta do lago, e então voltamos pelo pinheiral. Muito encantador.

Um garçom veio do hotel e anotou os pedidos para o chá. A sra. Rice continuou, agitando suas agulhas:

– Elsie recebeu uma carta do marido. Ela talvez não venha para o chá.

– Do marido? – Harold estava surpreso. – Sabe que desde o início pensei que ela fosse viúva?

A sra. Rice o fuzilou com um olhar penetrante. Disse, seca:

– Ah, não, Elsie não é viúva. – E acrescentou, enfática: – Infelizmente!

Harold ficou perplexo.

A sra. Rice, confirmando sombriamente com a cabeça, comentou:

– A bebida é culpada de muitas infelicidades, sr. Waring.

– Ele bebe?

– Sim. E há muitas outras coisas também. É muito ciumento, e seu temperamento é de uma violência fora do comum – ela suspirou. – O mundo não é fácil, sr. Waring. Sou devotada a Elsie, ela é minha única filha. E ver a infelicidade dela não é nada fácil para mim.

Harold disse, com sincera emoção:

– Ela é uma criatura tão gentil...

– Talvez um pouco gentil demais.

– Como assim?

A sra. Rice disse, devagar:

– Uma criatura feliz seria mais arrogante. A delicadeza de Elsie é fruto, acho eu, de uma sensação de derrota. A vida tem sido exaustiva para ela.

Harold perguntou, hesitando um pouco:

– Como... ela veio a se casar com esse marido dela?

A sra. Rice respondeu:

– Philip Clayton era uma pessoa muito atraente. Ele tinha (ainda tem) um grande charme, tinha uma certa quantidade de dinheiro... e não havia ninguém que nos advertisse da verdadeira natureza de seu caráter. Eu já era viúva há muitos anos. Duas mulheres, vivendo sozinhas, não são as melhores juízas do caráter de um homem.

Harold disse, pensativo:

– Sim, é verdade.

Ele sentiu-se invadido por uma onda de indignação e piedade. Elsie Clayton não devia ter mais de 25 anos. Ele se lembrava da límpida cordialidade de seus olhos azuis, do suave descaimento de sua boca. Percebeu, de repente, que seu interesse por ela ia um pouco além da mera amizade.

E ela estava presa a um bruto...

II

Naquela noite, Harold juntou-se à mãe e filha após o jantar. Elsie Clayton usava um vestido rosa macio e banal. Suas pálpebras, ele percebeu, estavam vermelhas. Ela estivera chorando.

A sra. Rice disse com vivacidade:

– Descobri quem são as duas harpias, sr. Waring. Senhoras polonesas, de muito boa família, segundo o recepcionista.

Harold olhou para o outro lado da sala, onde se sentavam as senhoras polonesas. Elsie indagou com interesse:

– Aquelas duas mulheres lá? Com o cabelo tingido com hena? De algum modo elas parecem muito horríveis. Não sei dizer por quê.

Harold contou, triunfante:

– Pensei exatamente a mesma coisa.

A sra. Rice interveio, rindo:

– Acho que vocês dois estão sendo absurdos. Não é possível conhecer uma pessoa só de olhar para ela.

Elsie riu, e falou:

– É, acho que não. Ainda assim, *eu* acho que são abutres!

– Bicando olhos de cadáveres! – disse Harold.

– Ah, por favor! – exclamou Elsie.

Harold disse, rápido:

– Desculpe.

A sra. Rice afirmou com um sorriso:

– De qualquer modo, elas dificilmente vão cruzar o *nosso* caminho.

Elsie apoiou:

– *Nós* não temos nenhum segredo escuso!

– Talvez o sr. Waring tenha – disse a sra. Rice, com um brilho de prazer nos olhos.

Harold gargalhou, jogando a cabeça para trás, e afirmou:

– Nem um segredinho. Minha vida é um livro aberto.

E um pensamento rápido passou por sua mente: "Como são tolas as pessoas que abandonam o caminho correto. Uma consciência tranquila: essa é a única coisa necessária na vida. Com isso, se pode olhar o mundo de frente e dizer a qualquer um que se meter no seu caminho que vá para o inferno!".

De repente sentiu-se muito vivo, muito forte, mestre absoluto de seu destino!

III

Harold Waring, como muitos outros ingleses, não tinha as línguas estrangeiras como seu forte. Seu francês era vacilante e tinha uma entonação britânica. De alemão e italiano, nada sabia.

Até o momento, essas incapacidades linguísticas não o haviam preocupado. Na maior parte dos hotéis do continente, assim sempre pensou, todos falavam inglês, então por que se preocupar?

Mas naquele lugar isolado, onde a língua nativa era uma forma de eslovaco, e mesmo o recepcionista só falava alemão, era às vezes irritante para Harold quando uma de suas amigas fazia o papel de intérprete para ele. A sra. Rice, que gostava de línguas, chegava até a falar um pouco de eslovaco.

Harold decidiu que começaria a aprender alemão. Decidiu comprar alguns livros e dedicar algumas horas toda manhã ao aprendizado da língua.

A manhã corria bem e, após escrever algumas cartas, Harold olhou as horas e viu que ainda havia tempo para uma caminhada de uma hora antes do almoço. Desceu na direção do lago e então virou para entrar no pinheiral. Estava caminhando por lá havia talvez cinco minutos quando ouviu um som inconfundível. Em algum lugar não muito distante, uma mulher chorava sofridamente.

Harold parou por um instante, e então foi na direção do som. A mulher era Elsie Clayton, e ela estava sentada em uma árvore caída, com o rosto enterrado nas mãos, e seus ombros tremiam com a violência de seu sofrimento.

Harold hesitou por um minuto e aproximou-se. Disse com suavidade:

– Sra. Clayton... Elsie?

Ela tomou um susto violento e olhou para ele. Harold sentou ao seu lado.

Ele perguntou, com sincera compaixão:

– Posso fazer alguma coisa? Qualquer coisa mesmo.

Ela negou com a cabeça.

– Não... não... o senhor é muito gentil. Mas não há nada que alguém possa fazer por mim.

Harold disse, bastante tímido:

– Tem a ver com... com seu marido?

Ela fez que sim. Então limpou os olhos, pegou um estojo de pó compacto, esforçando-se para reconquistar o autocontrole. Disse, com voz trêmula:

– Não queria que mamãe ficasse preocupada. Ela fica tão perturbada quando me vê triste... Por isso vim até aqui para poder chorar à vontade. É tolice, eu sei. Chorar não ajuda nada. Mas, às vezes, a gente sente que a vida é insuportável.

Harold disse:

– Sinto muitíssimo.

Ela lançou-lhe um olhar de gratidão. Então falou apressada:

– É por minha culpa, é claro. Casei com Philip de livre e espontânea vontade. Não... não deu certo, e só posso culpar a mim mesma.

Harold disse:

– É muito corajoso da sua parte enxergar as coisas desse modo.

Elsie balançou a cabeça.

– Não, não sou corajosa. Não sou nem um pouco valente. Sou uma tremenda covarde. Esse é, em parte, o problema com Philip. Tenho medo dele, morro de medo, quando ele tem um dos seus ataques de fúria.

Harold disse com emoção:

– Você devia deixá-lo!

– Não ouso. Ele... ele não aceitaria.

– Besteira! O que me diz de um divórcio?

Ela negou com a cabeça.

– Não tenho motivos – ela endireitou os ombros. – Não, tenho que seguir em frente. Passo boa parte do tempo com mamãe, o senhor sabe. Philip não se importa com isso. Ainda mais quando vamos para um lugar distante como esse. – Ela acrescentou, a cor de suas bochechas se intensificou: – O senhor sabe, parte do problema é que ele é tremendamente ciumento. Basta... basta que eu converse com outro homem para ele fazer as cenas mais terríveis.

A indignação de Harold aumentou. Já ouvira muitas mulheres reclamarem dos ciúmes do marido e, embora demonstrasse solidariedade, secretamente pensava que o marido estava com a razão. Mas Elsie Clayton não era aquele tipo de mulher. Ela jamais lhe dirigira sequer um olhar de flerte.

Elsie afastou-se dele com um leve arrepio. E olhou para o céu.

– O sol está encoberto. Faz muito frio. É melhor voltarmos para o hotel. Deve ser quase hora do almoço.

Eles se levantaram e foram na direção do hotel. Haviam andado por mais ou menos um minuto quando ultrapassaram uma pessoa que ia na mesma direção. A reconheceram pelo manto esvoaçante que usava. Era uma das irmãs polonesas.

Passaram por ela, no que Harold fez uma leve mesura. Ela não mostrou qualquer reação, mas seu olhar descansou nos dois por um minuto, e havia uma certa qualidade avaliativa no olhar que fez Harold sentir um calor repentino. Ele se perguntou se a mulher o vira sentado ao lado de Elsie no tronco de árvore. Caso sim, com certeza pensara...

Bom, ela parecia ter pensado... Uma onda de indignação o subjugou por completo! Que mentes sujas tinham algumas mulheres!

Era estranho que o sol tivesse entrado e que os dois tivessem sentido um arrepio. Talvez justo na hora em que aquela mulher os espiava...

De qualquer maneira, Harold sentiu-se um pouco inquieto.

IV

Naquela noite, Harold foi para seu quarto pouco depois das dez horas. A criada inglesa havia chegado, e ele recebera várias cartas, algumas das quais exigiam resposta imediata.

Ele vestiu pijama e roupão e sentou-se à mesa para lidar com a correspondência. Escrevera três cartas e estava começando a quarta quando a porta foi de repente aberta com violência, e Elsie Clayton cambaleou para dentro do quarto.

Harold levantou de um pulo, assustado. Elsie havia empurrado a porta atrás de si e mantinha-se de pé, apoiando-se na cômoda. Ela respirava com grande dificuldade, e seu rosto estava cor de giz. Parecia mortalmente aterrorizada.

Falou, ofegante:

– É o meu marido! Ele chegou sem aviso. Eu... eu acho que ele vai me matar. Está louco, completamente louco. Vim te procurar. Não... não deixe ele me encontrar.

Ela deu um ou dois passos para a frente, oscilando tanto que quase caiu. Harold estendeu um braço para ajudá-la.

Nisso, a porta abriu de repente e apareceu um homem na soleira. Era de altura mediana, sobrancelhas espessas e cabelos negros e luzidios. Nas mãos, carregava uma pesada chave de porca. Sua voz era alta e tremia de raiva, quase gritava as palavras.

– Então aquela polonesa estava certa! Você *está* se encontrando com esse sujeito!

Elsie exclamou:

– Não, não, Philip. Não é verdade. Você está enganado.

Harold empurrou a moça para trás de si quando Philip começou a avançar na direção dos dois. Philip gritou:

– Enganado, é? Diz isso quando acabo de encontrar você aqui no quarto dele? Sua diaba, vou te matar!

Com um rápido movimento lateral ele se esquivou do braço de Harold. Elsie, soltando um grito, correu para o outro lado de Harold, que girou para rechaçar o outro.

Mas Philip Clayton só tinha uma coisa em mente: alcançar sua esposa. Ele deu uma nova guinada. Elsie, apavorada, saiu correndo do quarto. Philip Clayton disparou atrás dela, e Harold, sem hesitar por um instante, o seguiu.

Elsie havia corrido a toda velocidade para seu próprio quarto, ao fim do corredor. Harold pôde ouvir o som da chave virando na fechadura, mas não fechou rápido o bastante. Antes que se trancasse, Philip Clayton arrombou-a. Ele desapareceu para dentro do quarto e Harold ouviu o brado atemorizado de Elsie. Dentro de poucos instantes Harold entrou atrás deles.

Elsie estava encurralada contra as cortinas da janela. Quando Harold entrou, Philip Clayton corria na direção dela, brandindo a chave de porca. Ela soltou um grito de pavor e, então, pegando de um grande peso de papel na mesa ao seu lado, jogou o objeto contra o marido.

Clayton desabou no chão como uma árvore cortada. Elsie gritou. Harold parou na entrada, petrificado. A moça caiu de joelhos ao lado do marido. Ele continuava imóvel no lugar em que havia caído.

Do lado de fora, no corredor, ouviu-se o som do trinco de uma das portas sendo aberto. Elsie levantou-se de um pulo e correu para Harold.

– Por favor, por favor... – sua voz era baixa e ofegante. – Volte para o seu quarto. Eles estão vindo. Vão encontrar você aqui.

Harold concordou. Ele entendeu a situação toda num lampejo. Por enquanto, Philip Clayton estava *hors de combat*. Mas talvez tivessem ouvido o grito de Elsie. Se ele fosse encontrado em seu quarto, isso só poderia causar constrangimentos e mal-entendidos. Tanto para o bem dela quanto dele, não poderia haver escândalo.

Sendo o mais silencioso possível, apressou-se pelo corredor e voltou ao seu quarto. Assim que entrou, ouviu o som de uma porta se abrindo.

Ficou sentado em seu quarto por quase meia hora, esperando. Não ousava sair. Cedo ou tarde, tinha certeza, Elsie viria.

Ouviu uma leve batida em sua porta. Harold levantou de um pulo para abri-la.

Não foi Elsie, mas a mãe dela que entrou, e Harold ficou horrorizado com a aparência dela. Parecia anos mais velha. Seus cabelos brancos estavam despenteados, e havia círculos negros e profundos ao redor de seus olhos.

Ele se apressou em levá-la até uma cadeira. Ela sentou-se, e sua respiração parecia difícil, penosa. Harold logo perguntou:

– Parece exausta, sra. Rice. Posso lhe oferecer alguma coisa?

Ela negou com a cabeça.

– Não. Não se importe comigo. Estou bem, de verdade. Foi só o choque. Sr. Waring, algo terrível aconteceu.

Harold perguntou:

– Clayton está muito ferido?

Ela tomou fôlego.

– Pior do que isso. *Ele está morto...*

V

O quarto girou.

Uma sensação parecida com a de água gelada escorrendo pela coluna tornou Harold incapaz de dizer palavra por alguns instantes.

Ele repetiu estupidamente:

– *Morto?*

A sra. Rice fez que sim com a cabeça.

Ela falou, e sua voz tinha o tom monótono e uniforme da exaustão completa:

– A quina daquele peso de papel de mármore pegou bem na têmpora dele. Depois bateu a cabeça na tela de ferro da lareira. Não sei qual dos dois o matou. Mas não há dúvidas de que está morto. Já vi muitos mortos, sei como é.

Desgraça: essa era a palavra que se repetia com insistência no cérebro de Harold. Desgraça, desgraça, desgraça...

Ele disse, com veemência:

– Foi um acidente... Eu vi quando aconteceu.

A sra. Rice disse, ríspida:

– É claro que foi um acidente. *Eu* sei disso. Mas... mas... será que os outros vão pensar a mesma coisa? Estou... estou com medo, Harold! Não estamos na Inglaterra.

Harold falou devagar:

– Posso confirmar a história de Elsie.

A sra. Rice respondeu:

– Sim, e ela pode confirmar a sua. Esse... esse é o problema!

O cérebro de Harold, por natureza aguçado e cauteloso, entendeu o que ela queria dizer. Ele repassou os acontecimentos em sua mente e avaliou a precariedade da situação em que se encontravam.

Ele e Elsie haviam passado um bom tempo juntos. E havia o fato de que tinham sido vistos juntos no pinheiral, por uma das mulheres polonesas, em circunstâncias bastante comprometedoras. As senhoras polonesas talvez não falassem inglês, mas ainda assim poderiam entender um pouco. A mulher talvez soubesse o significado de palavras como "ciúmes" e "marido", se por acaso tivesse ouvido a conversa deles. De qualquer modo, estava claro que fora algo que ela dissera a Clayton o que provocara seus ciúmes. E agora, ele estava morto. Quando Clayton morrera, ele, Harold, *estava no quarto de Elsie Clayton*. Não havia nada que comprovasse que ele próprio não atacara deliberadamente Philip Clayton com o peso de papel. Nada que comprovasse que o marido enciumado na verdade não os vira juntos. Tudo o que havia era a palavra dele e a de Elsie. Será que acreditariam neles?

Harold foi tomado por um medo frio.

Ele não imaginava, realmente *não* imaginava, que ele ou Elsie corressem perigo de serem condenados à morte por um assassinato que não haviam cometido. Com certeza, de qualquer modo, poderia haver no máximo a acusação de homicídio culposo contra eles. (Haveria o conceito de homicídio culposo nesses países estrangeiros?) Mas mesmo que fossem inocentes, teria de haver um inquérito, o qual seria notícia em todos os jornais. *Um inglês e uma inglesa acusados – marido ciumento – político em ascensão*. Sim, seria o fim de sua carreira política. Sua carreira jamais sobreviveria a um escândalo desses.

Ele questionou, num impulso:

– Não podemos nos livrar do corpo de alguma forma? Enterrá-lo em algum lugar?

O olhar atônito e desdenhoso da sra. Rice o fez corar. Ela respondeu, incisiva:

– Meu querido Harold, isso não é um romance policial! Tentar algo assim seria loucura total.

– Suponho que sim – ele gemeu. – O que podemos fazer? Meu Deus, o que podemos fazer?

A sra. Rice balançou a cabeça, parecendo não ter esperanças. Sua testa estava franzida, sua mente trabalhando com esforço.

Harold perguntou:

– Não há nada que possamos fazer? Qualquer coisa para evitar essa desgraça medonha?

Pronto, ele dissera: desgraça! Terrível, imprevista, que os danaria por completo.

Olharam um para o outro. A sra. Rice disse, com a voz trêmula:

– Elsie, minha garotinha. Eu faria qualquer coisa... Ela vai morrer se tiver que passar por algo assim. – E acrescentou: – Você também, sua carreira... Tudo.

Harold conseguiu ainda dizer:

– Não se importe comigo.

Mas não estava sendo sincero.

A sra. Rice continuou falando com amargura:

– E tudo tão injusto... tão longe da verdade! Não é como se alguma vez vocês tivessem tido alguma coisa. *Eu* sei disso muito bem.

Harold sugeriu, desesperado:

– A senhora poderá dizer que pelo menos... que foi tudo perfeitamente correto.

A sra. Rice respondeu, amarga:

– Sim, se acreditarem em mim. Mas você sabe como são essas pessoas aqui.

Harold concordou, deprimido. Para a cabeça dos europeus do continente, sem dúvida haveria uma relação culpada entre ele e Elsie, e todas as negativas da sra. Rice seriam vistas como uma mãe mentindo furiosamente em prol de sua filha.

Harold falou, sombrio:

– Sim e, para piorar, não estamos na Inglaterra.

– Ah! – A sra. Rice ergueu a cabeça. – *Isso* é verdade... Não é a Inglaterra. Fico me perguntando se *é possível* fazer alguma coisa...

– Sim? – Harold olhou para ela ansioso.

A sra. Rice perguntou de súbito:

– Quanto dinheiro você tem?

– Comigo, não muito. – E acrescentou: – Eu poderia telegrafar pedindo dinheiro, é claro.

A sra. Rice disse num tom severo:

– Talvez precisemos de uma boa quantia. Mas acho que vale a pena tentar.

Harold sentiu uma leve vertigem de desespero. Perguntou:

– Qual é a sua ideia?

A sra. Rice falou num tom decidido.

– *Nós* não temos a menor chance de ocultar a morte, mas acho que há uma chance de encobri-la *oficialmente*!

– Acha mesmo? – Harold estava esperançoso, mas um pouco cético.

– Sim. Para começo de conversa, o gerente do hotel estará do nosso lado. É muito melhor para ele que a coisa seja abafada. Considero que nesses paisinhos peculiares e isolados dos Bálcãs é possível subornar todo mundo e qualquer um, e os policiais talvez sejam mais corruptos do que todo mundo!

Harold disse devagar:

– Sabe de uma coisa? Acho que a senhora está certa.

A sra. Rice continuou:

– Felizmente, não creio que ninguém no hotel tenha *ouvido* coisa alguma.

– Quem estava no quarto contíguo ao de Elsie, em frente ao seu quarto?

– As duas senhoras polonesas. Elas não ouviram nada. Teriam aparecido no corredor caso tivessem ouvido alguma coisa. Philip chegou tarde, ninguém o viu com exceção do porteiro da noite. Sabe, Harold, acho que será possível abafar a coisa toda... e fazer com que a morte de Philip seja registrada como decorrente de causas naturais! É só questão de subornar o bastante e encontrar o homem certo, talvez o chefe de polícia!

Harold deu um sorriso ligeiro. Comentou:

– Parece muito uma ópera cômica, não é? Bem, afinal, só nos resta tentar.

VI

A sra. Rice era a energia em pessoa. Primeiro, o gerente do hotel foi convocado. Harold continuou em seu quarto, mantendo-se afastado dos arranjos. Ele e a sra. Rice haviam concordado que a melhor história a contar era a de uma discussão entre marido e mulher. A juventude e a beleza de Elsie obteriam maior solidariedade.

Na manhã seguinte, vários policiais chegaram e foram levados ao quarto da sra. Rice. Foram embora ao meio-dia. Harold havia telegrafado pedindo o envio de dinheiro, mas exceto por isso não tomara parte dos procedimentos, e na verdade seria incapaz de fazê-lo, visto que nenhum desses policiais falava inglês.

Ao meio-dia, a sra. Rice veio ao seu quarto. Parecia pálida e cansada, mas o alívio em seu rosto contava sua própria história. Apenas disse:

– *Funcionou*!

– Graças a Deus! A senhora foi maravilhosa! Parece incrível!

A sra. Rice disse, pensativa:

– Pela facilidade com que tudo correu, daria quase para acreditar que foi algo normal. Só faltou eles estenderem as mãos na mesma hora. É... é bastante repugnante, para falar a verdade!

Harold disse, seco:

– Essa não é a hora de reclamar da corrupção dos serviços públicos. Quanto?

– O preço é bem alto.

Leu uma lista de quantias.

> *O chefe de polícia.*
> *O* comissaire.
> *O agente.*
> *O médico.*
> *O gerente do hotel.*
> *O porteiro da noite.*

O único comentário de Harold foi:

– O porteiro da noite não recebe muito, não é? Suponho que o importante sejam os distintivos.

A sra. Rice explicou:

– O gerente estipulou que a morte não deveria de modo algum ter ocorrido em seu hotel. A história oficial será que Philip teve um ataque cardíaco no trem. Ele saiu para o corredor para tomar ar... você sabe como sempre deixam aquelas portas abertas... e caiu do trem. É maravilhoso o que a polícia pode fazer quando se esforça.

– Bem – disse Harold. – Graças a Deus a *nossa* força policial não é desse jeito.

E, sentindo-se superior e muito britânico, desceu para almoçar.

VII

Após o almoço Harold costumava juntar-se à sra. Rice e sua filha para o café. Decidiu não modificar seu comportamento de praxe.

Era a primeira vez que via Elsie desde a noite anterior. Estava muito pálida e obviamente ainda sofria os efeitos do choque, mas fez um esforço galante para portar-se como sempre, proferindo clichês sobre o clima e a paisagem.

Conversaram sobre um novo hóspede que acabara de chegar, tentando adivinhar sua nacionalidade. Harold achava que um bigode como aquele devia ser francês. Elsie disse que ele era alemão. E a sra. Rice achava que talvez fosse um espanhol.

Não havia mais ninguém além deles no terraço, com exceção das duas senhoras polonesas, que se sentavam a uma das extremidades, ambas fazendo crochê.

Como sempre, quando as viu, Harold sentiu um estranho arrepio de ansiedade. Aqueles rostos imóveis, aqueles narizes curvos como bicos, aquelas mãos longas que pareciam garras...

Um menino de recados se aproximou e disse à sra. Rice que ela estava sendo chamada. Ela se levantou e o seguiu. Na entrada do hotel, eles a viram falando com um policial uniformizado.

Elsie ficou sem fôlego.

– Você não acha que... que alguma coisa deu errado, acha?

Harold a tranquilizou na mesma hora.

– Ah, não, não, nada disso.

Mas ele mesmo sentia um repentino espasmo de medo. Exclamou:

– Sua mãe foi maravilhosa!

– Eu sei. Mamãe é uma grande lutadora. Nunca se conforma com a derrota – Elsie teve um arrepio. – Mas acha que a coisa toda é horrível, não é?

– Bom, não fique pensando nisso. Tudo já foi providenciado, acabou.

Elsie disse, numa voz baixa:

– Não posso esquecer... de que fui *eu* quem o matou.

Harold insistiu:

– Não pense nisso dessa forma. Foi um acidente. Sabe que foi assim.

O rosto dela pareceu ficar um pouco mais alegre. Harold disse ainda:

– E, de qualquer maneira, isso agora é passado. O passado é o passado. Tente nunca mais pensar no assunto.

A sra. Rice voltou. Pela expressão em seu rosto, eles viram que tudo estava bem.

– Tomei um grande susto – ela contou, quase com alegria. – Mas era apenas uma formalidade sobre alguns papéis. Tudo está bem, minhas crianças. A sombra não está mais sobre nós. Acho que podemos pedir um licor para comemorar.

O licor foi pedido e chegou. Os três ergueram suas taças.

A sra. Rice disse:

– Ao futuro!

Harold sorriu para Elsie e acrescentou:

– À sua felicidade!

Ela sorriu de volta para ele e falou, ao levantar sua taça:

– E a você, ao seu sucesso! Tenho certeza de que vai ser um grande homem, um homem extraordinário!

Com a retração do medo, sentiram-se alegres, quase tontos. A sombra havia se erguido! Tudo estava bem...

Na extremidade do terraço, as duas mulheres-pássaro se levantaram, dobraram com cuidado seus bordados e cruzaram o chão de pedra na direção dos três.

Fazendo pequenas mesuras, sentaram-se perto da sra. Rice. Uma delas começou a falar. A outra pousou os olhos sobre Elsie e Harold. Havia um pequeno sorriso em seus lábios. Não era, pensou Harold, um sorriso agradável...

Ele olhou para a sra. Rice. Ela estava ouvindo o que dizia a mulher polonesa e, embora ele não pudesse entender palavra, a expressão no rosto da sra. Rice era suficiente. Toda a angústia e o desespero de antes haviam retornado. Ela ouvia e por vezes falava uma ou duas palavras.

Logo as duas irmãs se levantaram e, com pequenas mesuras rígidas, entraram no hotel.

Harold inclinou-se para a frente. Disse numa voz rouca:

– O que foi?

A sra. Rice respondeu no tom de voz desanimado e suave dos que não têm esperança.

– *Aquelas mulheres querem nos chantagear. Ouviram tudo ontem à noite. E agora que tentamos abafar o caso, isso torna tudo mil vezes pior...*

VIII

Harold Waring descera até o lago. Estivera caminhando nervoso por mais de uma hora, tentando, pela pura energia física, aquietar o clamor do desespero que o havia tomado de assalto.

Chegou por fim ao ponto em que vira pela primeira vez as duas mulheres macabras que tinham sua vida e a de Elsie em suas garras maldosas. Exclamou em voz alta:

— Malditas sejam! Maldito seja aquele par de harpias sanguessugas dos infernos!

Um suave pigarrear o fez girar nos calcanhares. Viu-se encarando o estrangeiro de bigode exuberante, que acabara de sair da sombra das árvores.

Harold achou difícil encontrar algo para falar. Aquele homenzinho quase com certeza ouvira o que ele acabara de dizer.

Harold, confuso, disse um tanto desajeitado:

— Ah... hum... boa tarde.

Num inglês perfeito, o outro respondeu:

— Mas temo que para o senhor não seja uma tarde assim tão boa, não é?

— Bem... ah... eu... — Harold estava tendo dificuldades de novo.

O homenzinho perguntou:

— Estou certo em dizer que se encontra em apuros, *monsieur*? Posso ser de alguma valia para o senhor?

— Ah, não, obrigado, não, obrigado! Só desabafando, sabe?

O outro respondeu em um tom gentil:

— Mas acho, bem, que eu *poderia* ajudá-lo. Estou correto, não estou, em relacionar os seus problemas às duas damas que estavam sentadas no terraço agora há pouco?

Harold o encarou de olhos esbugalhados.

— Sabe alguma coisa sobre elas? — E acrescentou: — Quem é o senhor, afinal?

Como quem confessa ser de linhagem real, o homenzinho disse, com modéstia:

— *Eu sou Hercule Poirot*. Que tal caminharmos um pouquinho pelo bosque enquanto me conta sua história? Como falei, acho que posso socorrê-lo.

Até hoje, Harold não tem certeza do que o fez derramar a história toda para um homem que conhecera havia poucos minutos. Talvez fosse o estado de grande tensão em que se encontrava. De qualquer modo, assim foi. Ele contou toda a história a Hercule Poirot.

Este ouviu em silêncio. De quando em quando acenava a cabeça com um ar muito sério. Quando Harold terminou de contar, o outro começou a falar, num tom distraído.

– As aves de Estínfalo, com bicos de ferro, que se alimentam de carne humana e habitam perto do lago de Estínfalo... Sim, está de perfeito acordo.

– Perdão? – disse Harold, pasmo.

"Talvez", ele pensou, "esse homenzinho de aspecto curioso fosse um louco!"

Hercule Poirot sorriu.

– Estava refletindo, é só. Tenho minha própria maneira de encarar as coisas, como vê. Agora, quanto ao seu caso. O senhor se encontra numa posição muito desagradável.

Harold respondeu com impaciência:

– Não preciso que me diga disso!

Hercule Poirot continuou:

– Chantagem é um negócio sério. Essas harpias o forçarão a pagar, e pagar, e pagar outra vez! E se você desafiá-las, bem, o que acontece?

Harold falou, amargo:

– A coisa toda virá à tona. Minha carreira será arruinada, e uma triste moça, que nunca fez mal a ninguém, passará pelo inferno na terra, e Deus sabe qual será o fim disso!

– Portanto – concluiu Hercule Poirot –, é preciso fazer alguma coisa!

– O quê? – perguntou Harold sem rodeios.

Hercule Poirot inclinou-se para trás, semicerrando os olhos. Disse (e mais uma vez uma dúvida sobre a sanidade daquele homem passou pela mente de Harold):

– É o momento para as castanholas de bronze.

Harold questionou:

– O senhor está louco?

O outro negou com a cabeça, e disse:

– *Mais non*! Me esforço apenas para seguir o exemplo de meu grande predecessor, Hércules. Tenha paciência por algumas horas, meu amigo! É possível que até amanhã eu consiga livrá-lo de seus perseguidores.

IX

Harold Waring desceu na manhã seguinte e encontrou Hercule Poirot sentado sozinho no terraço. Embora não quisesse, Harold ficara impressionado com a promessa de Poirot.

Foi até ele e perguntou com ansiedade:

– Bem?

Hercule Poirot abriu um grande sorriso para o homem que chegara.

– Está tudo bem.

– O que quer dizer?

– Tudo se arranjou de maneira satisfatória.

– Mas o que *aconteceu*?

Hercule Poirot respondeu, com voz divagadora.

– Utilizei as castanholas de bronze. Ou, em linguajar moderno, fiz com que fios metálicos zumbissem. Em resumo, fiz uso do telégrafo! Suas aves de Estínfalo, monsieur, foram removidas para um lugar no qual serão incapazes de exercer seus talentos durante algum tempo.

– Elas eram procuradas pela polícia? Foram presas?

– Exatamente.

Harold respirou fundo.

– Que maravilha! Isso nunca me ocorreu – levantou-se. – Preciso achar a sra. Rice e Elsie e dar a notícia a elas.

– Elas sabem.

– Ah, que bom – Harold sentou-se de novo. – Me diga o que...

Interrompeu-se.

Subindo o caminho que vinha do lago, vinham duas figuras com mantos esvoaçantes e perfis de aves.

Ele exclamou:

– Pensei que o senhor havia dito que elas tinham sido levadas embora!

Hercule Poirot seguiu seu olhar.

– Ah, aquelas senhoras? São completamente inofensivas; senhoras polonesas de boa família, como o recepcionista lhe disse. A aparência delas, talvez, não seja muito agradável, mas não passa disso.

– Mas eu não *entendo*!

– Não, o senhor não entende! Eram as *outras* senhoras as procuradas pela polícia: a astuciosa sra. Rice e a lamurienta sra. Clayton! São *elas* as famosas aves de rapina. Aquelas duas, elas vivem do dinheiro que conseguem com chantagens, *mon cher*.

Harold sentiu como se o mundo girasse à sua volta. Ele questionou, num sussurro:

– Mas e o homem, o homem que morreu?

– Ninguém morreu. Não havia homem algum!

– Mas eu o *vi*!

– Ah, não. A sra. Rice, uma mulher alta e de voz grave, consegue fazer-se passar por um homem com muita eficiência. Foi ela quem fez o papel do marido; sem sua peruca de cabelos brancos e apropriadamente maquiada para o papel.

Ele inclinou-se para a frente e deu uma batidinha no joelho do outro.

– Não deve andar tão crédulo pelo mundo, meu amigo. A polícia de um país não é tão facilmente subornável (é provável que não aceitem suborno algum), não em um caso de assassinato! Essas mulheres se aproveitam da ignorância que o inglês médio tem das línguas estrangeiras. Por ela falar francês ou alemão, é sempre essa sra. Rice que entrevista o gerente e assume o comando do caso. A polícia chega e vai para o quarto *dela*, sim! Mas o que de fato acontece? *Você* não sabe. Talvez ela diga que perdeu um broche, alguma coisa desse tipo. Qualquer desculpa para fazer com que a polícia venha, *de modo que você a veja*. Quanto ao resto, o que de fato acontece? O senhor telegrafa pedindo dinheiro, muito dinheiro, e o entrega à sra. Rice, que está no comando de todas as negociações! E pronto! Mas elas são gananciosas, essas aves de rapina. Elas viram que o senhor criou uma aversão irracional àquelas duas pobres senhoras polonesas. As senhoras em questão vêm e têm uma conversa inocente com a sra. Rice, e ela não resiste à chance de repetir a jogada. Ela sabe que o senhor não é capaz de compreender o que está sendo dito.

"Então o senhor terá de pedir por mais dinheiro, que a sra. Rice fingirá distribuir para um novo grupo de pessoas."

Harold respirou fundo e disse:

– E Elsie... Elsie?

Hercule Poirot evitou os olhos de Harold.

– Ela interpretou seu papel muito bem. Sempre o faz. Uma atrizinha consumada. Tudo é muito puro... muito inocente. Dirige um apelo não ao sexo, mas ao cavalheirismo.

Hercule Poirot acrescentou em tom absorto:

– Isso sempre funciona com homens ingleses.

Harold Waring respirou fundo mais uma vez. Disse, com firmeza:

– Vou pôr as mão à obra e aprender todas as línguas europeias que existem! Ninguém vai me fazer de bobo uma segunda vez!

Capítulo 7

O touro de Creta

I

Hercule Poirot olhou pensativo para sua visitante.

Viu um rosto pálido com um queixo que sugeria determinação, olhos que eram mais cinzentos do que azuis, e cabelos que eram daquele legítimo tom preto-azulado raramente visto... as madeixas de jacinto da Grécia antiga.

Ele percebeu o tweed bem talhado, mas também bastante puído, a bolsa de mão surrada, e a arrogância inconsciente que havia por trás do evidente nervosismo da moça. Pensou com seus botões: "Ah, sim, ela é da 'aristocracia rural', mas não tem dinheiro! E deve ser algo muito incomum para que tenha vindo até mim".

Diana Maberly disse com uma voz um pouco trêmula:

– Eu... eu não sei se o senhor pode me ajudar ou não, sr. Poirot. É... é uma situação extraordinária.

Poirot disse:

– Mesmo? Por que não me conta?

Diana Maberly exclamou:

– Vim até o senhor porque eu não sei *o que* fazer! Não sei nem mesmo se *há* alguma coisa a se fazer!

– Me deixaria ser o juiz disso?

O rosto da garota corou de repente. Disse, com precipitação e sem fôlego:

– Vim procurá-lo porque o homem do qual estou noiva há mais de um ano rompeu o nosso noivado.

Ela se interrompeu e olhou para Poirot com um ar de desafio.

– O senhor deve achar – ela sugeriu – que sou completamente estúpida.

Devagar, Hercule Poirot negou com a cabeça.

– Pelo contrário, mademoiselle, não tenho nenhuma dúvida de que a senhorita é bastante inteligente. Com certeza não faz parte do meu métier reconciliar casais brigados, e sei muito bem que está perfeitamente consciente disso. Acontece, portanto, que há algo de incomum no rompimento desse noivado. É esse o caso, não é verdade?

A garota confirmou com a cabeça. E disse, numa voz precisa e clara:

– Hugh rompeu o nosso noivado porque acha que está enlouquecendo. Acha que os loucos não devem se casar.

As sobrancelhas de Hercule Poirot se ergueram alguns milímetros.

– E a senhorita não concorda?

– Não sei... O que *é* ser louco, afinal? De louco todo mundo tem um pouco.

– Há quem o diga – Poirot concordou, cauteloso.

– É só quando alguém começa a pensar que é um ovo cozido ou coisa parecida que tem que ser trancafiado.

– E seu noivo ainda não chegou nesse estágio?

Diana Maberly respondeu:

– Não consigo ver nada de errado com Hugh. Ele é... ora... é a pessoa mais sã que conheço. Um homem sério, em quem se pode confiar...

– Então por que ele acha que está ficando louco?

Poirot fez silêncio por um instante antes de continuar.

– Talvez existam casos de loucura na família?

Relutante, Diana confirmou com a cabeça.

– O avô dele era biruta, acho, e também uma ou outra tia-avó. Mas o que digo é: *todas* as famílias têm alguém esquisito. Sabe como é, um idiota completo ou alguém superinteligente, ou *alguma coisa* assim!

Os olhos dela eram suplicantes.

Hercule Poirot balançou a cabeça com tristeza e lamentou:

– Sinto muito pela senhorita, mademoiselle.

O queixo da moça apontou para o alto. Ela exclamou:

– Não quero que o senhor sinta muito por mim! Quero que *faça* alguma coisa!

– O que quer que eu faça?

– O que eu não sei, *mas alguma coisa está errada.*

– Pode me contar, mademoiselle, tudo sobre o seu noivo?

– O nome dele é Hugh Chandler. Tem 24 anos. Filho do almirante Chandler. Eles vivem em Lyde Manor. A casa é da família Chandler desde os tempos da rainha Elizabeth I. Hugh é o único filho. Entrou para a marinha, todos os Chandler são marinheiros, é tipo uma tradição, desde que Sir Gilbert Chandler navegou com Sir Walter Raleigh em mil quinhentos e alguma coisa. Hugh entrou para a marinha automaticamente. O pai não queria ouvir falar de outra coisa. E ainda assim, ainda assim, foi o *pai* dele que insistiu em tirá-lo de lá!

– Quando foi isso?

– Faz quase um ano. Foi bem repentino.

– Hugh Chandler estava feliz em sua profissão?

– Sim, muito.

– Não houve nenhum tipo de escândalo?

– Envolvendo Hugh? Não, nada. Ele estava indo bastante bem. Ele... ele não conseguiu entender o pai.

– Que motivo deu o próprio almirante Chandler?

Diana contou, devagar:

– Ele nunca chegou a dar um motivo. Ah, disse que era necessário que Hugh aprendesse a administrar a propriedade... mas... mas isso não passou de pretexto. Até George Frobisher percebeu isso.

– Quem é George Frobisher?

– Coronel Frobisher. É o mais velho amigo do almirante Chandler e padrinho de Hugh. Passa a maior parte do tempo dele em Lyde Manor.

– E o que o coronel Frobisher achou da determinação do almirante Chandler de que seu filho devia deixar a Marinha?

– Ficou atônito. Não conseguiu entender de maneira nenhuma. Ninguém entendeu.

– Nem mesmo o próprio Hugh Chandler?

Diana não respondeu na mesma hora. Poirot esperou um minuto, e então indagou:

– Na hora, talvez ele também tenha ficado surpreso. Mas e agora? Ele não disse nada, absolutamente nada?

Diana murmurou com relutância:

– Ele disse, faz mais ou menos uma semana, que... que o pai dele estava certo... Que era a única coisa a ser feita.

– Perguntou a ele por quê?

– É claro. Mas ele não disse.

Hercule Poirot refletiu por um minuto ou dois. Por fim falou:

– Houve algum acontecimento incomum na região em que mora? Que tenha começado, talvez, há cerca de um ano? Algo que gerou muitas fofocas e especulações?

Ela disparou:

– Não sei do que está falando!

Poirot disse de modo tranquilo, mas com autoridade em sua voz:

– Seria melhor me contar.

– Não houve nada, não do tipo de coisa que o senhor está sugerindo.

– De que tipo, então?

– O senhor é simplesmente detestável! É comum coisas estranhas acontecerem em fazendas. Vinganças, ou o idiota da aldeia ou alguma outra pessoa.

– *O que aconteceu*?

Ela falou com relutância:

– Houve uma confusão com umas ovelhas... Degoladas. Ah! Foi horrível! Mas todas pertenciam a um mesmo fazendeiro, e ele é um homem muito duro. A polícia achou que era por algum tipo de rancor contra ele.

– Mas eles não pegaram a pessoa responsável?

– Não.

Ela acrescentou, feroz:

– Mas se o senhor acha...

Poirot levantou a mão e afirmou:

– A senhorita não faz a menor ideia do que eu penso. Me conte o seguinte, o seu noivo chegou a consultar um médico?

– Não, com certeza não.

– Essa não seria a coisa mais simples a fazer?

Diana respondeu devagar:

– Ele não quer. Ele... ele odeia médicos.

– E o pai?

– Não acho que o almirante tenha muita confiança nos médicos também. Diz que são uma cambada de impostores mercenários.

– E que tal lhe parece o próprio almirante? Ele está bem? Feliz?

Diana disse com voz baixa:

– Ele envelheceu muito no... no...

– No último ano?

– Sim. Ele está em ruínas, a sombra do que costumava ser.

Poirot balançou a cabeça, pensativo. Então perguntou:

– Ele aprovava o noivado do filho?

– Ah, sim. O senhor sabe, as terras da minha família são coladas com as dele. Estamos lá há muitas gerações. Ficou muito contente quando Hugh e eu noivamos.

– E agora? O que diz sobre o rompimento do seu noivado?

A voz da moça tremeu um pouco enquanto dizia:

– Falei com ele ontem de manhã. Estava com uma aparência péssima. Tomou a minha mão entre as dele e avaliou: "Sei que é difícil para você, minha querida. Mas o rapaz está fazendo a coisa certa... a única coisa que pode fazer".

– E então – perguntou Hercule Poirot – a senhorita veio me procurar?

Ela confirmou com a cabeça e perguntou:

– Pode fazer alguma coisa?

Hercule Poirot respondeu:

– Não sei. Mas posso ao menos ir até lá e ver com meus próprios olhos.

II

Foi o físico magnífico de Hugh Chandler que impressionou Hercule Poirot mais do que qualquer outra coisa. Alto, muitíssimo bem-proporcionado, com peito e ombros impressionantes, e uma cabeleira fulva. O rapaz tinha um tremendo ar de força e virilidade.

Ao chegarem à casa de Diana, ela havia imediatamente telefonado para o almirante Chandler. Em seguida, foram para Lyde Manor, onde encontraram o chá à sua espera no longo terraço. E com o chá, três homens. Havia o almirante Chandler, de cabelos brancos, parecendo mais velho que sua idade, com os ombros curvados como se carregassem um fardo de peso excessivo, e olhos sombrios e meditativos. Um contraste com ele era seu amigo, o coronel Frobisher, um homem pequeno, seco, duro, com cabelos avermelhados, encanecendo nas têmporas. Um homenzinho inquieto, irascível, esperto, fazendo lembrar muito um terrier, mas dono de um par de olhos bastante argutos. Tinha o hábito de aproximar as sobrancelhas dos olhos e abaixar a cabeça, impelindo-a para a frente, enquanto aqueles olhos argutos estudavam seu objeto de modo penetrante. O terceiro homem era Hugh.

– Belo espécime, hein? – comentou o coronel Frobisher.

Ele falou numa voz baixa, tendo percebido o atento exame que Poirot fazia do jovem.

Hercule Poirot concordou com a cabeça. Ele e Frobisher estavam sentados perto um do outro. Os outros três estavam em cadeiras para lá da mesa de chá e batiam papo de um jeito animado mas em um tom artificial.

Poirot murmurou:

– Sim, ele é magnífico, magnífico. Ele é o jovem touro. Sim, pode-se dizer que é o touro ofertado a Poseidon... Um espécime perfeito de masculinidade saudável.

– Parece em excelente forma, não é?

Frobisher suspirou. Seus olhinhos argutos se insinuaram para o lado, examinando Hercule Poirot. Logo, ele declarou:

– Eu sei quem é o senhor, sabe?

– Ah, isso não é segredo.

Poirot abanou uma mão imperial. Ele não estava *incógnito*, o gesto parecia dizer. Estava viajando como ele mesmo.

Depois de um ou dois minutos Frobisher perguntou:

– A garota o trouxe até aqui... a respeito desse caso?

– Caso...?

– O caso do jovem Hugh... Sim, vejo que o senhor sabe tudo do assunto. Mas não entendo bem por que ela procurou o *senhor*... Não achava que esse tipo de coisa era da sua alçada. Quero dizer, é mais uma questão médica.

– Muitas coisas são da minha alçada... O senhor ficaria surpreso.

– Quero dizer que não entendo bem o que ela espera que o senhor possa *fazer*.

– A srta. Maberly – disse Poirot – é uma lutadora.

O coronel Frobisher concordou com afeto.

– Sim, ela sem dúvida é uma lutadora. Uma boa garota. Não desiste de nada. De qualquer forma, sabe, há certas coisas contra as quais *não se pode* lutar...

O rosto dele pareceu de repente velho e cansado.

Poirot baixou a voz ainda mais. Murmurou com discrição:

– Há... casos de loucura, segundo entendo, na família?

Frobisher fez que sim.

– Só aparecem aqui e ali – ele murmurou. – Pula uma ou duas gerações. O avô de Hugh foi o último.

Poirot lançou um breve olhar na direção dos outros três. Diana estava sustentando bem a conversa, rindo e provocando Hugh. Era de se pensar que os três não tinham qualquer preocupação na vida.

– E qual forma a loucura tomou? – Poirot perguntou com suavidade.

– O velho tornou-se bastante violento no fim. Até os trinta anos, era perfeitamente saudável, mais normal impossível. Então começou a ficar um pouco estranho. Passou algum tempo até que as pessoas percebessem. Então muitos rumores começaram a circular. As pessoas começaram a falar. Coisas aconteceram que foram encobertas. Mas... bem – ele deu de ombros –, acabou ficando doido de pedra, o pobre diabo! Homicida! Teve de ser internado.

Parou de falar por um momento, e então acrescentou:

– Ele viveu até uma idade bem avançada, creio... É disso que Hugh tem medo, é claro. É por isso que não quer consultar com um médico. Tem medo de ser trancafiado e passar anos assim. Não posso dizer que o culpo. Me sentiria do mesmo modo no lugar dele.

– E o almirante Chandler, como ele se sente?

– Ficou alquebrado – Frobisher disse sem rodeios.
– Ele gosta muito do filho?
– É louco pelo menino. O senhor sabe, a esposa dele se afogou em um acidente de barco quando o menino tinha apenas dez anos. Desde então ele só viveu para a criança.
– Era um marido muito devotado?
– Adorava a mulher. Todos a adoravam. Ela era... foi uma das mulheres mais adoráveis que já conheci. – Fez silêncio por alguns instantes e perguntou: – Quer ver o retrato dela?
– Gostaria muito de vê-lo.
Frobisher empurrou sua cadeira para trás e levantou-se. Em voz alta, anunciou:
– Vou mostrar algumas coisas para o sr. Poirot, Charles. Pelo visto, é um *connoisseur.*
O almirante fez um gesto vago com a mão. Frobisher percorreu o terraço com passos pesados e firmes, e Poirot o seguiu. Por um momento, a máscara de alegria caiu do rosto de Diana, e ela toda era uma dúvida angustiada. Hugh, também, levantou a cabeça e olhou com firmeza para o homenzinho com o grande bigode negro.
Poirot seguiu Frobisher para dentro da casa. Pareceu tão escura de início, logo que a luz do sol foi deixada para trás, que ele mal podia distinguir um objeto do outro. Mas pôde perceber que a casa estava cheia de coisas antigas e lindas.
O coronel Frobisher o levou até a galeria de quadros. Nas paredes apaineladas de madeira estavam pendurados retratos dos Chandler mortos e esquecidos. Rostos severos e alegres, homens em traje de corte ou uniforme da marinha. Mulheres em cetim e pérolas.
Por fim, Frobisher parou sob um retrato no fim da galeria.
– Pintado por Orpen – informou com voz áspera.
Ficaram ali olhando para uma mulher alta, segurando a coleira de um galgo. Uma mulher com cabelos ruivos e uma expressão de radiante vitalidade.

– O menino é a mãe, cuspido e escarrado – disse Frobisher. – Não acha?

– Em alguns traços, sim.

– Não tem sua delicadeza, sua feminilidade, é claro. Ele é uma versão masculina, mas em todas as coisas essenciais... – Ele se interrompeu. – Pena que tenha herdado dos Chandler a única coisa sem a qual ele poderia muito bem passar...

Os dois ficaram em silêncio. Havia uma melancolia no ar à sua volta. Como se os Chandler mortos e esquecidos suspirassem pela mácula que havia em seu sangue e que, implacavelmente, de tempos em tempos, passavam adiante...

Hercule Poirot virou a cabeça para olhar seu companheiro. George Frobisher ainda mirava com atenção a bela mulher acima, na parede. E Poirot disse, com suavidade:

– O senhor a conhecia bem...

Frobisher respondeu de um jeito abrupto:

– Nos conhecemos na infância. Fui como subalterno para a Índia quando ela tinha dezesseis anos... Quando voltei, estava casada com Charles Chandler.

– O senhor o conhecia igualmente bem?

– Charles é um de meus amigos mais antigos. É o meu melhor amigo, sempre foi.

– Viu muito os dois... depois do casamento?

– Costumava passar a maioria das minhas licenças aqui. Esse lugar é como um segundo lar para mim. Charles e Caroline sempre tiveram um quarto aqui para me receber... pronto e me esperando... – Ele endireitou os ombros, esticou de repente o pescoço para a frente, numa atitude belicosa. – É por isso que estou aqui agora: para ficar por perto caso precisem de mim. Se Charles precisar de mim, estou aqui.

Uma vez mais a sombra da tragédia pairou sobre eles.

– E o que o senhor acha... de tudo isso? – Poirot perguntou.

Frobisher ficou rígido. Suas sobrancelhas se aproximaram dos olhos.

– O que eu acho é que quanto menos se falar do assunto, melhor. E para ser sincero, não entendo o que o senhor está fazendo nesse caso, sr. Poirot. Não entendo por que Diana o arrastou para cá.

– O senhor está ciente de que o noivado entre Diana Maberly e Hugh Chandler foi rompido?

– Sim, sei disso.

– E sabe o motivo do rompimento?

Frobisher respondeu com rigidez:

– Não sei nada sobre isso. Os jovens tratam dessas coisas entre eles. Não cabe a mim me intrometer.

Poirot tornou:

– Hugh Chandler disse a Diana que não era correto eles se casarem, visto que ele estava ficando louco.

Poirot viu gotículas de suor surgirem na testa de Frobisher, que respondeu:

– Temos que falar sobre essa maldita coisa? Acha que *o senhor* pode fazer algo? Hugh fez a coisa certa, o pobre diabo. Não é culpa dele, é hereditário... os plasmas germinativos... as células cerebrais... Mas, quando ele *soube*, o que mais *poderia* fazer senão romper o noivado? É uma daquelas coisas que têm de ser feitas.

– Se eu pudesse estar convicto disso...

– Pode acreditar em mim.

– Mas o senhor não me disse nada.

– Eu lhe digo que não quero falar no assunto.

– Por que o almirante Chandler obrigou o filho a sair da Marinha?

– Porque era a única coisa a se fazer.

– Por quê?

Frobisher, obstinado, balançou a cabeça.

Poirot murmurou com suavidade:

– Teve a ver com o assassinato de algumas ovelhas?

O outro respondeu, irritado:

– Então o senhor soube disso?

– Diana me contou.

– Seria muito melhor para aquela garota ficar de bico calado.

– Ela não acha que se chegou a uma conclusão.

– Ela não sabe.

– O que ela não sabe?

A contragosto, de maneira abrupta e irritada, Frobisher falou:

– Bem, se o senhor quer mesmo saber... Chandler ouviu um barulho naquela noite. Pensou que poderia ser alguém que tivesse entrado na casa. Saiu para investigar. Luz acesa no quarto do garoto. Chandler entrou. Hugh estava dormindo na cama, dormindo profundamente, e todo vestido. Com roupas ensanguentadas. Uma bacia no quarto cheia de sangue. O pai não conseguiu acordá-lo. Na manhã seguinte vieram lhe informar de umas ovelhas que haviam sido degoladas. Ele falou com Hugh. O garoto não sabia de nada. Não se lembrava de ter saído... e os sapatos dele foram encontrados na porta lateral da casa, cobertos de lama. Não sabia explicar o sangue na bacia. Não sabia explicar coisa alguma. O pobre diabo não *sabia* de nada, o senhor precisa compreender.

"Charles me procurou para conversar sobre o assunto. Qual seria a melhor coisa a fazer? Então aconteceu de novo, três noites depois. Depois disso, bem, o senhor pode ver com seus próprios olhos. O garoto tinha de deixar o serviço militar. Se ele ficasse aqui, sob a vigilância de Charles, Charles poderia cuidar dele. Não podia permitir que houvesse um escândalo na Marinha. Sim, era a única coisa a se fazer."

Poirot perguntou:

– E desde então?

Frobisher retrucou com ferocidade:

– Não vou responder mais nenhuma pergunta. Não acha que Hugh sabe melhor da própria vida?

Hercule Poirot não respondeu. Era sempre avesso a admitir que qualquer pessoa pudesse saber mais do que ele, Hercule Poirot.

III

Quando voltaram para o saguão, encontraram o almirante Chandler, que vinha entrando. Ele parou por um momento, uma figura negra recortada contra a luz intensa que vinha de fora.

Disse com voz baixa e brusca:

– Ah, aqui estão vocês. Sr. Poirot, gostaria de ter uma palavrinha com o senhor. Venha até o meu escritório.

Frobisher saiu pela porta aberta, e Poirot seguiu o almirante. Teve a sensação de que fora intimado a subir ao convés para se explicar.

O almirante fez um gesto para que Poirot se acomodasse em uma das grandes poltronas, e ele próprio sentou-se na outra. Poirot, enquanto conversava com Frobisher, ficara impressionado com sua inquietude, nervosismo e irritabilidade; todos os sinais de uma grande tensão mental. O almirante Chandler lhe causou uma impressão de desesperança, um desespero silencioso e profundo...

Com um fundo suspiro, Chandler falou:

– Não posso deixar de lamentar que Diana o tenha trazido para o meio de tudo isso... Pobre criança, sei como é difícil para ela. Mas, bem, é a nossa tragédia particular, e acho que compreenderá, sr. Poirot, que não queremos a presença de intrusos.

– Posso entender como se sente, é claro.

– Diana, pobre criança, não consegue acreditar... *Eu* não pude acreditar de início. É provável que não acreditasse agora se não soubesse...

Ele se interrompeu.

– Soubesse o quê?

– Que a coisa está no sangue. A mácula, quero dizer.

– E ainda assim o senhor concordou com o noivado?

O almirante Chandler corou.

– Quer dizer que eu deveria tê-lo impedido desde o início? Mas na época eu não fazia ideia. Hugh parece com a mãe, não há nada nele que faça lembrar os Chandler. Esperava que ele tivesse puxado a ela em todos os sentidos. Desde a infância, nunca houve um traço de anormalidade nele, até agora. Eu não tinha como saber... Inferno! Há um traço de loucura em quase todas as famílias antigas!

Poirot questionou com suavidade:

– O senhor não consultou um médico?

Chandler rugiu:

– Não, e nem vou! O garoto está bem seguro aqui, comigo tomando conta. Eles não vão trancafiá-lo entre quatro paredes como se fosse uma fera selvagem...

– O senhor diz que ele está seguro aqui. Mas e a segurança dos *outros*?

– O que quer dizer com isso?

Poirot não respondeu. Olhou com calma nos olhos tristes e escuros do almirante Chandler.

O almirante disse, amargurado:

– Cada homem faz o que sabe. O senhor está procurando um criminoso! Meu menino *não* é um criminoso, sr. Poirot.

– Não. Ainda.

– O que você quer dizer com "ainda"?

– Essas coisas tendem a se agravar... Aquelas ovelhas...

– Quem lhe contou sobre as ovelhas?

– Diana Maberly. E também o seu amigo, coronel Frobisher.

– George faria melhor mantendo o bico calado.

– Ele é seu amigo de muito longa data, não é?

– Meu melhor amigo – disse o almirante com rispidez.

– E era amigo de... sua esposa também?

Chandler sorriu.

– Sim. Acredito que George era apaixonado por Caroline. Quando ela ainda era muito jovem. Nunca se casou. Creio que esse seja o motivo. Ah, a sorte foi minha... ou pelo menos assim achei. Eu a tomei... apenas para perdê-la.

Ele suspirou, e seus ombros arquearam.

– O coronel Frobisher estava com o senhor quando sua mulher... se afogou? – perguntou Poirot.

Chandler confirmou.

– Sim, ele estava conosco na Cornualha quando tudo aconteceu. Ela e eu havíamos saído no barco, e ele ficou em casa naquele dia. Nunca entendi como aquele barco emborcou... Deve ter se originado de um rombo repentino do casco. Estávamos bem no meio da baía... corria uma maré forte. Eu a segurei enquanto pude... – sua voz falhou. – O corpo dela foi atirado à praia dois dias depois. Graças a Deus não havíamos levado o pequeno Hugh conosco! Pelo menos, foi o que pensei na época. Agora... bem... talvez fosse melhor para Hugh, pobre diabo, se *tivesse* ido conosco. Se tudo tivesse acabado naquele dia...

Mais uma vez soltou aquele suspiro profundo e sem esperança.

– Somos os últimos Chandler, sr. Poirot. Não haverá mais Chandler em Lyde Manor depois da *nossa* morte. Quando Hugh ficou noivo de Diana, tive esperanças... bem, não adianta nada falar nisso. Graças a Deus, eles não se casaram. É tudo que posso dizer!

IV

Hercule Poirot estava sentado em um banco no jardim das rosas. Ao seu lado, sentava-se Hugh Chandler. Diana Maberly acabara de deixá-los.

O rapaz virou um rosto belo e angustiado para o seu companheiro, e disse:

– Você tem que fazer com que ela entenda, sr. Poirot.

Ele fez silêncio por um minuto e então continuou:

– O senhor vê, Di é uma lutadora. Ela não desiste. Não aceita o que ela tem que aceitar. Está *determinada* a continuar acreditando que eu... estou são.

– Enquanto que o senhor tem certeza absoluta de que está... perdoe a palavra... insano?

O rapaz estremeceu e respondeu:

– Na verdade ainda não estou completamente ensandecido... mas a coisa está piorando. Diana não sabe, Deus a abençoe. Ela ainda não me viu nas horas em que não está... tudo bem comigo.

– E quando está... tudo mal, o que acontece?

Hugh Chandler respirou fundo e relatou:

– Para início de conversa, eu *sonho*. E quando sonho, *estou* louco. Noite passada, por exemplo... eu não era mais homem. Era antes de tudo um touro, um touro ensandecido, correndo por aí sob a luz do sol... sentindo gosto de poeira e sangue na boca... poeira e sangue... E então eu era um cachorro, um cachorro enorme e que babava. Eu tinha hidrofobia, as crianças se dispersavam e fugiam quando eu aparecia, homens tentavam atirar em mim... alguém me deu uma grande vasilha de água e não consegui beber. *Não consegui beber...*

Fez uma pausa.

– Acordei. *E sabia que era verdade.* Fui até o lavatório. Minha boca estava crestada, horrivelmente crestada, e seca. Eu estava com sede. Mas não consegui beber, sr.

Poirot... Não podia engolir... Ah, meu Deus, *era impossível beber...*

Hercule Poirot emitiu um suave murmúrio. Hugh Chandler continuou. Agarrava os joelhos com as mãos. Seu rosto pendia para frente, os olhos estavam semicerrados, como se visse algo vindo em sua direção.

– E tem as coisas que não são sonhos. Coisas que vejo quando estou acordado. Fantasmas, formas aterradoras. Zombam de mim. E às vezes consigo voar, deixar a minha cama e voar pelos ares, cavalgar os ventos, e demônios me fazem companhia!

– Tcha, tcha – disse Hercule Poirot.

Era um ruído pequeno, gentil, mas de menosprezo.

Hugh Chandler virou-se para ele.

– Ah, mas não há dúvida nenhuma. Está no meu sangue. É a herança da minha família. Não tenho escapatória. Graças a Deus descobri a tempo! Antes de me casar com Diana. Imagine se tivéssemos um filho e passássemos essa coisa terrível para ele!

Pousou uma mão no braço de Poirot.

– *O senhor precisa fazer com que ela compreenda*. Precisa contar a ela. Ela tem que esquecer. *Tem* que esquecer. Vai aparecer outra pessoa algum dia. Há o jovem Steve Graham... ele é louco por ela e é uma pessoa boníssima. Ela seria feliz com ele... e estaria em segurança. Eu quero que ela... seja feliz. Graham não tem muito dinheiro, é claro, e a família dela idem, mas quando eu for embora eles ficarão bem.

A voz de Hercule o interrompeu.

– Por que é que eles ficarão "bem" quando o senhor for embora?

Hugh Chandler sorriu. Era um sorriso gentil, adorável. Ele disse:

– Há o dinheiro de minha mãe. Ela herdou uma fortuna, sabe? Passou para mim. Deixei tudo para Diana.

Hercule Poirot recostou-se na cadeira e exclamou:

– Ah!

E então:

– Mas o senhor pode viver por muito tempo, sr. Chandler.

Hugh Chandler negou com a cabeça. Ele falou, com intensidade:

– Não, sr. Poirot. Não vou chegar à velhice.

Então se retraiu, com um arrepio súbito.

– Meus Deus! Veja! – Ele olhou fixamente por sobre o ombro de Poirot. – *Ali...* perto do senhor... é um esqueleto... os ossos dele estão tremendo. Está me cumprimentando... acenando...

Seus olhos, com pupilas muito dilatadas, encararam a luz do sol. De repente se inclinou para o lado, como se estivesse desmaiando.

Então, voltando-se para Poirot, disse numa voz quase infantil:

– O senhor não viu... *nada*?

Com calma, Hercule Poirot abanou a cabeça.

Hugh Chandler revelou numa voz rouca:

– Isso não me incomoda tanto, ver coisas. *É do sangue que tenho medo*. O sangue no meu quarto, nas minhas roupas... Nós tínhamos um papagaio. *Numa manhã o encontrei no meu quarto, degolado*, e eu estava deitado na cama com a navalha nas mãos, úmida do sangue dele!

Ele chegou mais perto de Poirot.

– Há poucos dias mesmo houve outros assassinatos – ele sussurrou. – Em todos os cantos, na aldeia, lá fora nas colinas. Ovelhas, cordeirinhos, um collie. Papai me tranca de noite, mas às vezes... às vezes... a porta está aberta pela manhã. Eu devo ter uma chave escondida em algum lugar, mas não sei onde escondi. *Não sei*. Não sou *eu* quem faz essas coisas, é alguém que entra em mim, que toma posse de mim, que me transforma, de homem em um monstro desvairado que quer sangue e não consegue beber água...

De repente, enterrou o rosto nas mãos.

Depois de um ou dois minutos, Poirot perguntou:

– Eu ainda não entendo por que o senhor não foi ver um médico.

Hugh Chandler negou com a cabeça e explicou:

– O senhor não entende mesmo? Fisicamente, sou forte. Forte como um touro. Posso viver anos, anos, trancado entre quatro paredes! É isso que não posso suportar! Seria melhor morrer de uma vez por todas... Não é impossível, sabe. Um acidente, limpando uma arma... esse tipo de coisa. Diana vai compreender... Eu preferiria ir com minhas próprias pernas.

Olhou com um ar de desafio para Poirot, mas Poirot não mordeu a isca. Em vez disso, perguntou com voz macia:

– O que o senhor come e bebe?

Hugh Chandler atirou a cabeça para trás e deu uma sonora gargalhada.

– Pesadelos causados por indigestão? Essa é a sua ideia?

Poirot apenas repetiu, com suavidade:

– O que o senhor come e bebe?

– O mesmo que todo mundo come e bebe.

– Nenhum medicamento específico? Cápsulas? Pílulas?

– Meu Deus, não. Realmente acha que uma pílula qualquer curaria meu problema? – Ele citou, com menosprezo: – "Podes então curar a mente enferma?"

Seco, Hercule Poirot respondeu:

– Estou tentando. Alguém nesta casa tem algum problema nos olhos?

Hugh Chandler o encarou e respondeu:

– Os olhos de papai lhe trouxeram muitos problemas. Ele tem que ir ao oculista com bastante regularidade.

– Ah! – Poirot meditou por um momento ou dois. E então perguntou:

– O coronel Frobisher, suponho, passou grande parte da vida na Índia?

– Sim, serviu no exército indiano. Ele gosta muito da Índia, fala muito de lá, das tradições nativas, esse tipo de coisa.

Poirot, outra vez, murmurou um "Ah!".

E então observou:

– Percebo que o senhor cortou seu queixo.

Hugh levantou a mão.

– Sim, foi um corte bem feio. Meu pai me assustou um dia desses, enquanto eu fazia a barba. Ando um pouco nervoso esses dias, sabe. E tive uma certa irritação no queixo e no pescoço. Fica mais difícil barbear.

Poirot disse:

– Devia usar um creme emoliente.

– Ah, eu uso. Tio George me deu um.

Ele deu uma gargalhada súbita.

– Estamos tendo uma conversa de cabeleireiro. Loções, cremes emolientes, pílulas, problema nos olhos. O que isso tudo quer dizer? Onde quer chegar, sr. Poirot?

Poirot disse com tranquilidade:

– Estou tentando fazer o melhor que posso por Diana Maberly.

O humor de Hugh mudou. Seu rosto ficou sério. Ele pousou a mão no braço de Poirot.

– Sim, faça o que puder por ela. Diga que ela precisa esquecer. Diga pra ela que de nada adianta ter esperanças... Conte algumas coisas que lhe contei... Diga a ela... ah, diga a ela para pelo amor de Deus ficar longe de mim! Essa é a única coisa que ela pode fazer para me ajudar no momento. Ficar longe, e tentar esquecer!

V

– A senhorita tem coragem, mademoiselle? Muita coragem? Vai precisar dela.

Diana soltou um grito:

– Então é verdade. É verdade? Ele *está* louco?

Hercule Poirot respondeu:

– Não sou um alienista, mademoiselle. Não sou eu quem pode dizer, "este homem é são, aquele é louco".

Ela se aproximou dele.

– O almirante Chandler acha que Hugh está louco. George Frobisher acha que ele está louco. O próprio Hugh acha a mesma coisa...

Poirot olhava para ela.

– E a senhorita, mademoiselle?

– Eu? *Eu digo que ele não está louco*! Foi por isso que...

Ela parou.

– Foi por isso que me procurou?

– Sim. Não poderia ter nenhum outro motivo para procurá-lo, poderia?

– Essa – disse Hercule Poirot – é justamente a pergunta que venho me fazendo, mademoiselle!

– Não entendo o senhor.

– Quem é Stephen Graham?

Ela arregalou os olhos.

– Stephen Graham? Ah, ele... é só um cara.

A moça pegou Poirot pelo braço.

– O que se passa em sua cabeça? No que está pensando? O senhor só fica aí, atrás desse bigode imenso, piscando os olhos no sol, e não me diz nada. Está me deixando com medo, com um medo terrível. *Por que* está me deixando com medo?

– Talvez – disse Poirot – por eu mesmo estar com medo.

Os profundos olhos cinzentos se abriram por completo, encarando-o. Ela disse, num sussurro:

– Do que está com medo?

Hercule Poirot suspirou. Um suspiro profundo. Ele prosseguiu:

– É muito mais fácil pegar um assassino do que evitar um assassinato.

Ela gritou:

– Assassinato? Não diga essa palavra.

– Ainda assim – disse Hercule Poirot – eu a utilizo.

Ele alterou seu tom de voz, falando rápido e com autoridade.

– Mademoiselle, é necessário que tanto eu quanto a senhorita passemos a noite em Lyde Manor. Conto com a senhorita para tomar as providências. Pode fazer isso?

– Eu... sim, acho que sim. Mas por quê...?

– *Porque não há tempo a perder.* A senhorita me disse que tem coragem. Prove essa coragem agora. Faça o que eu pedir, sem perguntas.

Ela assentiu sem dizer palavra e deu meia-volta.

Poirot a seguiu para dentro da casa após alguns instantes. Ouvia a voz dela na biblioteca e as vozes de três homens. Subiu a ampla escadaria. Não havia ninguém no piso superior.

Não teve dificuldades para encontrar o quarto de Hugh Chandler. No canto do quarto havia uma pia, com água quente e fria. Sobre esta, em uma prateleira de vidro, havia vários tubos, vasilhas e frascos.

Hercule Poirot, com rapidez e destreza, pôs as mãos à obra...

O que ele tinha a fazer não lhe tomou muito tempo. Estava no andar de baixo novamente, no saguão, quando Diana saiu da biblioteca, parecendo corada e revoltada.

– Está tudo bem – ela disse.

O almirante Chandler levou Poirot para a biblioteca e fechou a porta. Declarou:

– Olhe aqui, sr. Poirot. Eu não gosto disso.

– Do que não gosta, almirante Chandler?

– Diana insistiu que o senhor e ela passassem a noite aqui. Não quero faltar com a hospitalidade...

– Não é uma questão de hospitalidade.

– Como eu dizia, não gosto de faltar com a hospitalidade, mas para ser franco não gosto disso, sr. Poirot. Eu... eu não quero. E não entendo o motivo disso. Que benefício isso pode trazer?

– Digamos que é um experimento que vou tentar.

– Que tipo de experimento?

– Isso, se me perdoa, compete a mim...

– Ora, olhe aqui, sr. Poirot, para início de conversa eu não o convidei...

Poirot interrompeu:

– Acredite em mim, almirante Chandler, entendo e aprecio o seu ponto de vista. Estou aqui única e simplesmente por causa da obstinação de uma moça apaixonada. O senhor me contou certas coisas. O coronel Frobisher me contou certas coisas. O próprio Hugh me contou algumas coisas... Agora, eu quero ver com meus próprios olhos.

– Certo, mas ver *o quê*? Estou lhe dizendo, não há nada para ver! Eu tranco Hugh no quarto dele toda noite, e isso é tudo.

– Mas ainda assim, algumas vezes, ele me diz que a porta não se encontra trancada pela manhã.

– Como é?

– O senhor mesmo já não encontrou a porta destrancada?

Chandler franzia a testa.

– Sempre imaginei que George a houvesse destrancado... O que quer dizer com isso?

– Onde o senhor deixa a chave? Na fechadura?

– Não, eu a deixo no baú do lado de fora. Eu, ou George, ou Withers, o criado, a pegamos lá pela manhã. Nós contamos a Withers que é porque Hugh é sonâmbulo... ouso dizer que ele sabe mais, mas é um sujeito leal, está comigo há anos.

– Há uma outra chave?

– Não que eu saiba.

– Seria possível fazer uma cópia.

– Mas quem...

– Seu filho acha que ele mesmo tem uma chave escondida em algum lugar, embora em seu estado de vigília não saiba onde.

O coronel Frobisher, falando desde a extremidade da sala, disse:

– Não gosto disso, Charles... A moça...

O almirante Chandler disparou:

– Era nisso que eu estava pensando. A moça não deve voltar com o senhor. Volte sozinho, se quiser.

Poirot disse:

– Por que não quer a presença da srta. Maberly aqui esta noite?

Frobisher falou numa voz grave:

– É arriscado demais. Nesses casos...

Ele se interrompeu.

Poirot disse:

– Hugh gosta muito dela...

Chandler exclamou:

– Mas é exatamente por *isso*! Maldição, homem, nada é seguro quando se trata de um louco. O próprio Hugh sabe disso. Diana não deve vir para cá.

– Quanto a isso – observou Poirot – Diana deve decidir por si mesma.

Saiu da biblioteca. Diana estava esperando lá fora, no carro. Ela gritou:

– Vamos arranjar o que precisamos para a noite e voltamos a tempo para o jantar.

Enquanto desciam pela longa estrada, Poirot repetiu para ela a conversa que acabara de ter com o almirante e com o coronel Frobisher. Ela riu com escárnio.

– Eles acham que Hugh vai *me* machucar?

Como resposta, Poirot perguntou a ela se se importaria de parar no farmacêutico do vilarejo. Ele esquecera, disse, de trazer a escova de dente consigo.

A farmácia era no meio da tranquila rua do vilarejo. Diana ficou esperando no carro. Ocorreu a ela que Hercule Poirot estava demorando demais para escolher uma escova de dente...

VI

No grande quarto com a pesada mobília elisabetana de carvalho, Hercule Poirot sentou e esperou. Não havia nada a fazer se não esperar. Todas as providências haviam sido tomadas.

Foi quando a madrugada começava que o chamado veio.

Ao som de passos do lado de fora, Poirot destrancou e abriu a porta. Havia dois homens no corredor, dois homens de meia-idade, parecendo mais velhos do que eram. O almirante estava sério e carrancudo, e o coronel Frobisher tinha espasmos e tremores.

Chandler apenas disse:

– Vem conosco, sr. Poirot?

Havia uma figura acocorada no chão, na frente da porta do quarto de Diana Maberly. A luz batia sobre uma cabeleira fulva e desgrenhada. Hugh Chandler estava lá, ofegando estrepitosamente. Usava robe e chinelos. Em sua mão direita havia uma faca brilhante e muito curva. Nem toda a lâmina brilhava: aqui e ali, era obscurecida por manchas de um vermelho reluzente.

Hercule Poirot exclamou baixinho:

– *Mon Dieu!*

Frobisher falou com rispidez:

– Ela está bem. Não tocou nela. – Ele levantou a voz e chamou: – Diana! Somos nós! Nos deixe entrar!

Poirot ouviu o almirante gemer e murmurar a meia-voz:

– Meu garoto. Meu pobre garoto.

Houve um som de trincos sendo abertos. A porta se abriu, e viram Diana de pé diante deles. Seu rosto estava pálido.

Ela perguntou, hesitante:

– *O que aconteceu?* Havia alguém, tentando entrar... Eu ouvi... Sentindo a porta... a maçaneta... arranhando os painéis... Ah! Foi terrível... *Como se fosse um bicho...*

Ríspido, Frobisher disse:

– Graças a Deus sua porta estava trancada!

– O sr. Poirot mandou que eu trancasse.

Poirot ordenou:

– Levantem ele e o levem para dentro.

Os dois homens se curvaram e ergueram o homem inconsciente. Diana recuperou o fôlego com um pequeno suspiro quando passaram por ela.

– Hugh? É Hugh? O que é aquilo... nas mãos dele?

As mãos de Hugh Chandler estavam úmidas e viscosas, com tons de vermelho amarronzado.

Diana perguntou num sopro:

– Isso é sangue?

Poirot olhou curioso para os dois homens. O almirante fez que sim. Ele disse:

– Não é humano, graças a Deus! Um gato! Eu o encontrei no andar de baixo, no saguão. Degolado. Depois disso ele deve ter subido até aqui...

– *Até aqui?* – o pavor tornava grave a voz de Diana. – *Atrás de mim?*

O homem na cadeira remexeu-se e resmungou. Todos o olharam, fascinados. Hugh Chandler endireitou-se na cadeira. Piscou os olhos.

– Oi... – sua voz parecia confusa, trêmula. – O que aconteceu? Por que estou...?

Ele se interrompeu. Olhava para a faca que ainda tinha na mão fechada.

Perguntou com voz lenta e grossa:

– *O que foi que eu fiz?*

Seus olhos passaram de um para outro. Pousaram por último em Diana, que se encolhia contra a parede. Ele indagou em voz baixa:

– Ataquei a Diana?

Seu pai balançou a cabeça. Hugh disse:

– *Me contem o que aconteceu*! Eu preciso saber!

Eles contaram, contaram a contragosto, a duras penas. A perseverança silenciosa de Hugh lhes extraiu a história.

Lá fora, do outro lado da janela, o sol nascia. Hercule Poirot abriu uma das cortinas. O brilho da alvorada invadiu o quarto.

O rosto de Hugh Chandler estava sereno, sua voz, firme.

Ele disse:

– Entendo.

E então se levantou. Sorriu e espreguiçou-se. Sua voz parecia bastante natural quando comentou:

– Linda manhã, hein? Acho que vou tentar pegar um coelho no bosque.

Saiu do quarto sendo observado por todos.

Então o almirante fez menção de segui-lo. Frobisher o pegou pelo braço.

– Não, Charles, não. É a melhor saída... para ele, pobre diabo, mesmo que para mais ninguém.

Diana havia se jogado na cama, aos soluços.

O almirante Chandler falou, a voz lhe saindo desigual:

– Você está certo, George... Está certo, eu sei. O garoto tem colhões...

Frobisher disse com voz também entrecortada:

– *Ele é um homem*...

Houve um momento de silêncio, e então Chandler perguntou:

– Inferno, onde está aquele maldito estrangeiro?

VII

Na sala de armas, Hugh Chandler havia retirado a sua arma do suporte e a estava carregando quando a mão de Hercule Poirot pousou sobre seu ombro.

A voz de Hercule Poirot emitiu uma palavra e o fez com uma estranha autoridade. Ele disse:

– *Não!*

Hugh Chandler olhou para ele, surpreso. Falou numa voz grossa e zangada:

– Tire suas mãos de mim. Não se meta. *Vai haver um acidente*, estou lhe dizendo. É a única saída.

Mais uma vez Hercule Poirot repetiu aquela única palavra:

– Não.

– Não entende que, se não fosse pelo acaso da porta dela estar trancada, eu teria cortado a garganta de Diana... de Diana!... com aquela faca?

– Eu não compreendo nada disso. O senhor não teria matado a srta. Maberly.

– Eu matei aquele gato, não matei?

– Não, o senhor não matou o gato. Não matou o papagaio. Não matou as ovelhas.

Hugh olhou para ele, perplexo, e perguntou:

– É *o senhor* que está louco ou sou eu?

Hercule Poirot respondeu:

– *Nenhum de nós está louco.*

Foi nesse momento que o almirante Chandler e o coronel Frobisher entraram. Atrás deles vinha Diana.

Hugh Chandler falou, numa voz fraca e entorpecida:

– Esse sujeito diz que não estou louco...

Hercule Poirot disse:

– Fico feliz em informá-lo de que se encontra inteira e completamente são.

Hugh gargalhou. Foi uma gargalhada que, aos olhos do povo, seria vista como a de um lunático.

— Isso é engraçado pra diabo! Pessoas sãs, me diga o senhor, cortam gargantas de ovelhas e de outros animais? Eu estava bem da cabeça quando matei aquele papagaio? E o gato essa noite?

— Estou lhe dizendo que o senhor não matou as ovelhas... nem o papagaio, nem o gato.

— Quem matou então?

— *Alguém que tinha no coração o único objetivo de provar que o senhor está louco.* Em cada uma das ocasiões lhe deram um sonífero pesado, e uma faca ou navalha manchada de sangue foi colocada perto do senhor. As mãos ensanguentadas que se limparam na sua pia eram de outra pessoa.

— Mas por quê?

— Para que o senhor fizesse o que estava prestes a fazer quando o impedi.

Hugh arregalou os olhos. Poirot virou-se para o coronel Frobisher.

— Coronel Frobisher, o senhor viveu por muitos anos na Índia. Nunca viu casos em que pessoas eram deliberadamente levadas à loucura pela administração de drogas?

O rosto do coronel Frobisher iluminou-se. Respondeu:

— Nunca vi um caso pessoalmente, mas já ouvi falar deles. Envenenamento por estramônio. Acaba deixando a pessoa maluca.

— Isso mesmo. Bem, o princípio ativo do estramônio é muito próximo, se não idêntico, ao alcaloide atropina, que também é obtido da beladona. Preparados com beladona são bastante comuns, e o próprio sulfato de atropina é receitado livremente para tratamento dos olhos. Ao duplicar uma receita e mandar fazer o medicamento em diferentes lugares, uma grande quantidade do veneno poderia ser obtida sem levantar suspeitas. O alcaloide poderia ser extraído dele e então introduzido num, digamos, creme de barbear para pele irritada. Aplicado externamente, causaria uma reação alérgica, que logo levaria a esfoladuras durante o barbear, e dessa forma a droga estaria entrando continuamente no organismo da pessoa. Isso produziria certos sintomas... boca e garganta secas, dificuldade para engolir, alucinações, visão dupla... *todos os sintomas, de fato, que o sr. Chandler apresentou.*

Ele voltou-se para o rapaz.

– E, para retirar a última dúvida de minha mente, lhe direi que isso não é suposição, é fato. *Seu creme de barbear estava saturado de sulfato de atropina.* Eu peguei uma amostra e fiz com que a testassem.

Pálido, tremendo, Hugh perguntou:

– *Quem fez isso?* Por quê?

Hercule Poirot respondeu:

– É isso o que venho estudando desde que cheguei aqui. Procurando um motivo para um assassinato. Diana Maberly teria ganhos financeiros com sua morte, mas não a considerei...

Hugh Chandler disparou:

– Ainda bem que não!

– Imaginei um outro motivo possível. O eterno triângulo; dois homens e uma mulher. O coronel Frobisher fora apaixonado por sua mãe, e o almirante Chandler casou-se com ela.

O almirante Chandler gritou:

– George? George! Me recuso a acreditar.

Hugh sugeriu numa voz incrédula:

– Quer dizer que o ódio poderia passar... para um *filho*?

Hercule Poirot respondeu:

– Sob certas circunstâncias, sim.

Frobisher exclamou:

– Isso é uma mentira das grossas! Não acredite nele, Charles.

Chandler se afastou do amigo e murmurou para si mesmo...

– O estramônio... Índia... sim, entendo... E nunca suspeitaríamos de envenenamento, não com a loucura no sangue da família...

– *Mas oui*! – a voz de Hercule Poirot ergueu-se, aguda e estridente. – *Loucura na família.* Um louco, determinado a vingar-se, sagaz, como são os loucos, escondendo sua loucura por anos – ele voltou-se para Frobisher. – *Mon Dieu*, o senhor *deve* ter descoberto, *deve* ter suspeitado que Hugh é *seu* filho! Por que nunca contou a ele?

Frobisher engoliu a seco e balbuciou:

– Eu não sabia. Não podia ter certeza... Sabe, Caroline me procurou uma vez, estava com medo de alguma coisa... com um problema muito sério. Não sei, nunca soube o que era. Ela... eu... nós perdemos a cabeça. Depois fui embora imediatamente... era a única coisa a fazer, ambos sabíamos que tínhamos que respeitar as regras do jogo. Eu... bem... imaginei, mas não podia ter certeza. Caroline nunca disse nada que me fizesse crer que Hugh *era* meu filho. Então quando esse... essa tendência à loucura apareceu, resolveu as coisas de uma vez por todas, eu achava.

Poirot acrescentou:

– Sim, resolveu as coisas! O *senhor* não conseguia ver o jeito que o rapaz tem de esticar a cabeça para frente e abaixar as sobrancelhas... um tique que ele herdou do *senhor. Mas Charles Chandler viu.* Viu anos atrás, e arrancou a verdade da mulher. Creio que ela tinha medo dele, que começara a mostrar traços de insanidade... foi isso o que a levou aos seus braços... ao senhor, a quem ela sempre amara. Charles Chandler planejou sua vingança. A esposa morreu em um acidente de barco. Os dois haviam saído no barco sozinhos, e ele sabe como aquele acidente aconteceu. Então se dedicou a concentrar o ódio contra o garoto, que levava seu nome, mas que não era seu filho. Suas histórias da Índia lhe deram a ideia de envenenamento por estramônio. Hugh seria levado à loucura aos poucos. Levado até o estágio em que tiraria a própria vida, em desespero. A sede de sangue era de Chandler, não de Hugh. Foi Charles Chandler que foi levado a cortar as gargantas de ovelhas em campos solitários. Mas seria Hugh a pagar o preço!

"Sabem quando foi que suspeitei? Quando o almirante Chandler mostrou-se tão avesso à ideia de seu filho ver um médico. Que Hugh não quisesse era perfeitamente natural. Mas o pai! Poderia haver um tratamento que salvasse o filho; havia mil razões para que *ele* procurasse ouvir uma opinião médica. Mas não, não podia permitir que um médico examinasse Hugh Chandler, para não correr o risco de que ele descobrisse que *Hugh não estava louco*!"

Hugh falou num tom muito baixo:

– Louco... Eu *não* estou louco?

Ele deu um passo na direção de Diana. Frobisher disse, numa voz áspera:

– Você é perfeitamente são. Não há nenhuma mácula em *nossa* família.

Diana disse:

– *Hugh*...

O almirante Chandler pegou a arma de Hugh e declarou:

– Tudo baboseira! Acho que vou ali ver se consigo apanhar um coelho...

Frobisher começou a avançar, mas a mão de Hercule Poirot o impediu. Poirot disse:

– O senhor mesmo disse, agora há pouco, que essa era a melhor solução...

Hugh e Diana haviam saído da sala.

Os dois homens, o inglês e o belga, viram o último dos Chandler cruzar o parque e subir em direção ao bosque.

Logo em seguida, ouviram um tiro...

Capítulo 8

Os cavalos de Diomedes

I

O telefone tocou.

– Alô, Poirot, é você?

Hercule Poirot reconheceu a voz: era o jovem dr. Stoddart. Ele gostava de Michael Stoddart, gostava da cordialidade tímida de seu grande sorriso, divertia-se com seu interesse ingênuo pelo crime, e respeitava-o como um homem trabalhador e arguto em sua profissão.

– Não gosto de incomodá-lo – a voz continuou, e depois hesitou.

– Mas algo está incomodando *você*? – sugeriu Hercule Poirot, num tom sério.

– Exatamente – a voz de Michael Stoddart parecia aliviada. – Acertou de primeira!

– *Eh bien*, o que posso fazer por você, meu amigo?

Stoddart parecia acanhado. Ele gaguejou um pouco ao responder.

– Acho que seria uma o-o-ousadia terrível se eu lhe pedisse para vir aqui a essa hora da noite... M-m-mas eu estou numa r-r-roubada.

– É claro que vou. Sua casa?

– Não, na verdade estou na ruela que passa atrás dela. Conningby Mews. O número é 17. Você poderia vir? Eu ficaria gratíssimo.

– Vou chegar num instante – respondeu Hercule Poirot.

II

Hercule Poirot caminhou pela viela escura, olhando os números das casas. Passava de uma da manhã, e a maior parte das casas parecia dormir, embora ainda houvesse luz em uma ou duas janelas.

Ao chegar ao número 17, a porta se abriu e apareceu o dr. Stoddart, olhando para fora.

– Meu bom homem! – ele disse. – Suba, por favor.

Uma pequena escadinha levava ao andar superior. Lá, à direita, havia uma sala razoavelmente grande, mobiliada com divãs, tapetes, almofadas triangulares cor de prata e uma grande quantidade de copos e garrafas.

Tudo estava um tanto desorganizado, havia bitucas de cigarro por todos os cantos, e muitos copos estavam quebrados.

– Rá! – exclamou Hercule Poirot. – *Mon cher Watson*, deduzo que houve uma festa por aqui!

– Com certeza houve uma festa – voltou Stoddart num tom sombrio. – E que festa, vou lhe dizer!

– Então você mesmo não estava presente?

– Não, estou aqui apenas como profissional.

– O que aconteceu?

Stoddart disse:

– Esse lugar pertence a uma mulher chamada Patience Grace, sra. Patience Grace.

– Parece – observou Poirot – um encantador nome do velho mundo.

– Não há nada de encantador nem de velho mundo a respeito da sra. Grace. Ela é bonita, de um jeito meio durão. Já teve dois maridos, e agora tem um namorado que suspeita que a esteja passando para trás. Eles começaram essa festa com bebidas e terminaram nas drogas... cocaína, para ser mais exato. Cocaína é um negócio que começa te fazendo se sentir simplesmente magnífico, te faz achar que todas as flores são lindas. Você se sente animado e tem impressão de que consegue fazer o dobro do que em geral é capaz. Use muito dela, e você sente uma agitação mental violenta, alucinações e delírios. A sra. Grace teve uma briga pesada com o namorado, um sujeito desagradável chamado Hawker. Resultado, ele a abandonou na hora, e ela se debruçou na janela e tentou dar-lhe um tiro com um revólver novo em folha que alguém teve a idiotice de presentear-lhe.

Hercule Poirot ergueu as sobrancelhas.

– Ela acertou o tiro?

– Ela? Nunca! Passou a muitos metros de distância. O que ela *acertou* foi um pobre vagabundo que estava revirando as lixeiras. Atingiu a parte mole do braço. Ele fez um escândalo, é claro, e a multidão logo estava se acotovelando em volta dele. Ficaram assustados com todo aquele sangue que ele estava perdendo, e foram me buscar.

– E?

– Remendei o ferimento sem problemas. Não era nada sério. Então um ou dois vieram falar com ele e, por fim, ele aceitou algumas notas de cinco libras para não dizer nada a ninguém sobre o assunto. Adorou, o pobre diabo. Um grande golpe de sorte.

– E você?

– Tive um pouco mais de trabalho. A sra. Grace naquele momento estava completamente histérica. Dei-lhe uma injeção e a pus na cama. Havia outra garota que desmaiara... bem jovem, e eu tratei dela também. Nessa hora todos estavam saindo à francesa o mais rápido que podiam.

Ele fez uma pausa.

– E então – sugeriu Poirot – você teve tempo de analisar a situação.

– Isso mesmo – disse Stoddart. – Se o caso fosse o de uma bebedeira comum, bem, o assunto estaria acabado. Mas com drogas é diferente.

– Tem certeza absoluta desses fatos?

– Ah, nenhuma dúvida. Não tem erro. É cocaína, sim. Encontrei um pouco da droga em um estojo de laquê. Eles cheiram, você sabe. A questão é de onde a droga vem. Lembrei que você falou outro dia sobre uma nova onda, e grande ainda por cima, de consumo de drogas, e do aumento do número de viciados.

Hercule Poirot confirmou:

– A polícia ficará interessada na festa que houve essa noite.

Michael Stoddart comentou, infeliz:

– Esse é o problema...

Poirot olhou para ele com interesse subitamente despertado. Perguntou:

– Mas você... não está muito ansioso pela intervenção da polícia?

Michael Stoddart resmungou:

– Pessoas inocentes acabam sendo envolvidas nessas coisas... São intransigentes com elas.

– Sua grande solicitude é para com a sra. Patience Grace?

– Por Deus, não. Mais calejada que ela não há!

Com delicadeza, Hercule Poirot perguntou:

– Seria, então, a outra... a moça?

O dr. Stoddart respondeu:

– Ela é de um certo modo calejada também, é claro. Quero dizer, ela se *descreveria* nesses termos. Mas na verdade ela é muito jovem, um pouco descontrolada, sabe como é... mas é só tolice de criança. Ela se mistura com um bando desses porque acha que é moderno ou que está na moda, algo assim.

Um leve sorriso apareceu nos lábios de Poirot. Ele falou, suave:

– Essa moça, você já a conhecia antes dessa noite?

Michael Stoddart fez que sim com a cabeça. Parecia muito jovem e encabulado.

– Topei com ela em Mertonshire. No baile da caça. O pai dela é um general reformado, violento, fala muito em guerras, *pukka sahib*, todas essas coisas. Tem quatro filhas, e todas são um pouco rebeldes... eu diria que precisam ser, com um pai como aquele. E a região onde vivem não é das melhores... perto de fábricas de armas, com muito dinheiro rolando... Nada do bom e velho estilo do interior: é um grupo de ricos, e a maioria deles bastante depravada. As garotas estão metidas com um grupo nada bom.

Hercule Poirot olhou pensativo para o amigo por alguns minutos. Então indagou:

– Percebo agora por que desejava a minha presença. Quer pôr o caso em minhas mãos?

– Você poderia? Sinto que devo fazer alguma coisa quanto a isso... mas confesso que gostaria de manter Sheila Grant longe dos holofotes, se pudesse.

– É possível providenciar isso, imagino. Gostaria de ver a moça.

– Venha comigo.

Ele foi na frente e saiu da sala. Uma voz aflita chamou, vinda de uma porta em frente.

– Doutor... pelo amor de Deus, doutor, estou enlouquecendo!

Stoddart entrou no quarto. Poirot o seguiu. O quarto estava num caos absoluto... pó espalhado pelo chão, bules e vasos por todo canto, roupas jogadas. Na cama estava uma mulher com cabelos anormalmente loiros e um rosto vazio e maligno. Ela gritou.

– Os insetos estão andando por cima de mim toda... Sim. Juro que estão. Estou ficando louca... Pelo amor de Deus, me dê alguma injeção.

O dr. Stoddart parou na cabeceira da cama. Seu tom de voz era calmo... profissional.

Hercule Poirot saiu do quarto em silêncio. Havia uma outra porta logo em frente. Ele a abriu.

Era um quarto pequeninho, apenas uma faixa estreita, mobiliado com simplicidade. Na cama, deitava-se imóvel uma figura esguia e que parecia ser uma menina.

Hercule Poirot foi na ponta dos pés até a cabeceira e olhou para a moça.

Cabelos negros, um rosto longo e pálido... e... sim, jovem, muito jovem...

Uma centelha branca surgiu por entre as pálpebras da garota. Seus olhos se abriram, olhos alarmados, assustados. Ela olhou fixamente, sentou-se, agitando a cabeça num esforço de jogar para trás a espessa juba de cabelos preto-azulados. Parecia uma eguinha amedrontada... retraiu-se um pouco, como um animal selvagem se encolhe quando suspeita de um desconhecido que lhe oferece comida.

Questionou, e sua voz era jovem, fina e brusca:

– Quem diabo é você?

– Não tenha medo, mademoiselle.

– Onde está o dr. Stoddart?

Nesse exato instante, o rapaz entrou no quarto. A moça disse com alívio na voz:

– Ah! Aí está você! Quem é ele?

– É um amigo meu, Sheila. Como está sentindo-se agora?

Respondeu:

– Péssima. Muito mal... Por que fui usar aquela coisa horrível?

Stoddart falou secamente:

– Eu se fosse você não faria de novo.

– Eu... eu não vou.

Hercule Poirot perguntou:

– Quem lhe deu a droga?

Os olhos dela se arregalaram, o lábio superior estremeceu um pouco. Disse:

– A coisa estava aqui, na festa. Todos nós experimentamos. No começo foi maravilhoso.

Hercule Poirot perguntou com suavidade:
– Mas quem a trouxe para cá?
Ela abanou a cabeça.
– Não sei... Talvez tenha sido Tony. Tony Hawker. Mas na verdade não sei mesmo.
Poirot perguntou:
– Foi a primeira vez que usou cocaína, mademoiselle?
Ela confirmou.
– É melhor que seja a última – disse Stoddart.
– Sim, acho que sim, mas foi *mesmo* maravilhoso.
– Olhe aqui, Sheila Grant – disse Stoddart. – Sou médico e sei do que estou falando. Entre nesse hábito sujo de tomar drogas e você vai acabar num tormento inacreditável. Já vi casos e sei como é. As drogas arruínam as pessoas, o corpo e a alma. O álcool é um piquenique no parque se comparado às drogas. Pare com isso já, nesse exato minuto. Acredite em mim, não é nada divertido! O que acha que seu pai diria do que aconteceu hoje?
– Pai? – a voz de Sheila Grant se ergueu. – Pai? – começou a rir. – Consigo imaginar direitinho a cara dele! Ele não pode saber. Teria um ataque!
– E estaria muito certo – disse Stoddart.
– Doutor... doutor... – a prolongada lamúria que era a voz da sra. Grace chegou até eles, vindo do outro quarto.

Stoddart resmungou algo pouco elogioso, bem baixinho, e saiu.

Sheila Grant mais uma vez fixou o olhar em Poirot. Estava intrigada. Interrogou:
– Quem é você de verdade? Você não estava na festa.
– Não, eu não estava na festa. Sou um amigo do dr. Stoddart.
– É médico também? Não parece um médico.

— Meu nome – disse Poirot, conseguindo, como de hábito, fazer a simples frase soar como a última frase antes do cair do pano do primeiro ato de uma peça – meu nome é Hercule Poirot...

A frase não fracassou em gerar o efeito desejado. Ocasionalmente, Poirot aflige-se ao descobrir que a insensível geração mais nova jamais ouvira falar nele.

Mas estava claro que Sheila Grant ouvira falar dele. Ela estava pasma, estupefata. Ela o encarava e encarava...

III

Já se disse, com ou sem justificativa para a afirmação, que todo mundo tem uma tia que mora em Torquay.

Já se disse também que todo mundo tem pelo menos um primo de segundo grau vivendo em Mertonshire. Mertonshire encontra-se a uma distância razoável de Londres, lá se pratica caça, tiro ao alvo e pesca, e se encontram diversos vilarejos muito pitorescos, mas um tanto artificiais, tem boas ferrovias e uma nova autoestrada facilita ir e vir da metrópole. Os criados têm menos objeções ao lugar do que a outras partes mais rurais das Ilhas Britânicas. Desta forma, é quase impossível viver em Mertonshire a menos que se tenha uma renda que chegue aos quatro dígitos, e com o imposto de renda e outras coisas mais, cinco dígitos é melhor.

Hercule Poirot, sendo estrangeiro, não possuía primos de segundo grau no interior, mas já amealhara um grande círculo de amizades, e não encontrava dificuldades em ser convidado para uma visita naquela parte do mundo. Ele havia, ademais, selecionado como anfitriã uma estimada senhora cujo maior deleite era exercitar sua língua a respeito dos vizinhos, a única desvantagem sendo que Poirot tinha de se conformar a ouvir muito sobre pessoas pelas quais ele não nutria o menor interesse, antes de entrar no assunto das pessoas em que estava interessado.

– As Grant? Ah sim, são quatro. Quatro meninas, na verdade. Não me espanta que o pobre general não consiga controlá-las. O que um homem pode fazer com quatro garotas? – As mãos de lady Carmichael se ergueram com muita eloquência no ar. Poirot disse:

– É verdade?

E a senhora continuou:

– Costumava impor muita disciplina no regimento, foi o que ele me contou. Mas não é páreo para aquelas meninas. Não é como quando eu era jovem. O velho coronel Sandys era tão ditatorial, lembro bem, que suas pobres filhas...

(Longa digressão sobre as provações das meninas da família Sandys e de outras amigas da juventude de lady Carmichael.)

– Veja bem – disse lady Carmichael, retornando a seu tema original. – Não digo que haja algo de fato errado com aquelas meninas. Só têm muita vitalidade, e andam com as pessoas erradas. Não é mais como costumava ser. Pessoas muito estranhas vêm para cá. Não existe mais o que você poderia chamar de "aristocracia". É tudo dinheiro, dinheiro, dinheiro hoje em dia. E a gente ouve as histórias mais esquisitas! Quem foi que você disse? Anthony Hawker? Ah sim, conheço. É o que chamo de um rapaz muito desagradável. Mas pelo visto nada em dinheiro. Vem aqui para caçar, e dá festas, festas muito opulentas, e muito peculiares também, se a gente acreditar no que ouve. Não que eu acredite, porque acho que as pessoas são muito ruins. Sempre acreditam no pior. Você sabe, virou moda dizer que alguém bebe ou usa drogas. Alguém me disse outro dia que as moças são bêbadas natas, e eu realmente não acho que isso seja uma coisa agradável de se dizer. E se alguma pessoa se comporta de algum modo peculiar ou misterioso, todos falam: "drogas", e isso também não é justo. Dizem isso sobre a sra. Larkin e, embora eu não goste dessa senhora, realmente acho que não passa de uma pessoa distraída. Ela é grande amiga do seu Anthony Hawker e, é por isso, se você me pergunta, que ela desgosta tanto das meninas da família Grant. Diz que são devoradoras de homens! Ouso dizer que elas correm um pouco atrás dos homens, mas por que não fariam isso? Afinal, é algo natural. E elas são atraentes, todas elas.

Poirot a interrompeu com uma pergunta.

– A sra. Larkin? Meu querido, não adianta me perguntar *quem* ela é. Hoje em dia como dizer quem é uma pessoa? Dizem que cavalga muito bem e não há dúvidas de que é abastada. O marido trabalhava com finanças. É viúva, não divorciada. Ela não está aqui há muito tempo, chegou pouco depois dos Grant. Sempre achei que ela...

A velha senhora Carmichael se interrompeu. Sua boca se abriu, seus olhos se esbugalharam. Inclinando-se para a frente, deu um golpe ríspido nos nós dos dedos de Poirot com um corta-papel que estava segurando. Ignorando sua expressão de dor ela exclamou, excitada:

– Ora, mas é claro! Então é *por isso* que veio aqui! Sua criatura detestável e mentirosa, insisto que me conte tudo sobre o caso.

– Mas sobre o que eu deveria lhe contar?

Lady Carmichael preparou outro golpe brincalhão, que Poirot habilmente evitou.

– Não se faça de ostra, Hercule Poirot! Posso ver a vibração dos seus bigodes. É claro que foi o *crime* que o trouxe até aqui, e você está me interrogando no maior descaro! Deixe-me ver, será que é assassinato? Quem morreu nesses dias? Somente a velha Louisa Gilmore, e ela tinha 85 e estava com edema também. Não pode ser ela. O pobre Leo Staverson quebrou o pescoço no campo de caça e está todo engessado... não pode ser isso. Talvez não seja assassinato. Que pena! Não consigo me lembrar de nenhum roubo de joias incomum nos últimos tempos...

Talvez você esteja só procurando um criminoso... É Beryl Larkin? Ela *realmente* envenenou o marido? Talvez seja o remorso que faça ela ser tão distraída.

– Madame, madame! – exclamou Hercule Poirot. – Não consigo acompanhar sua velocidade.

– Besteira. Você está tramando alguma coisa, Hercule Poirot.

– A senhora conhece os clássicos, madame?

– O que os clássicos têm a ver com isso?

– Têm a ver com o seguinte. Estou emulando meu grande predecessor, Hércules. Um dos trabalhos de Hércules foi domar os cavalos selvagens de Diomedes.

– Não me diga que você veio até aqui para treinar cavalos! Na sua idade, e sempre usando sapatos de couro envernizado! Não acho que alguma vez na vida tenha montado em um cavalo!

– Os cavalos, madame, são simbólicos. Eles eram cavalos selvagens que se alimentavam de carne humana.

– Que desagradável da parte deles. Sempre achei que esses gregos e romanos antigos eram muito desagradáveis. Não consigo imaginar por que os sacerdotes gostam tanto de citar os clássicos... para início de conversa nunca se entende o que eles querem dizer, e sempre me parece que os clássicos como um todo são muito inadequados para sacerdotes. Tanto incesto, e todas aquelas estátuas sem roupas... Não que eu ache ruim, mas sabe como são os sacerdotes, ficam muito zangados se as meninas vão à igreja sem meias... Deixa ver, onde eu estava mesmo?

– Não sei muito bem.

– Quer dizer, seu patife, que simplesmente não vai me dizer se a sra. Larkin envenenou o marido? Ou talvez Anthony Hawker seja o assassino do porta-malas de Brighton?

Ela o olhou, esperançosa, mas o rosto de Hercule Poirot permaneceu impassível.

– Pode ser um caso de falsificação – especulou lady Carmichael. – É verdade que eu vi a sra. Larkin no banco outro dia de manhã, e ela havia acabado de sacar um cheque de cinquenta libras para si mesma... Na hora me pareceu uma quantia muito grande para se querer em dinheiro vivo. Ah não, é ao contrário, se ela fosse uma falsária, ela estaria depositando, não é? Hercule Poirot, se ficar aí sentado me olhando com essa cara de coruja sem dizer nada, vou jogar alguma coisa em você.

– Precisa ter um pouquinho de paciência, madame – pediu Poirot.

IV

Ashley Lodge, a residência do general Grant, não era uma casa grande. Estava situada na encosta de uma colina, tinha boas cocheiras e um jardim irregular, bastante descuidado.

Por dentro, era o que um agente imobiliário teria descrito como "inteiramente mobiliada". Budas de pernas cruzadas espiavam para baixo desde nichos convenientes, mesas e bandejas metálicas de Benares obstruíam o piso. Procissões de elefantes enfeitavam as molduras das lareiras, e outras peças metálicas de formatos tortuosos adornavam as paredes.

Em meio àquela casa anglo-indiana, o general Grant estava abrigado em uma grande e surrada poltrona, com uma perna envolta em bandagens repousando em uma cadeira.

– Gota – ele explicou. – Já teve gota, sr... Poirot? Deixa o sujeito com um mau humor dos infernos! Tudo culpa do meu pai. Tomou vinho do Porto a vida inteira, o meu avô também. Isso fez o diabo comigo. Toma alguma coisa? Toque aquela campainha, sim, para chamar meu criado?

Um criado de turbante apareceu. O general Grant o chamou pelo nome, Abdul, e ordenou que trouxesse uísque e soda. Quando as bebidas chegaram, ele serviu uma porção tão generosa que Poirot sentiu-se compelido a protestar.

– Temo que não possa acompanhá-lo, sr. Poirot – o general mirou com tristeza seu tormento de tântalo. – Meu médico diz que uma gota disso é veneno para mim. Acho que ele não sabe é de nada. Sujeitos ignorantes, os médicos. Desmancha-prazeres. Gostam de tirar a comida e a bebida de um homem e mandar ele comer uma papa qualquer como peixe no vapor. Peixe no vapor, puf!

Em sua indignação o general imprudente mexeu o pé doente e emitiu um urro de agonia ao sentir a pontada de dor que se seguiu.

Pediu desculpas pela linguagem.

– Estou que nem um leão com espinho na pata. Minhas meninas mantêm distância quando tenho ataques da gota. Não sei se as culpo. Ouvi dizer que conheceu uma delas.

– Tive o prazer, sim. O senhor tem várias filhas, não é verdade?

– Quatro – disse o general, triste. – Nenhum menino. Quatro malditas garotas. É difícil, hoje em dia.

– Todas muito encantadoras, ouvi dizer.

– Não são ruins, não são ruins. É verdade que eu nunca sei o que elas estão aprontando. Não é possível controlar meninas nos dias de hoje. Tempos frouxos... muita frouxidão em todos os cantos. O que um homem pode fazer? Não posso deixá-las trancadas, posso?

– Suponho que sejam populares na vizinhança.

– Algumas das megeras não gostam delas – respondeu o general Grant. – Há um monte de lobas em pele de cordeiro por aqui. O sujeito precisa tomar cuidado. Uma dessas viúvas de olhos azuis quase me fisgou. Costumava vir aqui ronronando como uma gatinha. "Pobre general

Grant. Deve ter tido uma vida tão interessante!" – O general pestanejou e pressionou o nariz com um dedo.
– Um pouco óbvia demais, sr. Poirot. Bem, como um todo, acho que não é um dos piores lugares do mundo. Um pouco avançado e barulhento demais para o meu gosto. Eu gostava do interior quando era o interior; não todos esses automóveis e o jazz e esse maldito e eterno rádio. Me recuso a ter um, e as meninas sabem disso. Um homem tem direito a um pouco de paz dentro da sua própria casa.

Com delicadeza, Poirot conduziu a conversa para chegar a Anthony Hawker.

– Hawker? Hawker? Não conheço. Sim, na verdade conheço. Sujeito com uma cara desagradável, os olhos muito perto um do outro. Nunca confie num homem que não consegue te olhar na cara.

– Ele é amigo de sua filha Sheila, não é?

– Sheila? Não sabia disso. As meninas nunca me contam nada. – As sobrancelhas convergiram para o nariz; os penetrantes olhos azuis olharam direto nos de Hercule Poirot. – Olhe aqui, sr. Poirot, o que é isso tudo? Se importa de me contar por qual motivo veio me ver?

Poirot falou devagar:

– Isso seria difícil; talvez eu mesmo não saiba. Diria apenas o seguinte: sua filha, Sheila, e talvez todas as suas filhas, fizeram algumas amizades indesejáveis.

– Se meteram com uma turma ruim, foi? Tinha um certo medo disso. A gente ouve alguma coisinha aqui e ali – olhou de forma patética para Poirot. – Mas o que posso fazer, sr. Poirot? O que posso fazer?

Poirot abanou a cabeça, perplexo.

O general Grant continuou:

– O que há de errado com as pessoas com quem elas estão andando?

Poirot respondeu com outra pergunta:

– Já percebeu, general Grant, se alguma de suas filhas tem andado com humor instável, eufórica e depois deprimida... ansiosa... com temperamento incerto?

– Maldição, senhor, está falando como uma bula de remédio. Não, não percebi nada do tipo.

– Isso é bom – disse Poirot, sério.

– O que diabos isso tudo significa, senhor?

– Drogas!

– O quê?

A palavra soou como um rugido.

Poirot disse:

– Está sendo feita uma tentativa de induzir sua filha Sheila a tornar-se uma viciada em drogas. O hábito de consumir cocaína forma-se com muita rapidez. Uma ou duas semanas bastam. Quando o hábito está consolidado, o viciado pagará qualquer coisa, fará qualquer coisa, para conseguir um novo suprimento da droga. O senhor pode imaginar que grande faturamento pode ter a pessoa que vende a droga.

Ouviu em silêncio as pragas incoerentes e coléricas que se despejaram dos lábios do velho. Então, quando o fogo arrefeceu, com uma última descrição ofensiva do que ele, o general, faria com o desgraçado filho disso e daquilo quando o apanhasse, Hercule Poirot concluiu:

– Como diz a admirável sra. Beeton, para fazer sopa de lebre temos primeiro que apanhar a lebre. Quando tivermos apanhado nosso traficante de drogas, o entregarei ao senhor com o maior prazer, general.

Ele se levantou, tropeçou em uma pequena mesa com muitos entalhes, recuperou o equilíbrio agarrando o general, e murmurou:

– Mil perdões, e permita-me fazer um pedido encarecido, general; compreenda, estou lhe *implorando* que não diga absolutamente nada sobre isso para suas filhas...

– O quê? Vou arrancar a verdade delas, é isso que vou fazer!

– É justo isso o que o senhor não vai fazer. Só irá conseguir mentiras.

– Mas com mil diabos, meu senhor...

– Eu lhe garanto, general Grant, o senhor *precisa* conter sua língua. Isso é vital, o senhor compreende? *Vital!*

– Ora, está bem, faça do jeito que preferir – rugiu o velho soldado.

Ele fora vencido, mas não convencido.

Hercule Poirot abriu com cuidado seu caminho entre os metais de Benares e saiu.

V

A sala da sra. Larkin estava lotada.

A própria sra. Larkin estava misturando coquetéis em uma mesa de canto. Era uma mulher alta com cabelos de um vermelho pálido arrumados em um coque na nuca. Seus olhos eram de um tom cinza-esverdeado, com pupilas grandes e negras. Ela se movia com facilidade, com uma espécie de elegância sinistra. Parecia ter pouco mais de trinta anos. Apenas um olhar mais atento deixaria perceber as linhas nos cantos dos olhos e indicaria que era dez anos mais velha do que aparentava.

Hercule Poirot fora levado até lá por uma vigorosa senhora de meia-idade, amiga de lady Carmichael. Viu-se recebendo um coquetel e sendo instruído a levar outro para uma garota que sentava-se à janela. A moça era pequena e loira; seu rosto era branco e rosado e estranhamente angélico. Seus olhos, Poirot percebeu na mesma hora, eram ágeis e desconfiados.

Ele brindou:

– À sua saúde, mademoiselle.

Ela concordou com a cabeça e bebeu. Então disse:

– Você conhece minha irmã.

– Sua irmã? Ah, então é uma das senhoritas Grant?
– Meu nome é Pam Grant.
– E onde está sua irmã hoje?
– Saiu para caçar. Deve voltar logo.
– Conheci sua irmã em Londres.
– Eu sei.
– Ela lhe contou?

Pam Grant confirmou e perguntou de súbito:
– Sheila estava numa enrascada?
– Ela não lhe contou tudo?

A menina negou com a cabeça. E perguntou:
– Tony Hawker estava lá?

Antes que Poirot pudesse responder, a porta se abriu e Hawker e Sheila Grant entraram. Vestiam roupas de caça, e Sheila tinha um risco de lama na bochecha.

– Olá, pessoal, viemos para tomar um drinque. O cantil de Tony está vazio.

Poirot murmurou:
– É só falar nos anjos...

Pam Grant o cortou:
– Diabos, o senhor quer dizer?

Poirot perguntou, seco:
– É assim mesmo?

Beryl Larkin havia se aproximado. Ela disse:
– Aqui está você, Tony. Conte-me sobre a cavalgada. Chegaram até Gelert's Copse?

Ela o conduziu habilmente a um sofá próximo da lareira. Poirot o viu girar a cabeça e olhar para Sheila antes de ir.

Sheila percebera a presença de Poirot. Ela hesitou um minuto, e então se aproximou dos dois que estavam à janela. Perguntou:
– Então *foi* o senhor que apareceu lá em casa ontem?
– Seu pai lhe contou?

Ela fez que não com a cabeça.
– Abdul o descreveu. Eu... deduzi.

Pam exclamou:

– Você foi ver o pai?

Poirot respondeu:

– Ah... sim. Nós temos... alguns amigos em comum.

Pam disse, cortante:

– Não acredito.

– No que não acredita? Que seu pai e eu temos um amigo comum?

A garota corou.

– Não seja idiota. Quis dizer... que não foi realmente esse o motivo...

Voltou-se contra a irmã.

– Por que não diz nada, Sheila?

Sheila ficou surpresa e disse:

– Não teve... não teve nada a ver com Tony Hawker?

– Por que teria? – perguntou Poirot.

Sheila enrubesceu e cruzou a sala para juntar-se aos outros.

Pam afirmou, com súbita veemência, mas numa voz baixa:

– Eu não gosto de Tony Hawker. Ele tem... alguma coisa nele me parece sinistra. E ela também, a sra. Larkin, quero dizer. Olhe só para eles.

Poirot seguiu o olhar da moça.

A cabeça de Hawker estava próxima da de sua anfitriã. Ele parecia a estar acalmando. A voz dela subiu por um instante.

– ...mas não posso esperar. Quero *agora*!

Poirot comentou, com um pequeno sorriso:

– *Les femmes*. Seja lá o que for, elas sempre querem agora, não é?

Mas Pam Grant não respondeu. Estava de cabeça baixa. Ela dobrava e desdobrava com nervosismo a barra de sua saia de tweed.

Poirot murmurou, à guisa de puxar conversa:

– A senhorita é de um tipo muito diferente de sua irmã, mademoiselle.

Ela ergueu a cabeça, sem paciência para banalidades. Disse:

– Sr. Poirot. O que é que Tony tem dado a Sheila? O que é que tem deixado ela... diferente?

Poirot olhou-a nos olhos, e perguntou:

– Alguma vez usou cocaína, srta. Grant?

Ela negou com a cabeça.

– Ah, não! Então é isso? Cocaína? Mas isso não é muito perigoso?

Sheila Grant havia voltado para eles, com um drinque novo na mão. Perguntou:

– O que é perigoso?

Poirot respondeu:

– Estamos conversando sobre os efeitos do consumo de drogas. Da lenta morte da mente e do espírito. Da destruição de tudo que é verdadeiro e bom num ser humano.

Sheila Grant tomou fôlego. O drinque em sua mão oscilou e derramou no chão. Poirot foi em frente:

– Creio que o dr. Stoddart tenha deixado claro para a senhorita exatamente o que essa morte em vida acarreta. É tão fácil começar, tão difícil parar... A pessoa que lucra com o aviltamento e a aflição dos outros é um vampiro que se alimenta de carne e de sangue.

Ele voltou as costas. Atrás de si, ouviu a voz de Pam Grant falar:

– Sheila! – e ouviu um cochicho, um tênue sussurro, de Sheila Grant. Foi tão baixo que ele mal o ouviu. – *O cantil...*

Hercule Poirot despediu-se da sra. Larkin e saiu para o vestíbulo. Sobre a mesa havia um cantil de caça, perto de um chicote e de um chapéu. Poirot pegou-o. Viu as iniciais inscritas: A.H.

Poirot murmurou consigo mesmo:

– O cantil de Tony está vazio?

Poirot o agitou de leve. Não ouvindo som de bebida, desenroscou a tampa.

O cantil de Tony Hawker não estava vazio. Estava cheio. De um pó branco...

VI

Hercule Poirot estava de pé no terraço da casa de lady Carmichael, e fazia apelos a uma moça.

Dizia:

– A senhorita é muito jovem, mademoiselle, acredito que não sabe, não de verdade, o que é que a senhorita e suas irmãs vêm fazendo. Têm se alimentado, como as éguas de Diomedes, de carne humana.

Sheila estremeceu e soluçou. Disse:

– Parece horrível, quando diz dessa maneira. Mas é verdade! Não tinha percebido até aquela noite em Londres, quando o dr. Stoddart conversou comigo. Ele falou tão sério... com tanta sinceridade... Na hora eu vi como era horrível o que eu vinha fazendo... Antes disso eu pensava: Ah! é como tomar um drinque depois do trabalho. Algo pelo qual as pessoas pagavam, mas que na verdade não *importava* tanto assim!

Poirot disse:

– E agora?

Sheila Grant respondeu:

– Farei tudo que o senhor mandar. Eu... vou falar com os outros – ela acrescentou. – Acho que o dr. Stoddart nunca mais vai querer falar comigo...

– Pelo contrário – garantiu Poirot. – Tanto o dr. Stoddart quanto eu estamos preparados para ajudá-la a começar de novo, fazendo tudo que nos for possível. Pode confiar em nós. Mas uma coisa deve ser feita. Há uma pessoa que deve ser destruída, destruída por completo, e somente a senhorita e suas irmãs podem destruí-lo. As provas que as senhoritas fornecerão, e somente elas, irão condená-lo.

– Quer dizer... meu pai?

– Não o seu pai, mademoiselle. Não lhe disse que Hercule Poirot sabe de tudo? Sua fotografia foi reconhecida sem dificuldades pela polícia. A senhorita é Sheila Kelly, uma jovem e persistente ladra de lojas que foi enviada para um reformatório há alguns anos. Quando saiu daquele reformatório, um homem que se chama de general Grant a abordou e ofereceu esse posto, o posto de "filha". Haveria muito dinheiro, muita diversão, prazeres sem fim. Tudo o que tinha de fazer seria apresentar o "pó" aos seus amigos, sempre fingindo que lhe havia sido dado por outra pessoa. Suas "irmãs" se enquadram no mesmo caso que a senhorita.

Poirot fez silêncio por um instante e falou:

– Vamos, mademoiselle. Esse homem precisa ser exposto e condenado. Depois disso...

– Sim, depois...?

Poirot tossiu e disse, com um sorriso:

– Você se dedicará ao serviço dos deuses...

VII

Michael Stoddart encarava Poirot, assombrado. Ele perguntou:

– O general Grant? O general *Grant*?

– Precisamente, *mon cher*. Todo o mise-en-scène, você sabe, era o que você chamaria de "muito falso". Os Budas, os metais de Benares, o criado indiano! E a gota também! A gota está fora de moda. Só cavalheiros velhos, muito velhos têm gota, e não pais de senhoritas de dezenove anos.

"Ademais, tirei toda dúvida possível. Quando levantei-me para ir embora, tropecei e agarrei o pé doente. Tão perturbado estava o cavalheiro com o que eu acabara de dizer que sequer percebeu. Ah, sim, aquele general é muito, muito falso! *Tout de même*, era uma ideia astuta. O general anglo-indiano reformado, a famosa figura cômica com problema no fígado e um temperamento colérico, ele se instala, não entre outros militares anglo-indianos reformados, ah não, mas em um *milieu* caro demais para o militar reformado comum. Há pessoas ricas lá, pessoas de Londres, um campo excelente para vender as mercadorias. E quem suspeitaria de quatro meninas atraentes e cheias de vida? Se algo vier a público, elas são consideradas vítimas, disso não há dúvidas!

– Qual foi mesmo a ideia que o fez procurar aquele diabo velho? Queria deixá-lo assustado?

– Sim. Eu queria ver *o que aconteceria*. Não tive que esperar muito. As meninas receberam ordens. Anthony Hawker, na verdade uma de suas vítimas, seria o bode expiatório. Sheila deveria me contar sobre o cantil no vestíbulo. Ela quase não conseguiu fazê-lo, mas a outra moça disparou um furioso "Sheila!", e ela sussurrou a informação.

Michael Stoddart levantou-se e começou a andar de um lado para o outro. Ele disse:

– Sabe, eu não vou perder aquela garota de vista. Tenho uma teoria bastante sólida sobre essas tendências criminosas dos adolescentes. Se você olhar para a vida da família, quase sempre vai encontrar...

Poirot o interrompeu:

– *Mon cher*, tenho o maior respeito pela sua ciência. Não tenho dúvidas de que suas teorias funcionarão admiravelmente bem com a srta. Sheila Kelly.

– Com as outras também.

– Com as outras, talvez. Pode ser. A única de que tenho certeza é a pequena Sheila. Você irá domá-la, não há dúvidas disso! Na verdade, ela já está comendo na sua mão...

Corando, Michael Stoddart exclamou:

– Quanta besteira você fala, Poirot!

Capítulo 9

O cinto de Hipólita

I

Uma coisa leva à outra, como, sem muita originalidade, Hercule Poirot gosta de dizer.

E acrescenta que isso jamais ficou tão evidente do que no caso do roubo dos quadros de Rubens.

Poirot nunca tivera grande interesse pelo caso dos quadros de Rubens. Para início de conversa, Rubens não era um pintor de sua predileção e, ademais, as circunstâncias do roubo haviam sido bastante corriqueiras. Ele assumiu o caso para fazer um favor a Alexander Simpson, que era seu amigo, e por um motivo particular, o caso tinha uma certa ligação com os clássicos!

Depois do roubo, Alexander Simpson chamou Poirot e derramou todas as suas mágoas. O Rubens era uma descoberta recente, uma obra-prima até então desconhecida, mas não havia dúvidas sobre sua autenticidade. A tela fora posta em exibição nas Simpson's Galleries e roubada em plena luz do dia. Era na época em que os desempregados estavam usando a tática de deitar em cruzamentos de rua ou de invadir o Ritz. Um pequeno grupo deles entrara nas Simpson's Galleries. Deitaram no chão exibindo um cartaz que dizia: "A arte é um luxo. Alimente os esfomeados". A polícia fora chamada, uma multidão de curiosos se formou em volta, e só quando os invasores foram retirados à força pelo braço da lei, Simpson percebeu que o novo Rubens havia sido recortado e removido de sua moldura de modo impecável!

– Era uma tela bem pequena, sabe – explicou o sr. Simpson. – Alguém poderia colocá-la sob o braço e sair caminhando enquanto todos olhavam para aqueles desempregados idiotas.

Os homens em questão, descobriu-se, haviam recebido um pagamento pela participação inocente no roubo. Foram orientados a fazer um protesto nas Simpson's Galleries. Mas só depois descobriram por que motivo.

Hercule Poirot achara o truque divertido, mas não sabia o que poderia fazer no caso. Podia-se confiar na polícia, ele observou, para casos de roubo simples.

Alexander Simpson disse:

– Ouça-me, Poirot. Sei quem roubou a tela e sei para onde a tela está indo.

De acordo com o proprietário das Simpson's Galleries, a tela fora roubada por uma quadrilha de criminosos internacionais a mando de um certo milionário, que se prestava a adquirir obras de arte a um preço muito baixo sem fazer qualquer pergunta! O Rubens, disse Simpson, seria contrabandeado para a França, onde se tornaria propriedade do milionário. As polícias inglesa e francesa estavam de alerta mas, ainda assim, Simpson achava que fracassariam.

– E quando a tela estiver nas mãos daquele cachorro imundo, tudo vai ficar mais difícil. Temos que tratar os ricos com respeito. É aí que *você* entra. A situação vai ser delicada. Você é o homem certo para isso.

Por fim, sem entusiasmo, Hercule Poirot foi levado a aceitar o trabalho. Concordou em partir para a França na mesma hora. Não tinha grande interesse naquela busca, mas, por causa dela, ele foi apresentado ao caso da colegial desaparecida, que o interessou muitíssimo.

O primeiro a lhe contar sobre o caso fora o inspetor chefe Japp, que fez uma visita justo quando Poirot expressava sua aprovação por como seu mordomo cuidava da preparação da bagagem.

– Ah – disse Japp. – Está indo para a França, não é?
Poirot disse:
– *Mon cher*, vocês da Scotland Yard são muito bem informados.

Japp deu uma risadinha e continuou:
– Temos os nossos espiões! O Simpson meteu você nesse caso do Rubens. Não confia na gente, pelo visto! Bom, isso não tem importância, mas o que quero que faça é algo inteiramente diferente. Já que está indo a Paris, achei que poderia muito bem matar dois coelhos com uma cajadada só. O inspetor detetive Hearn está por lá cooperando com os franceses. Conhece Hearn? Bom sujeito, mas talvez não muito imaginativo. Eu gostaria de saber a sua opinião sobre o assunto.

– De que assunto está falando?

– Uma criança que desapareceu. Vai sair nos jornais essa tarde. Parece que ela foi sequestrada. Filha de um cônego de Cranchester. King é o nome dela, Winnie King.

Ele contou a história.

Winnie estava a caminho de Paris para ingressar naquele estabelecimento seleto e de alta classe para meninas inglesas e americanas, o colégio da srta. Pope. Winnie veio de Cranchester no trem da manhã, atravessou Londres com ajuda de uma das Elder Sisters Ltda., cuja profissão é acompanhar meninas de uma estação para outra, foi entregue na estação Victoria para a srta. Burshaw, a imediata da srta. Pope e, então, em companhia de outras dezoito meninas, deixou Victoria pelo trem que levava até o navio. Dezenove meninas cruzaram o canal, passaram pela alfândega em Calais, entraram no trem para Paris, almoçaram no vagão-restaurante. Mas quando, nos arredores de Paris, a srta. Burshaw contou as crianças, descobriu que só havia *dezoito*!

– Aha! – disse Poirot. – O trem fez alguma parada?

– Parou em Amiens, mas nesse momento as meninas estavam no vagão-restaurante, e todas dizem sem hesitação que Winnie estava com elas. Eles a perderam, por assim dizer, na jornada de volta aos seus compartimentos. Isso quer dizer que ela não entrou no próprio compartimento com as outras cinco meninas que o dividiam. Elas não suspeitaram de nada de errado, somente pensaram que ela estivesse em um dos outros dois vagões reservados.

Poirot fez um sinal afirmativo com a cabeça.

– Então quando foi que a viram pela última vez?

– Cerca de dez minutos depois que o trem saiu de Amiens. – Japp tossiu pudicamente. – Foi vista pela última vez... hum... entrando no toalete.

Poirot murmurou:

– Muito natural. – E acrescentou: – Não há mais nada?

– Sim, uma coisa. – O rosto de Japp era severo. – O chapéu dela foi encontrado ao lado dos trilhos, em um ponto a cerca de vinte e dois quilômetros de Amiens.

– Mas não um cadáver?

– Não um cadáver.

Poirot perguntou:

– Pessoalmente, o que acha do caso?

– Difícil saber *o que* pensar! Já que não há sinal do corpo, ela não pode ter caído do trem.

– O trem não parou nenhuma vez depois de deixar Amiens?

– Não. Diminuiu a velocidade uma vez em um sinal, mas não parou, e duvido que tenha diminuído o suficiente para que alguém pudesse pular sem se ferir. Está pensando se a garota não sentiu um pânico e tentou fugir? Era o primeiro período dela, e talvez estivesse sentindo falta de casa, isso é verdade, mas mesmo assim ela tinha quinze anos e meio, uma idade já sensata, e estava de bom humor durante toda a viagem, batendo papo e tudo mais.

Poirot perguntou:

– Foi realizada uma busca no trem?

– Ah sim, revistaram todo o trem antes que chegasse à estação Nord. A menina não estava lá, isso é certo.

Japp acrescentou, com um jeito exasperado:

– Ela simplesmente desapareceu, sumiu! Não faz sentido, sr. Poirot. É absurdo!

– Que tipo de menina era ela?

– Tipo comum, normal, até onde vejo.

– Quero dizer, como era a aparência dela?

– Estou com uma foto aqui. Não é exatamente uma beleza florescente.

Ofereceu a foto a Poirot, que a estudou em silêncio. Mostrava uma menina magricela, com o cabelo dividido em duas tranças malfeitas. Ela não posara para a foto, dava para ver que fora pega de surpresa. Estava comendo uma maçã, seus lábios entreabertos, deixando à vista dentes um pouco protuberantes, confinados por um aparelho dental. A menina usava óculos.

Japp comentou:

– De aparência normal, mas por outro lado elas *são* assim nessa idade! Estava no meu dentista ontem. Vi na *Sketch* uma foto de Marcia Gaunt, a beleza do ano. *Eu* me lembro dela aos quinze, quando estava no Castle, cuidando do caso de arrombamento. Cheia de espinhas, desajeitada, dentes apontando para fora, cabelos escorridos e malpenteados. Elas viram beldades da noite para o dia, não sei como! É tipo um milagre.

Poirot sorriu.

– Mulheres – ele disse – são um gênero miraculoso! Que me diz da família da criança? Deram alguma informação útil?

Japp balançou a cabeça.

– Nada que possa ajudar. A mãe é uma inválida. O pobre e velho cônego King está em estado de choque. Ele jura que a menina estava bastante animada de ir a Paris, ansiosa pela viagem. Queria estudar pintura e música, esse tipo de coisa. As meninas da srta. Pope vão atrás da arte com "a" maiúsculo. Como você deve saber, o estabelecimento da srta. Pope é muito conhecido. Muitas meninas da sociedade vão para lá. Ela é rigorosa, um dragão mesmo, cobra muito caro, e é extremamente exigente na hora de aceitar alunas novas.

Poirot suspirou.

– Conheço o tipo. E a srta. Burshaw, que buscou as crianças na Inglaterra?

– Não é o que se pode chamar de um gênio. Morre de medo que a srta. Pope a culpe.

Poirot disse, pensativo:

– Não há nenhum rapaz envolvido?

Japp fez um gesto na direção da foto.

– Ela parece do tipo?

– Não, não parece. Mas, não obstante a aparência dela, talvez tenha um coração romântico. Quem tem quinze anos não é mais tão criança.

– Bom – disse Japp. – Se um coração romântico a fez desaparecer do trem como se fosse um fantasma, vou começar a ler aqueles romances escritos por senhoras.

Japp olhou esperançoso para Poirot.

– Nada lhe ocorre, hein?

Poirot negou com a cabeça e disse:

– Será que não encontraram os calçados dela perto dos trilhos?

– Calçados? Não. Por quê?

Poirot murmurou:

– É só uma ideia...

II

Hercule Poirot estava se preparando para descer e pegar um táxi quando o telefone tocou. Ele atendeu.

– Sim?

A voz de Japp falou do outro lado.

— Que bom que consegui falar com você. Está tudo cancelado, meu velho. Encontrei uma mensagem na Yard quando voltei. A garota reapareceu. Na beira da rodovia principal, a 24 quilômetros de Amiens. Ela está letárgica e não consegue dizer nada de coerente, o médico diz que a drogaram. De qualquer modo, ela está bem. Nada de errado com ela.

Poirot questionou, devagar:

— Então você não tem necessidade de meus serviços?

— Temo que não! Na verdade, aprrresento minhas sincerrras desculpas.

Japp riu de sua imitação do sotaque francês e desligou.

Hercule Poirot não achou graça. Pôs lentamente o telefone de volta no gancho. Seu rosto demonstrava preocupação.

III

O inspetor detetive Hearn olhou Poirot com curiosidade.

Ele comentou:

— Não fazia ideia de que teria tanto interesse pelo caso, senhor.

Poirot perguntou:

— Foi informado pelo inspetor chefe Japp de que eu talvez viesse conversar sobre esse assunto?

Hearn confirmou.

— Ele disse que o senhor estava a caminho para cuidar de alguma coisa, e que nos daria uma mãozinha com esse enigma. Mas eu não esperava que viesse, agora que está tudo resolvido. Pensei que estaria ocupado com seu trabalho.

Hercule Poirot disse:

— Meu trabalho pode esperar. É este caso aqui que me interessa. Você o chamou de enigma, e diz que agora acabou. Mas o enigma continua lá, me parece.

– Bem, senhor, nós recuperamos a criança. E ela não está ferida. Isso é o mais importante.

– Mas não resolve o problema de *como ela foi recuperada*, não é? O que a menina diz? Um médico a examinou, não foi? Que disse ele?

– Disse que havia sido drogada. Ainda estava sob o efeito da droga, letárgica. Aparentemente, não consegue lembrar-se de muita coisa depois da partida de Cranchester. Tudo o que aconteceu depois disso parece ter sido apagado. O doutor acha possível que ela tenha sofrido uma concussão leve. Há uma lesão na parte de trás da cabeça. Ele diz que isso explicaria um blecaute completo das memórias.

Poirot exclamou:

– O que é muito conveniente para... alguém!

O inspetor Hearn disse numa voz incerta:

– O senhor não acha que ela está fingindo, acha?

– O senhor acha?

– Não, tenho certeza de que não está. É uma boa menina. Um pouco imatura para a idade que tem.

– Não, ela não está fingindo – disse Poirot, abanando a cabeça. – Mas eu gostaria de saber *como ela saiu daquele trem*. Quero saber quem é o responsável, e qual o *motivo*.

– Quanto ao motivo, diria que foi uma tentativa de sequestro, senhor. Eles tinham planos de pedir um resgate.

– Mas não pediram!

– Ficaram apavorados com a comoção, e rapidamente a deixaram na beira da estrada.

Poirot perguntou, cético:

– E que resgate seria provável que conseguissem de um cônego da catedral de Cranchester? Os dignitários da Igreja Anglicana não são milionários.

O inspetor detetive Hearn concluiu, bem-humorado:

– Na minha opinião, senhor, foi um trabalho muito malfeito.

– Ah, essa é sua opinião.

Hearn perguntou, seu rosto enrubescendo um pouco:

– E qual é a sua, senhor?

– Quero saber *como* ela desapareceu daquele trem.

O rosto do policial anuviou-se.

– Esse é um verdadeiro mistério, verdade. Num instante ela estava lá, sentada no vagão-restaurante, conversando com as outras meninas. Cinco minutos depois, desapareceu, abracadabra, como num truque de mágica.

– Isso mesmo, como num truque de mágica! Quem mais estava no mesmo vagão dos compartimentos reservados pela srta. Pope?

O inspetor Hearn aprovou com a cabeça.

– É uma boa pergunta, senhor. Isso é importante. É importante porque era o último vagão do trem e, logo que todas as pessoas voltaram do vagão-restaurante, as portas entre os vagões foram trancadas, na verdade de modo a evitar que as pessoas entrassem no vagão-restaurante e pedissem o chá antes que tivessem tempo de limpar as mesas após o almoço e se preparassem. Winnie King voltou ao vagão com as outras. A escola tinha três cabines reservadas nele.

– E nas outras cabines do vagão?

Hearn pegou seu caderno de anotações.

– As senhoritas Jordan e Butters, duas solteironas de meia-idade a caminho da Suíça. Nada de errado com elas, altamente respeitáveis, conhecidas em Hampshire, de onde vêm. Dois caixeiros-viajantes franceses, um de Lyons, outro de Paris. Ambos homens respeitáveis de meia-idade. Um rapaz, James Elliot, e sua esposa, uma mulher muito chamativa. Ele não tem boa reputação, a polícia suspeita de envolvimento em algumas transações questionáveis, mas nenhuma relação com sequestros. De qualquer modo, a cabine dele foi revistada, e não havia nada em sua bagagem de mão que indicasse um envolvimento no caso. Não vejo como *poderia* estar envolvido. A única outra pessoa era uma senhora americana, a sra. Van Suyder, indo a Paris. Não se sabe nada sobre ela. Não parece ter nada de errado. O grupo é esse.

Hercule Poirot disse:

– E tem-se certeza absoluta que o trem não parou depois de deixar Amiens?

– Com certeza. Diminuiu a velocidade uma vez, mas não o bastante para permitir que alguém pulasse, não sem sofrer ferimentos graves e arriscar a vida.

Hercule Poirot murmurou:

– É isso o que torna esse problema tão peculiar e interessante. A colegial desaparece no ar *logo depois de Amiens*. Ela reaparece do nada *logo depois de Amiens*. Onde ela esteve nesse meio-tempo?

O inspetor Hearn abanou a cabeça.

– Parece loucura, quando se diz dessa forma. Ah, e aliás, me disseram que o senhor estava perguntando alguma coisa sobre sapatos, os sapatos da menina. Ela os vestia normalmente quando foi encontrada, mas *havia* um par de sapatos perto dos trilhos, encontrado por um sinaleiro. Levou o par para casa, já que parecia estar em boas condições. Sapatos pretos e fortes, próprios para caminhar grandes distâncias.

– Ah – disse Poirot. Ele parecia satisfeito.

O inspetor Hearn falou, curioso:

– Eu não entendo o significado dos sapatos, senhor. Eles significam alguma coisa?

– Confirmam uma teoria – respondeu Hercule Poirot. – Uma teoria sobre como o truque de mágica foi realizado.

IV

A escola da srta. Pope, como muitos outros estabelecimentos do mesmo tipo, situava-se em Neuilly. Hercule

Poirot, mirando sua respeitável fachada, de repente foi encoberto por uma correnteza de meninas que emergiam dos portões.

Ele contou 25 meninas, todas vestidas da mesma maneira, em casacos e saias azul-escuro, com chapéus ingleses que não pareciam confortáveis, de um tecido aveludado azul-escuro, em torno dos quais havia amarrado um laço das cores escolhidas pela srta. Pope, roxo e dourado. Suas idades variavam entre catorze e dezoito, e entre elas havia magras e gordas, loiras e morenas, desajeitadas e graciosas. Atrás, caminhando com uma das jovens, vinha uma mulher de cabelos grisalhos e exageradamente bem-vestida, que Poirot julgou ser a srta. Burshaw.

Ele deixou-se ficar olhando-as ir embora por um minuto, então tocou a campainha e perguntou pela srta. Pope.

A srta. Lavinia Pope era uma pessoa muito diferente de sua imediata, a srta. Burshaw. A srta. Pope tinha personalidade. A srta. Pope inspirava respeito. Mesmo sendo graciosamente informal diante dos pais, jamais perdia aquela evidente superioridade em relação ao resto do mundo, que é um atributo tão poderoso em uma diretora de escola.

Seus cabelos grisalhos estavam arrumados com distinção, seu traje era austero, mas elegante. Ela era competente e onisciente.

A sala na qual recebeu Poirot era a sala de uma mulher de cultura. Tinha mobília graciosa, flores, algumas fotografias autografadas e emolduradas das alunas de srta. Pope que se haviam destacado no mundo, muitas delas nos adornos e vestes da formatura. Nas paredes estavam penduradas reproduções das obras-primas da arte mundial, e alguns belos croquis em aquarela. Todo o lugar era limpo e lustroso até o último grau. Nenhum fragmento de poeira, sentia-se, teria a ousadia de se depositar em tal santuário.

A srta. Pope recebeu Poirot com a competência de alguém cujo bom senso raramente falha.

– Sr. Hercule Poirot? Conheço-o de nome, é claro. Suponho que tenha vindo por causa desse caso muito infeliz com Winnie King. Um incidente profundamente inoportuno.

A srta. Pope não parecia importunada. Ela encarava as desgraças como deviam ser encaradas, tratando delas com competência e desta forma as reduzindo quase à insignificância.

– Coisa assim – disse a srta. Pope – nunca ocorreu antes.

E jamais ocorrerá novamente! – suas maneiras pareciam dizer.

Hercule Poirot perguntou:

– Era o primeiro período da menina aqui, estou certo?

– Sim.

– A senhorita teve uma entrevista preliminar com Winnie e com os pais dela?

– Não nos últimos tempos. Dois anos atrás, eu estava hospedada perto de Cranchester, na verdade com o Bispo...

As maneiras da srta. Pope diziam: Tome nota disso, por favor. Sou o tipo de pessoa que é recebida por bispos!

– Enquanto estava lá, conheci o cônego e a sra. King. A sra. King, infelizmente, é uma inválida. Conheci Winnie nessa ocasião. Uma menina muito bem-educada, com um gosto evidente para arte. Disse à sra. King que ficaria feliz em recebê-la aqui, dentro de um ou dois anos, quando ela completasse a educação básica. Nós nos especializamos, sr. Poirot, em arte e música. As meninas são levadas à ópera, à Comédie Française, e assistem a palestras no Louvre. Os melhores mestres vêm aqui para instruí-las em música, canto e pintura. A cultura no sentido mais amplo, esse é o nosso objetivo.

A srta. Pope lembrou-se de que Poirot não era um pai de aluna e acrescentou:

– O que posso fazer para ajudá-lo, sr. Poirot?

– Ficaria feliz em saber qual é a situação atual de Winnie.

– O cônego King veio a Amiens e está levando Winnie de volta consigo. A coisa mais sábia a fazer após o choque que a menina sofreu.

Ela prosseguiu:

– Aqui não aceitamos meninas delicadas. Não temos instalações especiais para cuidar de inválidas. Eu disse ao cônego que, na minha opinião, ele faria bem em levar a criança de volta para casa.

Hercule Poirot perguntou, sendo direto:

– O que, na sua opinião, de fato ocorreu, srta. Pope?

– Não faço a menor ideia, sr. Poirot. A coisa toda, conforme me foi relatada, parece bastante inacreditável. Realmente não consigo ver qualquer culpa no membro da minha equipe que estava encarregado das meninas, exceto que talvez pudesse ter descoberto a ausência da menina mais cedo.

Poirot disse:

– A senhorita, porventura, recebeu uma visita da polícia?

Um ligeiro arrepio percorreu a figura aristocrática da srta. Pope. Ela respondeu, glacial:

– Um certo Monsieur Lefargue, da Préfecture, veio ter comigo, para ver se eu poderia lançar alguma luz sobre a situação. Naturalmente fui incapaz de fazê-lo. Ele então pediu para inspecionar o baú de Winnie, que havia, é claro, chegado aqui junto com o das outras meninas. Disse a ele que o baú já havia sido requerido por um outro membro da polícia. Os departamentos deles, imagino, devem tem jurisdições conflitantes. Recebi um telefonema, pouco tempo depois, insistindo que eu não lhes havia entregue tudo o que Winnie trouxera consigo.

Minha resposta foi firme. Não se deve submeter às intimidações das autoridades.

Poirot respirou fundo e disse:

– A senhora é de natureza enérgica. A admiro por isso, mademoiselle. Presumo que o baú de Winnie tenha sido aberto logo ao chegar?

A srta. Pope pareceu um pouco desconcertada.

– Rotina – ela disse. – Vivemos exclusivamente pela rotina. As bagagens das meninas são abertas e desfeitas assim que chegam, e suas coisas são guardadas da maneira que espero que continuem. As coisas de Winnie foram arrumadas junto com as das outras meninas. A bagagem foi refeita depois, de modo que o baú dela foi entregue da mesma maneira que havia chegado.

Poirot questionou:

– *Da mesma maneira?*

Ele perambulou até uma das paredes.

– Sem dúvida esse é um quadro da famosa Cranchester Bridge, com a catedral aparecendo a distância.

– Está certíssimo, sr. Poirot. Winnie o pintou para me fazer uma surpresa. Estava no baú dela, e no embrulho havia escrito: Para a srta. Pope, de Winnie. Muito encantador da parte dela.

– Ah! – disse Poirot. – E o que pensa dele... como quadro?

O próprio Poirot já vira muitos retratos de Cranchester Bridge. Era um tema que sempre se podia ver representado na Academia, todos os anos; às vezes como uma pintura a óleo, às vezes na sala de aquarelas. Ele já a vira ser bem pintada, pintada mediocremente, pintada de maneira entediante. Mas nunca a vira representada de modo tão grosseiro quanto no exemplo que estava em sua frente.

A srta. Pope sorria com indulgência.

Ela disse:

– Não se deve desencorajar as alunas, sr. Poirot. Winnie será estimulada a melhorar, é claro.

Poirot falou, pensativo:

– Seria mais natural para ela, não concorda, fazer uma aquarela?

– Sim. Não sabia que ela estava tentando pintar com óleo.

– Ah – disse Hercule Poirot. – Permite-me, mademoiselle?

Ele tirou o quadro da parede e o levou até a janela. Examinou-o e então, erguendo os olhos, disse:

– Vou pedir-lhe, mademoiselle, que me dê esse quadro.

– Bem, realmente, sr. Poirot...

– Não pode fingir um grande apego por ele. A pintura é abominável.

– Ah, não tem nenhum mérito *artístico*, concordo. Mas é obra de uma pupila e...

– Eu lhe asseguro, mademoiselle, essa pintura é inapropriada para suas paredes.

– Não sei por que diz *isso*, sr. Poirot.

– Daqui a pouco vou demonstrar o motivo.

Pegou uma garrafa, uma esponja e alguns retalhos em seu bolso. Disse:

– Antes vou contar-lhe uma pequena história, mademoiselle. Que é parecida com a história do patinho feio que virou um cisne.

Ele trabalhava vigorosamente enquanto falava. O odor de terebintina impregnou a sala.

– Creio que a srta. não frequenta muito as revistas de teatro?

– Não, de fato, me parecem tão vulgares...

– Vulgares, sim, mas às vezes instrutivas. Vi uma inteligente artista de revista mudar de personalidade da forma mais miraculosa. Em um quadro é uma estrela de cabaré, refinada e glamorosa. Dez minutos depois, é uma criança baixinha, anêmica, com adenoide, em uniforme de ginástica. Dez minutos depois, ela é uma cigana esfarrapada lendo a sorte perto de uma caravana.

– Muito possível, sem dúvida, mas não vejo...

– Mas estou lhe mostrando como o truque de mágica foi realizado no trem. Winnie, a colegial, com suas tranças louras, seus óculos, com o aparelho dental que a fazia feia, entra no *toalete*. Emerge quinze minutos depois como, para usar as palavras do inspetor Hearn, "uma mulher muito chamativa". Meia-calça de seda, sapatos de salto alto, um casaco de mink para cobrir o uniforme escolar, um ousado pedacinho de veludo, apelidado de chapéu, arrumado sobre seus cachos, e um rosto... Ah sim, um rosto. Rouge, pó compacto, batom, máscara! Como será o verdadeiro rosto daquela *artiste* dos disfarces? Provavelmente só Deus sabe! Mas a senhorita, mademoiselle, a senhorita mesma, muitas vezes viu como a colegial desengonçada se transforma quase como um milagre em uma debutante atraente e elegante.

A srta. Pope teve um engasgo.

– Está querendo dizer que Winnie King se disfarçou de...

– Não... Winnie King, não. Winnie foi sequestrada *enquanto atravessava Londres*. Nossa *artiste* dos disfarces assumiu seu lugar. A srta. Burshaw jamais vira Winnie King. Como ela saberia que a colegial com as tranças frouxas e aparelho nos dentes não era Winnie King de maneira alguma? Até aí, tudo bem, mas o impostor não podia correr o risco de chegar *aqui*, visto que *a senhorita* conhecia a *verdadeira* Winnie. Então, abracadabra, Winnie desaparece no *toalete* e emerge como a esposa de um homem chamado Jim Elliot, cujo passaporte menciona uma esposa! As tranças frouxas, os óculos, as meias de algodão, o aparelho de dentes, tudo isso pode ser escondido em um espaço bem pequeno. Mas os sapatos grossos e nada glamorosos e o chapéu, aquele chapéu britânico muito inflexível, têm de ser colocados em outro lugar: são jogados pela janela. Depois, a verdadeira Winnie cruza o canal. Ninguém está procurando por uma criança doente e semidrogada sendo levada da *Inglaterra* para a *França*, e ela é tranquilamente deixada por um carro na beira da estrada principal. Se foi dopada durante o percurso com escopolamina, terá muito pouca lembrança do que ocorreu.

A srta. Pope olhava fixamente para Poirot. Perguntou:

– Mas *por quê*? Qual seria o *motivo* dessa farsa absurda?

Poirot respondeu, num tom grave:

– A bagagem de Winnie! Essas pessoas queriam contrabandear alguma coisa da Inglaterra para a França... algo que estava sendo procurado por todos os funcionários da alfândega; para dizer a verdade, mercadorias roubadas. Existe meio de transporte mais seguro do que a bagagem de uma colegial? A senhorita é muito conhecida, seu estabelecimento é famoso. Na Gare du Nord as bagagens das pequenas *mesdemoiselles pensionnaires* são liberadas *en bloc*. Trata-se da famosa escola inglesa da srta. Pope! E então, após o sequestro, o que seria mais natural do que buscar as bagagens da criança... aparentemente alguém enviado pela *Préfecture*?

Hercule Poirot sorriu.

– Mas, por sorte, havia a rotina escolar de desfazer as bagagens assim que chegavam... e um presente de Winnie para a senhorita... *mas não o mesmo presente que Winnie embrulhou em Cranchester.*

Ele se aproximou de sua interlocutora.

– A srta. me deu essa pintura. Observe-o agora, é necessário admitir que não é apropriado para o seu exigente colégio!

Ele apresentou-lhe a tela.

Como se por um passe de mágica, Cranchester Bridge havia desaparecido. Em seu lugar, havia uma cena clássica, de cores ricas e ofuscadas.

Poirot disse com suavidade:

– *O cinto de Hipólita*. Hipólita presenteia Hércules com seu cinto; pintado por Rubens. Uma grande obra de arte... *mais tout de même* não inteiramente apropriada para a sua sala.

A srta. Pope enrubesceu levemente.

Hipólita tinha a mão no cinto... e não vestia nada além disso... Hércules tinha uma pele de leão que parecia ter jogado ao acaso sobre o ombro. A carne de Rubens é rica e voluptuosa...

A senhorita Pope, retomando a compostura, falou:

– Uma bela obra de arte... Ainda assim, como o senhor diz, afinal é preciso levar em conta as suscetibilidades dos pais. Alguns deles tendem a ser *tacanhos*... se entende o que quero dizer...

V

Foi justo na hora em que Poirot saía da casa que o massacre aconteceu. Ele foi cercado, capturado, subjugado por uma multidão de meninas, magras, gordas, loiras e morenas.

– *Mon Dieu*! – ele murmurou. – Este é o verdadeiro ataque das Amazonas!

Uma menina loira e alta gritava:

– Disseram que...

Elas se aproximaram como uma onda. Hercule Poirot estava cercado. Ele desapareceu em meio a uma avalanche de feminilidade jovem e vigorosa.

As 25 se ergueram, em tonalidades as mais diversas, mas todas emitindo a mesma frase terrível:

– *Sr. Poirot, pode me dar um autógrafo...?*

CAPÍTULO 10

O rebanho de Gerião

I

– Peço mil desculpas por chegar assim sem aviso, sr. Poirot.

A srta. Carnaby entrelaçou as mãos em torno de sua bolsa e se inclinou para frente, perscrutando com ansiedade o rosto de Poirot. Como de costume, tinha o fôlego curto.

As sobrancelhas de Hercule Poirot se ergueram.

Ela perguntou ansiosa:

– O senhor se lembra de mim, não é?

Os olhos de Poirot cintilaram. Respondeu:

– Mas é claro! Uma das criminosas de maior êxito que jamais conheci!

– Ai céus, sr. Poirot, precisa realmente dizer essas coisas? O senhor foi tão bom comigo. Emily e eu falamos muito no senhor, e toda vez que vemos seu nome nos jornais, recortamos a matéria e colamos num livro. Quanto a Augustus, ensinamos um novo truque para ele. A gente diz: "Morra por Sherlock Holmes, morra pelo sr. Fortune, morra por Sir Henry Merrivale, e por fim *morra pelo sr. Hercule Poirot*". E ele se joga no chão e fica lá parado como se fosse um *tronco de árvore*, paradinho sem se mexer até a gente dar a ordem pra levantar!

– Me sinto lisonjeado – disse Poirot. – E como está *ce cher Auguste*?

A srta. Carnaby juntou as mãos e foi muito eloquente nos elogios ao seu pequinês.

– Ah, sr. Poirot, está mais esperto do que nunca. Ele entende *tudo*. Outro dia eu estava admirando um bebê em um carrinho e de repente senti um puxão, e lá estava Augustus se esforçando para cortar a coleira com os dentes. Não é esperto?

Os olhos de Poirot brilharam. Disse:

– Parece que Augustus compartilhava daquelas tendências criminosas de que falávamos há pouco!

A srta. Carnaby não riu. Ao contrário, seu rosto amigável e gorducho pareceu ficar triste, preocupado. Ela disse, com um engasgo:

– Ah, sr. Poirot, estou tão *preocupada*!

Poirot perguntou, cordial:

– O que é?

– Sabe, sr. Poirot, tenho medo, tenho muito medo... de que eu seja uma *criminosa inveterada*, se é que posso usar esses termos. Fico tendo essas ideias!

– Que tipo de ideias?

– As mais extraordinárias! Por exemplo, ontem, um plano muito *prático* para roubar uma agência de correios me veio à cabeça. Eu não estava pensando nisso, apenas me veio! E uma outra maneira muito engenhosa de burlar as taxas alfandegárias... Estou convencida... bastante convencida... de que funcionaria muito bem.

– É provável que sim – respondeu Poirot secamente. – Esse é o perigo das suas ideias.

– Isso me preocupou, sr. Poirot, e muito. Criada como eu fui com uma moral muito rígida, é inquietante *demais* que essas ideias ilegais... realmente *perversas*, fiquem me vindo à cabeça. Acho que o problema em parte é que tenho muito tempo livre agora. Deixei lady Hoggin e fui empregada por uma velha senhora. Meus deveres são ler para ela e escrever suas cartas todos os dias. As cartas tomam pouco tempo, e no momento em que começo a ler ela cai no sono, então eu fico lá sentada, a mente ociosa... e todos sabemos o que o diabo faz com as mentes ociosas.

– Tcha, tcha – disse Poirot.

– Nesses dias li um livro, um livro muito moderno, traduzido do alemão. Tem um enfoque muito interessante sobre as tendências criminosas. É preciso, segundo entendi, *sublimar* os próprios impulsos! Na verdade foi por isso que vim ver o senhor.

– Sim? – perguntou Poirot.

– Bom, sr. Poirot. Acho que não é tanto *perversidade* da minha parte, mas mais um desejo de emoções fortes! Infelizmente minha vida tem sido muito monótona. A... ahn... operação dos pequineses... às vezes eu sinto que foi a única vez que realmente *vivi*. Muito condenável, é claro, mas, como diz meu livro, não se deve virar as costas para a verdade. Vim procurá-lo, sr. Poirot, na esperança de que seja possível... possível sublimar aquele desejo de emoções fortes usando-o, se posso dizer dessa forma, em benefício dos anjos.

– Aha – disse Poirot. – É então como colega que a senhorita se apresenta?

A srta. Carnaby corou.

– Muito presunçoso da minha parte, eu sei. Mas o senhor foi tão *bom* comigo...

Ela se interrompeu. Seus olhos, de um azul pálido, tinham algo da súplica de um cachorro que espera, contra todas as possibilidades, que você o leve para passear.

– É uma ideia – falou Hercule Poirot devagar.

– É claro que de inteligente não tenho nada – explicou a srta. Carnaby. – Mas meus poderes de... de dissimulação são bons. Têm de ser... senão a gente seria despedida do emprego de dama de companhia no primeiro dia. E sempre achei que parecer ainda mais idiota do que se é às vezes traz bons resultados.

Hercule Poirot riu e declarou:

– A senhorita me encanta, mademoiselle.

– Ah, sr. Poirot, o senhor é um homem tão bondoso. Então o senhor me encoraja a *ter esperanças*? Acontece que acabei de receber uma pequena herança. Bem pequena mesmo, mas permite que eu e minha irmã vivamos frugalmente, de modo que não dependo apenas do meu salário.

– Preciso pensar – disse Poirot – em onde seus talentos teriam maior utilidade. A senhorita não tem nada em mente, imagino?

– Sabe, o senhor deve mesmo ter o poder de ler mentes. Eu *realmente* ando ansiosa esses dias por causa de uma amiga. Tinha planos de consultá-lo. É claro que pode dizer que é tudo coisa da cabeça de uma solteirona, tudo imaginação. A gente tende, acho, a exagerar e a ver um *plano* onde talvez só existam *coincidências*.

– Não creio que exagerar seja seu estilo, srta. Carnaby. Diga-me o que tem em mente.

– Bom, tenho uma amiga, uma amiga muito querida, embora seja verdade que não nos temos visto muito nos últimos anos. Se chama Emmeline Clegg. Ela casou com um homem no Norte da Inglaterra, e ele morreu há alguns anos, deixando ela muito bem de vida. Ela ficou infeliz e solitária depois que o marido morreu, e temo que em certo sentido ela seja uma mulher muito tola e talvez até ingênua. A religião, sr. Poirot, pode ser um amparo muito grande, uma grande ajuda... mas estou falando da religião ortodoxa.

– Está se referindo à igreja grega? – perguntou Poirot.

A srta. Carnaby pareceu chocada.

– Ah não, não mesmo. Falo da Igreja Anglicana. E embora eu não *aprove* os católicos romanos, eles pelo menos são *reconhecidos*. E os wesleyanos e congregacionistas... são grupos conhecidos e respeitáveis. Estou falando é dessas seitas *esquisitas*. Elas simplesmente surgem do nada. Têm uma espécie de apelo emocional, mas às vezes tenho dúvidas muito sérias sobre se há um verdadeiro sentimento religioso por trás de todas elas.

– Acha que sua amiga está sendo vítima de uma seita dessas?

– Acho. Ah! Com certeza acho. O Rebanho do Pastor, é assim que eles se chamam. A sede deles é em Devonshire... uma propriedade muito bonita à beira-mar. Os fiéis vão até lá para fazer o que chamam de retiro. É um período de duas semanas, com rituais e serviços religiosos. E acontecem três grandes festivais por ano, a Vinda da Pastagem, a Pastagem Plena e a Colheita da Pastagem.

– Dos quais o último é uma idiotice – disse Poirot. – Já que ninguém colhe pastagens.

– A coisa toda é uma idiotice – falou a senhorita Carnaby, com intensidade. – A seita toda gira em torno do cabeça do movimento, o Grande Pastor, como o chamam. Um tal de dr. Andersen. Um homem muito bonito, creio, de um porte impressionante.

– Coisa que atrai as mulheres, não é?

– Temo que sim – disse com um suspiro a srta. Carnaby. – Meu pai era um homem muito bonito. Às vezes, a situação na paróquia era muito constrangedora. A disputa para costurar os adornos do paramento... e a divisão do trabalho na igreja...

Ela balançou a cabeça, recordando o passado.

– Os membros do Grande Rebanho são em sua maioria mulheres?

– Pelo menos três quartos são mulheres, pelos meus cálculos. A maioria dos homens de lá são uns *esquisitões*! O sucesso do movimento depende das mulheres, e do *dinheiro* que elas fornecem!

– Ah – disse Poirot. – Chegamos ao cerne da questão. Falando com franqueza, a senhorita acha que tudo não passa de um golpe?

– Sinceramente, sr. Poirot, acho sim. E tem outra coisa que me preocupa. Acontece que sei que minha pobre amiga está tão presa nessa religião que há pouco tempo fez um testamento deixando todas as suas posses para o movimento.

Poirot perguntou, rápido:

– Isso foi... sugerido a ela?

– Para falar a verdade, não. Foi ideia só dela. O Grande Pastor mostrou a ela um novo modo de viver. Então tudo o que tem deve ir, depois de sua morte, para a Grande Causa. O que me preocupa é...

– Sim, continue...

– Entre as fiéis há várias mulheres ricas. No último ano nada mais nada menos do que *três* delas morreram.

– Deixando todo o dinheiro para a seita?

– Sim.

– E os parentes não protestaram? Seria de esperar que houvesse litígios.

– Sabe, sr. Poirot, em geral são as mulheres *solitárias* que pertencem a essa seita. Pessoas que não têm relações muito íntimas, nem amigos.

Poirot concordou, com um ar pensativo. A srta. Carnaby continuou a falar atropeladamente:

– É claro que não tenho direito de sugerir nada. Do que pude descobrir, não houve nada de *errado* com nenhuma dessas mortes. Uma, creio eu, foi causada por *pneumonia*, que se seguiu a uma gripe *influenza*, e outra foi atribuída a uma úlcera gástrica. Não houve nenhuma *circunstância suspeita*, se entende o que quero dizer, e as mortes não ocorreram no santuário Green Hills, mas nas casas delas mesmo. Tenho certeza de que não há *nada* de errado, mas mesmo assim eu... bem... não gostaria que nada de ruim acontecesse com Emmie.

Ela juntou as mãos como quem reza, olhando suplicante para Poirot.

Poirot permaneceu em silêncio por alguns minutos. Quando enfim falou, sua voz soou diferente. Tinha um tom grave e sério.

Ele disse:

– A senhorita pode me passar, ou descobrir para mim, os nomes e endereços dessas senhoras membros da seita que morreram?

– Com certeza, sr. Poirot.

Poirot falou devagar:

– Mademoiselle, acredito que a senhorita é uma mulher de grande coragem e determinação. É uma atriz habilidosa. Estaria disposta a participar de um estratagema que talvez implique um risco considerável?

– Não há nada de que gostaria mais – disse a srta. Carnaby, sedenta por aventuras.

Poirot advertiu-a:

– Se houver algum risco, será um risco grave. A senhorita compreende: ou isso é uma simples confusão, ou é alguma coisa muito *séria*. Para descobrir qual é o caso, será necessário que a senhorita mesma se torne membro do Grande Rebanho. Sugiro que a senhorita exagere o tamanho da herança que recebeu. Agora, é uma mulher bem de vida, sem um objetivo bem definido. A senhorita deve discutir com sua amiga Emmeline sobre essa religião que ela adotou... faça com que ela saiba com certeza que é tudo besteira. Ela está ansiosa para convertê-la. Deixe-se convencer a ir até o santuário Green Hills. E lá a senhorita se tornará vítima dos poderes de convencimento e da influência magnética do dr. Andersen. Acho que posso deixar tranquilamente essa parte aos seus cuidados?

A srta. Carnaby sorriu com modéstia, e respondeu baixinho:

– Acho que posso cuidar *disso* sim!

II

– Bom, meu amigo, o que tem para mim?

O inspetor-chefe Japp olhou pensativo para o homenzinho que fizera a pergunta. Respondeu, contrariado:

– Nada do que eu gostaria de ter, Poirot. Odeio esses religiosos cabeludos e esquisitos com todas as minhas forças. Encher a cabeça das mulheres de caraminholas. Mas esse sujeito está sendo cuidadoso. Não há nada de concreto. A coisa toda parece meio biruta, mas inofensiva.

– Descobriu alguma coisa sobre esse dr. Andersen?

– Pesquisei o passado dele. Foi um químico promissor, e o expulsaram de uma universidade alemã qualquer. Parece que é filho de mãe judia. Sempre gostou de estudar os mitos e as religiões orientais, passava todo o tempo livre fazendo isso, e escreveu diversos artigos sobre o assunto. Alguns dos artigos me parecem muito malucos.

– Então é possível que ele seja um fanático autêntico?

– Tenho que dizer que parece muito provável!

– E aqueles nomes e endereços que te dei?

– Daí não saiu nada. A srta. Everitt morreu de colite ulcerativa. O médico tem certeza que não houve nada suspeito. A senhora Lloyd morreu de broncopneumonia. Lady Western, de tuberculose. Teve um episódio da doença muitos anos atrás, antes ainda de conhecer essa gente. A srta. Lee morreu de febre tifoide, que foi atribuída a uma salada que comeu em algum lugar no norte da Inglaterra. Três delas adoeceram e morreram em suas próprias casas, e a sra. Lloyd morreu em um hotel no Sul da França. Ao menos pelo ângulo das mortes, não há nenhuma ligação com o Grande Rebanho ou com a sede de Andersen, em Devonshire. Deve ter sido simples coincidência. Tudo muito certinho e bonitinho.

Hercule Poirot suspirou e disse:

– Mas ainda assim, *mon cher*, tenho a sensação de que este é o décimo trabalho de Hércules, e de que esse dr. Andersen é o monstro Gerião, que tenho por meta destruir.

Japp mirou Poirot, ansioso.

– Vem cá, Poirot, você não anda lendo livros bizarros nos últimos tempos, anda?

Poirot respondeu com formalidade:

– Minhas observações são, como sempre, apropriadas, sensatas e pertinentes à questão.

– Já pode fundar uma nova religião – concluiu Japp – com o credo: "Não há inteligência maior que a de Hercule Poirot, Amém, D.C., repetir *ad lib.*"!

III

– O que acho mais encantador aqui é a paz – comentou a srta. Carnaby, ofegante e arrebatada.

– Eu bem que lhe disse, Amy – respondeu Emmeline Clegg.

As duas amigas estavam sentadas na encosta de uma colina, com vista para um mar de um azul profundo e lindo. A grama era de um verde vívido, a terra e os penhascos de um vermelho profundo e fulgurante. A pequena propriedade hoje conhecida como santuário Green Hills era um promontório de mais ou menos seis acres. Somente uma estreita faixa de terra o juntava à costa, de modo que constituía quase uma ilha.

A srta. Clegg murmurou, num tom sentimental:

– A terra vermelha, a terra da luz e das esperanças, onde um destino tríplice se cumprirá.

A srta. Carnaby suspirou profundamente e disse:

– Achei que o mestre falou tão bonito no serviço de ontem à noite.

– Espere só – comentou sua amiga – pelo festival de hoje à noite. A Pastagem Plena!

– Mal posso esperar – disse a srta. Carnaby.

– Verá que é uma experiência espiritual maravilhosa – sua amiga lhe assegurou.

A srta. Carnaby chegara ao santuário Green Hills uma semana antes. Sua atitude ao chegar fora:

– Ora, mas que besteira é essa? Realmente, Emmie, uma mulher sensata como você... etc., etc.

Em uma entrevista preliminar com o dr. Andersen, ela conscienciosamente deixara bem clara sua opinião.

– Não quero sentir que estou aqui me fingindo de outra coisa, dr. Andersen. Meu pai foi clérigo da Igreja Anglicana, e jamais pus em dúvida a minha fé. Não aceito doutrinas pagãs.

O homem grande de cabelos louros sorrira para ela: um sorriso muito doce e compreensivo. Ele mirava com indulgência a figura gorducha e um tanto beligerante que sentava-se tão ereta em sua cadeira.

– Minha cara srta. Carnaby – ele disse. – A senhorita é amiga da sra. Clegg, e por isso é bem-vinda. E acredite em mim, nossas doutrinas não são pagãs. Aqui todas as religiões são bem-vindas, e todas respeitadas em igualdade.

– Mas não deviam ser – disse a leal filha do falecido reverendo Thomas Carnaby.

Recostando-se em sua cadeira, o mestre murmurou, com sua voz poderosa:

– Na casa de meu Pai há muitas moradas... Lembre-se disso, srta. Carnaby.

Ao deixarem a presença dele, a srta. Carnaby murmurou para a amiga:

– Ele é um homem muito bonito.

– Sim – disse Emmeline Clegg. – E tão espiritual...

A srta. Carnaby concordou. Era verdade... ela sentira aquilo... uma aura de um outro mundo... de espiritualidade...

Conteve-se. Não estava lá para se entregar ao fascínio, espiritual ou não, do Grande Pastor. Tentou pensar em Hercule Poirot. Ele lhe pareceu muito distante, e curiosamente terreno...

"Amy" disse a srta. Carnaby para si mesma. "Controle-se. Lembre-se de por que está aqui..."

Mas, com o passar dos dias, ela se viu cedendo com grande facilidade ao feitiço de Green Hills. A paz, a simplicidade, a comida, deliciosa embora frugal, a beleza dos serviços, com seus cantos de Amor e Adoração, as palavras simples e tocantes do mestre, apelando a tudo que há de melhor e mais elevado na humanidade... ali, toda a desarmonia, toda a feiura do mundo não entravam. Havia apenas a paz e o amor...

E hoje haveria o grande festival de verão, o Festival da Pastagem Plena. E nele, ela, Amy Carnaby, seria iniciada. Tornaria-se parte do Rebanho.

O festival teve lugar no prédio de concreto, um prédio branco, reluzente, chamado de Congregação Sagrada pelos iniciados. Ali os devotos reuniam-se em assembleia logo antes do crepúsculo. Vestiam mantos de pele de ovelha e calçavam sandálias. Seus braços permaneciam nus. No centro da congregação, numa plataforma elevada, ficava o dr. Andersen. O homenzarrão, de cabelos dourados e olhos azuis, com sua barba loira e belo perfil, jamais parecera tão convincente. Usava paramentos verdes e carregava um cajado pastoral de ouro.

Ele ergueu o cajado, e um silêncio mortal caiu sobre a assembleia.

– Onde estão minhas ovelhas?

A resposta veio da multidão.

– *Estamos aqui, ó meu Pastor.*

– Elevem seus corações com alegria e gratidão. Este é o Banquete da Alegria.

– *O Banquete da Alegria, e nós o exultamos.*

– Para vocês não haverá mais tristeza, não mais haverá dor. Tudo é alegria!

– *Tudo é alegria...*

– Quantas cabeças tem o Pastor?

– Três cabeças, uma de ouro, uma de prata, uma cabeça de sonoro latão.

– Quantos corpos tem a Ovelha?

– *Três corpos, um de carne, um de corrupção, e um corpo de luz.*

– Como serão unidos ao Rebanho?
– *Pelo Sacramento de Sangue.*
– Estão preparados para esse Sacramento?
– *Estamos.*
– Cubram seus olhos e estendam seus braços direitos.

A multidão, obediente, cobriu os olhos com os lenços verdes fornecidos para esse fim. A srta. Carnaby, como todos os outros, estendeu o braço para frente.

O Grande Pastor moveu-se entre as fileiras de seu rebanho. Houve pequenos gritos, gemidos de dor ou de êxtase.

A srta. Carnaby disse para si mesma, com fervor: "Como é blasfemo, tudo isso! Esse tipo de histeria religiosa é deplorável. Devo continuar absolutamente calma e observar as reações das outras pessoas. *Não* me deixarei levar... *Não* me deixarei...".

O Grande Pastor aproximara-se dela. Ela sentiu que pegavam seu braço, o seguravam, e então houve uma dor aguda, como de uma picada de agulha. A voz do Pastor murmurou:

– *O Sacramento de Sangue que traz alegria...*

Ele seguiu em frente.

Logo ouviu-se uma ordem.

– Removam o véu e alegrem-se com os prazeres do espírito!

O sol acabava de mergulhar na terra. A srta. Carnaby olhou à sua volta. Junto com os outros, foi saindo da congregação. Sentiu-se subitamente exaltada, feliz. Afundou-se em um montículo de terra macio e gramado. Não conseguia entender por que um dia pensara ser uma mulher de meia-idade solitária, querida por ninguém. A vida era maravilhosa; ela própria era maravilhosa! Tinha o poder do pensamento, o poder de sonhar. Não havia nada que ela não pudesse realizar!

Foi invadida por uma intensa onda de entusiasmo. Observou os seus companheiros em volta; de repente, pareciam ter adquirido uma estatura imensa.

"*Como árvores que andam...*", disse a srta. Carnaby para si mesma, reverente.

Ergueu a mão. Era um gesto cheio de propósito: com ele, poderia comandar a terra. César, Napoleão, Hitler: sujeitinhos pobres, miseráveis! Eles nada sabiam do que ela, Amy Carnaby, era capaz de fazer! Amanhã providenciaria a paz mundial, a fraternidade entre os povos. Não haveria mais guerras, nem pobreza, nem doenças. Ela, Amy Carnaby, podia construir um Mundo Novo.

Mas não era preciso ter pressa. O tempo era infinito... Minutos se sucediam a minutos, horas sucediam horas! A srta. Carnaby sentiu seus membros ficarem pesados, mas sua mente estava deliciosamente livre. Poderia vagar à vontade por todo o universo. Dormiu. Mas, mesmo enquanto dormia, sonhou... Com grandes espaços... vastas construções... um mundo novo e maravilhoso...

Gradualmente o mundo se encolheu, e a srta. Carnaby bocejou. Mexeu seus membros duros. O que havia acontecido desde ontem? Noite passada ela sonhara...

Era noite de lua. À luz dela, a srta. Carnaby podia apenas distinguir os números em seu relógio. Para seu grande espanto, os ponteiros mostravam faltar quinze minutos para as dez. O sol, ela bem sabia, se pusera às oito e dez. Há somente uma hora e trinta e cinco minutos? Impossível. Mas ainda assim...

"*Muito* impressionante", disse a srta. Carnaby para si mesma.

IV

Hercule Poirot falava:
– A senhorita deve obedecer minhas instruções com todo o cuidado. Compreende?

– Ah sim, sr. Poirot. Pode confiar em mim.
– Mencionou sua intenção de beneficiar a seita?
– Sim, sr. Poirot. Disse pessoalmente ao mestre; perdão, ao dr. Andersen. Falei, muito comovida, da maravilhosa revelação que tive. Contei de como viera para ridicularizar e de como fiquei para acreditar. Eu... na verdade disse essas coisas com muita naturalidade. O dr. Andersen tem muito charme, um charme magnético.
– Percebo – comentou Poirot, seco.
– Um jeito de ser que é muito convincente. A gente sente que ele não liga a mínima para o dinheiro. "Dê o que puder dar", ele disse sorrindo, com aquele jeito encantador, "se não puder dar nada, não tem importância. É igualmente parte do rebanho." "Ah, dr. Andersen", eu respondi, "não estou tão mal de vida *assim*. Acabo de herdar uma quantia considerável de um parente distante, e, embora não possa de fato tomar posse do dinheiro antes de cuidar de todas as formalidades legais, tem uma coisa que eu gostaria de fazer agora mesmo." E então expliquei que estava cuidando de meu testamento e que queria deixar todas as minhas posses para a Fraternidade. Expliquei que não tinha nenhum parente próximo.
– E ele graciosamente aceitou o presente?
– Reagiu com bastante serenidade. Disse que se passariam muitos anos antes que eu viesse a falecer, que podia ver que eu teria uma vida longa, plena de alegria e de realização espiritual. Ele fala de um jeito muito *tocante*.
– Assim parece.
O tom de Poirot era seco. Continuou:
– Falou de sua saúde?
– Sim, sr. Poirot. Disse a ele que tinha um problema no pulmão, e que já tivera mais de uma crise, mas que um tratamento definitivo em um sanatório alguns anos atrás havia, assim eu esperava, me curado por completo.
– Excelente!

– Embora eu não entenda por que foi necessário me dizer tuberculosa, quando meus pulmões estão muitíssimo bem.

– Esteja certa de que *é* necessário. Mencionou sua amiga?

– Sim. Contei a ele (em segredo absoluto) que minha querida Emmeline, além da fortuna que herdara do marido, herdaria uma soma ainda maior em breve, de uma tia muito ligada a ela.

– *Eh bien*, isso deve deixar a sra. Clegg em segurança por enquanto!

– Ah, sr. Poirot, acha que *há* mesmo alguma coisa de errado?

– É isso que vou me esforçar para descobrir. A srta. conheceu um tal de sr. Cole no santuário?

– Havia um sr. Cole da última vez que fui lá. Um homem muito peculiar. Usa bermudas verde-grama e não come nada além de repolho. É um crente muito fervoroso.

– *Eh bien*, tudo está progredindo bem. Parabenizo-a pelo trabalho que fez. Agora tudo está pronto para o Festival de Outono.

V

– Srta. Carnaby. Um momentinho só.

O sr. Cole puxou a srta. Carnaby, mirando-a com olhos brilhantes e febris.

– Tive uma visão. Uma visão muito impressionante. Preciso muito contar-lhe.

A srta. Carnaby suspirou. Na verdade sentia medo do sr. Cole e de suas visões. Havia momentos em que definitivamente acreditava que o sr. Cole era louco.

E achava essas visões dele às vezes muito constrangedoras. A faziam lembrar de certas passagens muito objetivas daquele livro alemão muito moderno sobre a mente subconsciente, que lera antes de vir para Devon.

O sr. Cole, com os olhos rebrilhando, retorcendo os lábios, começou a falar com entusiasmo.

– Tenho meditado... refletido sobre a Plenitude da Vida, sobre a Alegria Suprema da Unidade... e então, sabe, meus olhos se abriram, e eu *vi*...

A srta. Carnaby preparou-se e esperou que a visão do sr. Cole não fosse a mesma que da última vez: aparentemente, um casamento ritual na Suméria antiga entre um deus e uma deusa.

– Vi – disse o sr. Cole chegando mais perto de Amy, respirando com força, seus olhos parecendo (sim, sem dúvida) *completamente* lunáticos – o profeta Elias descendo dos céus em sua carruagem de fogo.

A srta. Carnaby soltou um suspiro de alívio. Elias era um tema muito melhor, ela não se incomodava com Elias.

– Abaixo – prosseguiu o sr. Cole – estavam os altares de Baal, centenas e centenas deles. Uma voz gritou para mim: "Veja, escreva e dê testemunho do que verá...".

Ele se interrompeu e, educada, a srta. Carnaby murmurou:

– Sim?

– Nos altares estavam as que seriam sacrificadas, presas, indefesas, esperando pela faca. Virgens, centenas de virgens, virgens belas, jovens e nuas...

O sr. Cole estalou os beiços, e a srta. Carnaby corou.

– Então vieram os corvos, os corvos de Odin, voando do norte. Encontraram-se com os corvos de Elias, e juntos fizeram círculos no céu... e mergulharam e arrancaram os olhos das vítimas... houve choro e ranger de dentes... e a voz exclamou: "Atentem para o sacrifício, pois nesse dia Jeová e Odin firmarão uma aliança de sangue!". Então os sacerdotes caíram sobre as vítimas, erguendo as facas no ar... e as mutilaram.

Em desespero, a srta. Carnaby se afastou de seu atormentador, que agora babava numa espécie de fervor sádico.

– Com licença um minutinho.

Dirigiu-se para Lipscomb, o homem que ocupava a portaria que dava acesso ao Green Hills e que, providencialmente, passava por ali.

– Estava me perguntando – ela disse – se o senhor encontrou um broche meu. Devo ter deixado cair no chão em algum lugar por aqui.

Lipscomb, que era um homem imune à doçura e luz generalizadas de Green Hills, apenas grunhiu que não vira broche algum. Não cabia a *ele* sair por aí procurando coisas. Tentou livrar-se da srta. Carnaby, mas ela o seguiu, tagarelando sobre o broche até tomar uma distância segura do fervor do sr. Cole.

Naquele instante, o mestre em pessoa veio saindo da Grande Congregação. Encorajada pelo sorriso benigno que viu em seu rosto, a srta. Carnaby arriscou falar-lhe com sinceridade.

Ele também não achava que o sr. Cole era completamente... completamente...?

O mestre pôs a mão em seu ombro.

– Você deve expulsar o medo – ele disse. – O amor perfeito expulsa o medo...

– Mas acho que o sr. Cole *é* maluco. Aquelas visões que ele tem...

– Por enquanto – respondeu o mestre – ele não vê perfeitamente... através do vidro de sua própria natureza carnal. Mas virá o dia em que verá com os olhos do espírito – face a face.

A srta. Carnaby sentiu-se desconcertada. É claro que, dito nesses termos... Esforçou-se para fazer um novo protesto, dessa vez menor.

– E, para ser sincera – continuou –, Lipscomb precisa ser assim tão rude?

Mais uma vez o mestre abriu seu sorriso celestial.

– Lipscomb – disse – é um cão de guarda fiel. É uma alma bruta, primitiva, mas fiel, muito fiel.

Ele se afastou. A srta. Carnaby o viu cruzar com o sr. Cole, parar e por a mão no ombro do fiel. Ela tinha esperanças de que a influência do mestre talvez alterasse a natureza das visões futuras.

De todo modo, agora só faltava uma semana para o Festival de Outono.

VI

Na tarde antes do Festival, a srta. Carnaby encontrou-se com Hercule Poirot em uma pequena casa de chá na sonolenta cidadezinha de Newton Woodbury. A srta. Carnaby estava agitada e ainda mais sem fôlego do que o normal. Bebericava seu chá e esfarelava um bolinho entre os dedos.

Poirot fez várias perguntas às quais ela respondeu, lacônica.

Ele então perguntou:

– Quantas pessoas vão estar no Festival?

– Acho que 120. Emmeline está lá, é claro, e o sr. Cole... ele tem andado *muito* esquisito esses dias. Tem visões. Descreveu algumas para mim, realmente muito bizarras... espero, espero mesmo, que ele não seja um *louco*. Uma grande quantidade de novos membros vai estar presente, quase uns vinte.

– Bom. Sabe o que deve fazer?

Houve um momento de silêncio antes que a srta. Carnaby dissesse, numa voz bastante estranha:

– Lembro do que o senhor me disse, sr. Poirot...

– *Très bien*!

Então Amy Carnaby acrescentou, de maneira clara e inequívoca:

– *Mas me recuso a fazer aquilo.*

Hercule Poirot encarou-a espantado. A srta. Carnaby levantou-se. Sua voz era rápida e histérica.

– O senhor me mandou aqui para espionar o dr. Andersen. Suspeitou que ele fosse culpado de todo tipo de coisa. Mas ele é um homem maravilhoso... um grande professor. Acredito nele com todo meu coração e com toda a minha alma! E não vou mais trabalhar como espiã para o senhor, sr. Poirot! Sou uma das Ovelhas do Pastor. O mestre tem uma nova mensagem para o mundo e, de agora em diante, pertenço a ele de corpo e alma. E pode deixar que eu pago meu chá, por favor.

Nesse pequeno anticlímax, a srta. Carnaby jogou algumas moedas na mesa e saiu apressada da casa de chá.

– *Non d'un nom d'un nom* – disse Hercule Poirot.

A garçonete teve de chamar duas vezes antes que percebesse que ela lhe trouxera a conta. Olhou para um homem carrancudo que o olhava interessado na mesa mais próxima, corou, pagou a conta e foi embora.

Sua mente estava a mil.

VII

Uma vez mais as ovelhas estavam reunidas em assembleia na grande congregação. As perguntas e respostas rituais haviam sido entoadas.

– Estão preparados para o sacramento?

– *Estamos.*

– Vendem seus olhos e estiquem seus braços direitos.

O Grande Pastor, magnífico em seus paramentos verdes, caminhou entre as filas dos que esperavam. O visionário e viciado em repolho sr. Cole, próximo à srta. Carnaby, gemeu em doloroso êxtase quando a agulha perfurou sua carne.

O Grande Pastor postou-se à frente da srta. Carnaby. Suas mãos tocaram seu braço...

– *Não senhor. Nada disso...*

Palavras incríveis... sem precedentes. Luta, um urro de ódio. Os véus verdes foram arrancados dos olhos, para testemunharem uma visão inacreditável: o Grande Pastor lutando para se livrar das mãos do sr. Cole, vestido em pele de ovelha, sendo ajudado por outro fiel.

Num tom profissional e veloz, o ex-sr. Cole dizia:

– ...e tenho comigo uma ordem de prisão para o senhor. Devo avisá-lo de que tudo o que disser pode ser usado como evidência no seu julgamento.

Agora havia outras figuras à porta da Grande Congregação... figuras de uniforme azul.

Alguém gritou:

– É a *polícia*. Estão levando o mestre. Estão levando o mestre...

Todos estavam chocados... horrorizados... para eles, o Grande Pastor era um mártir; sofrendo, como sofrem todos os grandes mestres, a ignorância e a perseguição do mundo exterior...

Enquanto isso, o detetive inspetor Cole guardava com cautela em um pacote a seringa hipodérmica que caíra da mão do Grande Pastor.

VIII

– Minha valente colega!

Poirot trocou um afetuoso aperto de mãos com a srta. Carnaby e a apresentou ao inspetor-chefe Japp.

– Agiu como uma profissional, srta. Carnaby – disse Japp. – Não teríamos conseguido sem a senhorita, e isso é um fato.

– Ora essa! – a srta. Carnaby sentia-se lisonjeada. – É tão *gentil* da sua parte dizer isso. E tenho que dizer que *gostei* do negócio todo. A emoção, sabe como é, e interpretar o meu papel. Algumas vezes me deixei levar. Realmente senti que *era* uma daquelas mulheres idiotas.

– Essa é a razão do seu sucesso – disse Japp. – A senhorita era autêntica. Qualquer outra coisa não teria enganado aquele cavalheiro. É um pilantra muito do astuto.

A srta. Carnaby voltou-se para Poirot.

– Aquela hora na casa de chá foi terrível. Eu não sabia *o que* fazer. Só me restou agir de improviso.

– A senhorita foi magnífica – disse Poirot, enfático. – Por alguns instantes pensei que ou a senhorita ou eu havia perdido a cabeça. Por uma fração de minuto, pensei que a senhorita falara *a sério.*

– Foi um choque tão grande – disse a srta. Carnaby. – Justo no momento em que conversávamos tão confidencialmente. Vi pelo espelho que Lipscomb, que é encarregado da entrada do santuário, estava sentado na mesa atrás de mim. Não sei se por coincidência ou se ele havia realmente me seguido. Como eu dizia, tive de fazer o melhor que podia, de improviso, e confiar que o senhor ia entender.

Poirot sorriu.

– Eu entendi. Só havia uma pessoa sentada próximo o bastante para ouvir nossa conversa, e logo que saí da casa de chá providenciei para que ele fosse seguido quando saísse. Quando foi direto de volta para o santuário, compreendi que podia confiar e que não seria deixado na mão... mas tive medo porque a situação ficou ainda mais perigosa para a senhorita.

– Realmente havia... realmente havia perigo? O que tinha na seringa?

Japp disse:

– Você explica ou explico eu?

Poirot respondeu num tom de voz grave:

– Mademoiselle, aquele dr. Andersen havia concebido um esquema de exploração e assassinatos... cometidos cientificamente. Dedicou a maior parte de sua vida a pesquisas bacteriológicas. Usando outro nome, é dono de um laboratório químico em Sheffield. Lá ele faz culturas de diversos bacilos. Era seu hábito, nos Festivais, injetar em seus fiéis uma dose pequena mas suficiente de *Cannabis indica*, também conhecida como haxixe ou maconha. Essa droga causa delírios de grandeza e sensação de bem-estar. Tais eram as alegrias espirituais que ele prometia.

– Muito impressionante – disse a srta. Carnaby. – Realmente uma sensação extraordinária.

Hercule Poirot concordou.

– Esses eram seus principais instrumentos: uma personalidade dominadora, o poder de criar histerias em massa e as reações produzidas por essa droga. Mas ele tinha um objetivo ulterior em vista.

"Mulheres solitárias, movidas por gratidão e fervor, faziam testamentos legando seu dinheiro ao culto. Uma por uma, essas mulheres morreram. Morreram em suas próprias casas, e aparentemente de complicações naturais. Sem entrar em detalhes muito técnicos, vou tentar explicar. É possível criar culturas intensificadas de certas bactérias. Por exemplo, o bacilo *coli communis*, que causa a colite ulcerativa. Bacilos tifoides podem ser inoculados no sistema. O mesmo vale para o *pneumococcus*. Há também o que é chamado de tuberculina antiga, que é inofensiva para uma pessoa saudável, mas que estimula a atividade de qualquer antiga lesão tuberculosa. Percebe a astúcia daquele homem? Essas mortes ocorriam em diferentes partes do país, sob os cuidados de diferentes médicos, e sem qualquer risco de levantar suspeitas. Ele também havia, soube, cultivado uma substância que tinha o poder de retardar, mas ao mesmo tempo intensificar a ação do bacilo escolhido."

– Se esse homem não é um demônio, não sei quem mais seria! – exclamou o inspetor-chefe Japp.

Poirot continuou:

– Seguindo ordens minhas, a senhorita contou a ele que já sofrera de tuberculose. Na seringa que ele tinha em mãos quando Cole o prendeu foi encontrada tuberculina antiga. Já que a senhorita é saudável, não lhe faria nenhum mal, e foi por isso que fiz com que a senhorita mencionasse especificamente a tuberculose. Mesmo assim estava apavorado com a possibilidade de que ele *talvez* escolhesse um outro germe, porém eu respeitava sua coragem, e tive de deixá-la correr o risco.

– Ah, não tenho problema nenhum com *isso* – disse a animada srta. Carnaby. – Não me importo de correr riscos. Só tenho medo de touros em campo aberto e coisas do gênero. Mas o senhor tem provas para *condenar* esse homem terrível?

Japp abriu um sorriso.

– Muitas provas – respondeu. – Temos o laboratório dele, e as culturas e todo o resto!

Poirot interveio:

– É possível, creio, que ele tenha cometido uma longa série de assassinatos. Posso dizer que não foi apenas por ser filho de mãe judia que foi despedido daquela universidade alemã. Isso foi apenas uma história conveniente para explicar sua chegada ao país, e para conquistar a solidariedade alheia. Na verdade, imagino que seja um ariano puro.

A srta. Carnaby suspirou.

– *Qu'est ce qu'il y a?* – perguntou Poirot.

– Estava pensando – disse a srta. Carnaby – em um sonho maravilhoso que tive no primeiro festival. Coisa do haxixe, suponho. Arrumei o mundo de um jeito tão lindo! Nada de guerras, de pobreza, nada de doenças, de feiura...

– Deve ter sido um sonho e tanto – disse Japp com inveja.

A srta. Carnaby pulou de pé e falou:

– Preciso ir para casa. Emily tem andado tão ansiosa... E me disse que meu querido Augustus tem sentido muito a minha falta.

– Talvez estivesse com medo de que, como ele, a senhorita fosse morrer por Hercule Poirot!

Capítulo 11

As maçãs das Hespérides

I

Hercule Poirot observou pensativo o rosto do homem sentado atrás de uma grande mesa de mogno. Percebeu as sobrancelhas fartas, a boca cruel, o contorno feroz da mandíbula e os olhos penetrantes e visionários. Ao vê-lo, pôde entender por que Emery Power tornara-se a grande potência financeira que era.

E, pousando os olhos sobre as longas e delicadas mãos, muito elegantes, que repousavam sobre a mesa, compreendeu também por que Emery Power adquirira o renome de um grande colecionador. Era conhecido nos dois lados do Atlântico como um *connoisseur* de obras de arte. Sua paixão pela arte andava de mãos dadas com uma igual paixão pela História. Para ele, não bastava que algum objeto fosse belo; exigia também que tivesse uma tradição por trás de si.

Emery Power falava. Sua voz era tranquila; uma voz pequena, distinta, mais eficiente do que qualquer grito.

– Sei que o senhor não tem aceitado muitos casos. Mas creio que aceitará esse.

– Então é um caso de grande importância?

Emery Power respondeu:

– É de grande importância para mim.

Poirot insistiu em sua atitude inquiridora, a cabeça levemente tombada para um lado. Fazia lembrar um passarinho meditativo.

O outro continuou:

– Trata-se do resgate de uma obra de arte. Para ser mais exato, de um cálice de ouro lavrado, que data do

Renascimento. Diz-se que foi o cálice usado pelo Papa Alexandre VI, Roderigo Bórgia. Ele algumas vezes permitia que certas visitas especiais bebessem dele. Essas visitas, sr. Poirot, em geral morriam.

– Uma bela história – murmurou Poirot.

– Toda a história desse cálice está marcada pela violência. Foi roubado mais de uma vez. Assassinatos foram cometidos com o fim de tomar posse dele. Esse objeto deixou atrás de si um rastro de sangue pelos séculos.

– Devido ao seu valor intrínseco ou por outros motivos?

– Seu valor intrínseco é sem dúvida considerável. A arte empregada em sua confecção é refinadíssima (diz-se que foi feito por Benvenuto Cellini). O desenho entalhado é de uma árvore em torno da qual uma serpente de joias incrustadas se enrodilha, e as maçãs da árvore são formadas por esmeraldas lindíssimas.

Poirot murmurou, sem esconder que seu interesse se aguçara:

– Maçãs?

– As esmeraldas são excepcionalmente requintadas, o mesmo valendo para os rubis que formam a serpente, mas é evidente que o real valor do cálice está em suas ligações com a história. Foi posto à venda pelo Marchese di San Veratrino em 1929. Os colecionadores disputaram-no lance a lance e, por fim, comprei-o por uma soma equivalente (na taxa de câmbio da época) a trinta mil libras.

Poirot ergueu as sobrancelhas e murmurou:

– De fato, um preço régio! O Marchese Veratrino teve sorte.

Emery Power disse:

– Quando quero alguma coisa, me disponho a pagar o preço, sr. Poirot.

Hercule Poirot falou em tom suave:

– O senhor com certeza conhece o provérbio espanhol: "Tome o que quiser, e pague pelo que tomar, diz Deus".

Por um instante o financista franziu o cenho, e um rápido lampejo de ira apareceu em seus olhos. Respondeu com frieza:

– O senhor é um filósofo, sr. Poirot.

– Já cheguei à idade da reflexão, monsieur.

– Vê-se. Mas não é pensando que vai conseguir meu cálice de volta.

– Pensa que não?

– Imagino que alguma ação seja necessária.

Hercule Poirot acenou com a cabeça placidamente.

– É um erro muito comum. Mas peço desculpas, sr. Power, nos afastamos de nosso assunto. O senhor estava me contando que comprou o cálice do Marchese di San Veratrino?

– Isso mesmo. O que vou lhe contar agora é que foi roubado antes de chegar de fato a minhas mãos.

– Como isso aconteceu?

– O palácio do Marchese foi invadido por ladrões na noite da venda, e oito ou dez peças de valor considerável foram roubadas, incluindo o cálice.

– E o que foi feito a respeito disso?

Power deu de ombros.

– A polícia, é claro, se encarregou do problema. Chegou à conclusão de que o roubo fora obra de uma famosa quadrilha internacional de ladrões. Dois deles, um francês chamado Dublay e um italiano de nome Riccovetti, foram presos e julgados. Alguns dos bens roubados foram encontrados em posse deles.

– Mas não o cálice Bórgia?

– Mas não o cálice Bórgia. Até onde a polícia conseguiu descobrir, três homens participaram do furto: os dois que acabei de mencionar e um terceiro, um irlandês chamado Patrick Casey. Esse último, um gatuno especialista em residências. Disseram que foi ele quem de fato roubou os objetos. Dublay era o cabeça do grupo e planejava os roubos; Riccovetti dirigia o carro e ficava na rua, esperando que os objetos roubados fossem baixados até ele.

– E os bens roubados? Eram divididos em três partes?

– É possível. Por outro lado, os artigos recuperados foram os de menor valor. Parece possível que os artefatos mais notáveis e extraordinários tenham sido contrabandeados às pressas para fora do país.

– E quanto ao terceiro homem, Casey? Não foi levado à justiça?

– Não no sentido a que se refere. Já não era um homem jovem. Seus músculos estavam mais rígidos do que antigamente. Duas semanas depois ele caiu do quinto andar de um prédio e morreu na hora.

– Onde foi isso?

– Em Paris. Ele estava tentando roubar a residência de um banqueiro milionário, Duvauglier.

– E desde então o cálice nunca mais foi visto?

– Exato.

– Nunca foi posto à venda?

– Tenho certeza que não. Devo dizer que não somente a polícia, como também investigadores particulares, estão à procura dele.

– E quanto ao valor que o senhor pagou?

– O Marchese, uma pessoa muito escrupulosa, ofereceu um reembolso, visto que o cálice fora roubado da casa dele.

– Mas o senhor não aceitou?

– Não.

– E por qual motivo?

– Digamos que por preferir manter a questão em minhas próprias mãos.

– Quer dizer que caso houvesse aceito a proposta do Marchese, o cálice, se recuperado, seria propriedade dele, enquanto que agora é legalmente seu?

– Sim.

– E o que havia por trás dessa sua atitude?

Emery Power respondeu com um sorriso:

– Vejo que o senhor compreende. Bem, sr. Poirot, é bem simples. *Eu julgava saber quem estava com o cálice.*

– Muito interessante. E quem era?

– Sir Reuben Rosenthal. Era não só um colega colecionador como, à época, um inimigo pessoal. Foi meu rival em diversas questões de negócios, e no cômputo geral eu me saí melhor. Nossa animosidade culminou nessa rivalidade pelo cálice Bórgia. Nós dois estávamos determinados a possuí-lo. Era mais ou menos uma questão de honra. Nossos representantes oficiais disputaram lances na ocasião da venda.

– E o lance final de seu representante assegurou a compra?

– Não exatamente. Tomei a precaução de enviar um segundo agente... para todos os efeitos, representante de um colecionador de Paris. Nenhum de nós, o senhor compreende, admitiria capitular diante do outro, mas permitir que um terceiro negociante adquirisse o cálice, com a possibilidade de abordá-lo mais tarde... seria completamente diferente.

– Realmente, *une petite déception.*

– Isso mesmo.

– Que teve sucesso... e imediatamente depois disso Sir Reuben descobriu como fora enganado?

Power sorriu.

Era um sorriso revelador.

Poirot disse:

– Compreendo a situação agora. O senhor acreditou que Sir Reuben, não admitindo a derrota, havia deliberadamente encomendado o roubo?

Emery Power levantou a mão.

– Ah não, não! Ele não seria tão grosseiro. Seria algo no seguinte estilo: pouco tempo depois Sir Reuben compraria um cálice do Renascimento, de proveniência desconhecida.

– A descrição do qual seria divulgada pela polícia?

– O cálice não seria posto à vista de ninguém.

– Acha que bastaria a Sir Reuben *saber* que ele o possuía?

– Sim. E além disso, se eu tivesse aceito a oferta do Marchese... teria sido possível para Sir Reuben concluir uma negociação particular com ele mais tarde, desta forma permitindo que o cálice passasse de modo legal às mãos dele.

Ficou em silêncio por um minuto, e enfim disse:

– Mas, conservando a minha posse legal, ainda haveria a possibilidade de recuperar o meu cálice.

– Quer dizer – afirmou Poirot sem rodeios – que poderia providenciar para que fosse roubado de Sir Reuben?

– Não *roubado*, sr. Poirot. Eu estaria apenas recuperando minha propriedade.

– Mas suponho que o senhor não tenha tido sucesso. Correto?

– Por um ótimo motivo. Rosenthal nunca esteve de posse do cálice!

– Como o senhor sabe?

– Recentemente houve uma fusão no setor petrolífero. Os interesses de Rosenthal e os meus agora coincidem. Somos aliados, não mais inimigos. Tive uma conversa franca com ele sobre a questão, e na mesma hora ele me assegurou de que jamais tivera posse do cálice.

– E o senhor acredita nele?

– Sim.

Poirot perguntou, pensativo:

– Então por quase dez anos o senhor esteve, como se diz nesse país, latindo para a árvore errada?

O financista respondeu, amargo:

– Sim, era exatamente isso o que eu estava fazendo!

– E agora, devemos começar tudo de novo, do zero?

O outro confirmou.

– E onde é que eu entro? Sou o cachorro que o senhor colocou atrás de uma pista fria... uma pista muito fria.

Emery Power replicou:

– Se fosse um caso de fácil solução, não seria preciso chamá-lo. É claro que, se o senhor considera impossível...

Ele encontrara a palavra certa. Hercule Poirot empertigou-se e disse com frieza:

– Não reconheço a palavra *impossível*, *monsieur*! Apenas me pergunto... será esse caso de tal modo interessante que justifique o meu envolvimento?

Emery Power sorriu mais uma vez. E afirmou:

– Ele é interessante. *O senhor pode pedir o quanto quiser.*

O homenzinho ficou olhando para o grande homem. Perguntou com suavidade:

– Então deseja tanto assim a posse dessa obra de arte? Estou certo de que não!

Emery Power respondeu:

– Digamos que eu, assim como o senhor, não admito ser derrotado.

Hercule Poirot fez uma mesura com a cabeça e falou:

– Sim... quando o senhor coloca nesses termos... eu compreendo.

II

O inspetor Wagstaffe ficou interessado.

– O cálice de Veratrino? Sim, lembro-me bem do caso. Fui o encarregado, do lado de cá. Falo um pouco de italiano, e viajei para ter uma conversinha com os Macaroni. Até hoje não apareceu. Um caso muito curioso.

– Qual é a sua explicação? Uma venda particular?

Wagstaffe negou com a cabeça.

– Duvido. É claro que é uma possibilidade, embora remota... Não, minha explicação é bem mais simples. O cálice foi escondido, e o único homem que sabia onde agora está morto.

– Refere-se a Casey?

– Sim. É possível que ele o tenha escondido em algum lugar da Itália, ou talvez tenha conseguido contrabandeá-lo para fora do país. Mas foi *ele* o responsável, e onde quer que o tenha escondido, lá ele se encontra.

Hercule Poirot suspirou.

– É uma teoria romântica. Pérolas escondidas em bustos de gesso... qual é mesmo o conto... "Os seis bustos de Napoleão", não é? Mas nesse caso não se trata de joias, e sim de um cálice de ouro, grande e sólido. Imagino que não seja tão fácil escondê-lo.

Wagstaffe disse em tom vago:

– Ora, eu não sei. Acho que seria possível. Debaixo de um chão de tábuas, alguma coisa desse tipo.

– Casey tem uma casa própria?

– Sim, em Liverpool – ele sorriu. – Não estava debaixo do chão de lá. Nos certificamos disso.

– E quanto à família dele?

– A esposa era uma mulher decente. Tinha tuberculose. Afligia-se muito com a vida que o marido levava. Era religiosa, católica devota, mas não tinha coragem de deixá-lo. Morreu alguns anos atrás. A filha puxou à mãe, virou freira. O filho era diferente: saiu ao pai. A última notícia que tive dele é que estava cumprindo pena nos Estados Unidos.

Hercule Poirot fez uma anotação em seu caderninho. *Estados Unidos*. Perguntou:

– Acha possível que o filho de Casey conheça o esconderijo?

– Acredito que não. Se soubesse, o cálice agora já estaria nas mãos dos receptadores.

– O cálice pode ter sido derretido.
– É possível. Bem possível, eu diria. Mas não sei... ele é mais valioso para os colecionadores... e há muitos negócios estranhos ocorrendo entre os colecionadores... o senhor ficaria surpreso! Às vezes – disse Wagstaffe virtuosamente – penso que os colecionadores são amorais.
– Ah! O senhor ficaria surpreso caso Sir Reuben Rosenthal, por exemplo, tivesse parte em um desses negócios que o senhor chama de estranhos?

Wagstaffe sorriu.
– Não me surpreenderia. Diz-se que, quando há obras de arte em jogo, ele não é dos mais escrupulosos.
– E quanto aos outros membros da quadrilha?
– Riccovetti e Dublay pegaram penas pesadas. Imagino que estejam para sair da prisão por agora.
– Dublay é francês, certo?
– Sim, ele era o cabeça da gangue.
– Havia outros membros?
– Havia uma moça... era chamada de Red Kate. Arranjava trabalho como criada de quarto e descobria onde os bens de valor eram guardados. Creio que foi para a Austrália depois que a quadrilha acabou.
– Alguém mais?
– Suspeita-se que um sujeito chamado Yougouian trabalhava com eles. É antiquário, com sede em Istambul, mas possui uma loja em Paris. Nada foi provado contra ele, mas é um sujeito escorregadio.

Poirot suspirou. Olhou para seu caderninho de anotações. Havia escrito: Estados Unidos, Austrália, Itália, França, Turquia...
Ele murmurou:
– *Acabarei tendo de fechar um círculo em torno do mundo...*
– Perdão? – indagou o inspetor Wagstaffe.
– Só estava observando – respondeu Hercule Poirot – que uma viagem ao redor do mundo parece necessária.

III

Era hábito de Hercule Poirot discutir seus casos com seu eficiente mordomo, Georges. Ou seja, deixava escapar certas observações às quais Georges respondia com a sabedoria mundana que acumulara ao longo de sua carreira como mordomo.

– Se você tivesse necessidade, Georges – disse Poirot – de conduzir investigações em cinco partes diferentes do globo, o que faria?

– Bem, senhor, as viagens aéreas são muito rápidas, embora há quem diga que são um tanto desconfortáveis para o estômago. Não posso falar por experiência própria.

– Pergunto-me – disse Hercule Poirot – o que Hércules faria...

– Refere-se ao ciclista, senhor?

– Ou – prosseguiu Poirot – há uma pergunta mais simples: o que ele *de fato* fez? E a resposta, Georges, é que ele viajou energicamente. Mas foi obrigado, no fim, a obter informações, como dizem alguns, de Prometeu... outros dizem que de Nereu.

– Deveras, senhor? – disse Georges. – Nunca ouvi falar de nenhum desses cavalheiros. Seriam agentes de viagem, senhor?

Hercule Poirot, gostando do som de sua própria voz, continuou:

– Meu cliente, Emery Power, só compreende uma coisa: *ação*! Mas é inútil dedicar energia a ações desnecessárias. A vida tem uma regra de ouro, Georges: nunca faça nada que os outros possam fazer por você. Em especial – acrescentou Hercule Poirot, levantando-se e indo até as prateleiras de livros – quando se pode gastar o que quiser!

Tirou da prateleira um arquivo rotulado com a letra D, e o abriu nas palavras "Detetives, Agências de, Confiáveis."

– O Prometeu moderno – murmurou. – Poderia me fazer o favor, Georges, de copiar para mim alguns nomes e endereços? Srs. Hankerton, Nova York. Srs. Laden e Bosher, Sydney. Signor Giovanni Mezzi, Roma. Sr. Nahum, Istambul. Srs. Roget et Franconard, Paris.

Esperou que Georges terminasse, e então falou:

– Agora faça-me a gentileza de pesquisar o horário dos trens para Liverpool.

– Sim, senhor. Está indo para Liverpool, senhor?

– Temo que sim. E é possível, Georges, que eu tenha de ir mais longe ainda. Mas não agora.

IV

Três meses haviam se passado, e Hercule Poirot estava de pé sobre uma ponta escarpada, observando com atenção o oceano Atlântico. As gaivotas subiam e mergulhavam mais uma vez, soltando longos gritos melancólicos. O ar era suave e úmido.

Hercule Poirot tinha a sensação, não incomum dentre os que visitavam Inishgowlen pela primeira vez, de que o mundo terminava ali. Jamais em sua vida imaginara algo tão remoto, tão desolado, tão abandonado. Era um lugar belo, melancólico, de uma beleza fantasmagórica, a beleza de um passado remoto e incrível. Ali, no oeste da Irlanda, os romanos jamais haviam marchado, nunca se ouvira o som de seus passos: jamais ergueram um forte: nunca construíram uma estrada benfeita, sensata, útil. Era uma terra onde o bom senso e o modo ordeiro de viver eram desconhecidos.

Hercule Poirot olhou para as pontas de seus sapatos de couro envernizado e suspirou. Sentia-se abandonado e muito solitário. Os princípios segundo os quais ordenava sua vida não eram apreciados ali.

Seus olhos varreram com lentidão, de cima para baixo, a desolada linha da costa, e depois retornaram ao mar. Naquela direção, em algum lugar, estavam as Ilhas dos Abençoados, a Terra da Juventude...

Ele murmurou consigo mesmo:

– *A Macieira, o Canto e o Ouro...*

E de repente Hercule Poirot voltou a si; o feitiço fora quebrado, e ele estava novamente em harmonia com seus sapatos de couro envernizado e seu elegante terno cinza-escuro, digno de um cavalheiro.

Não muito longe, ouvira o repicar de um sino. Compreendeu o significado daquele sino. Era um som velho conhecido de sua juventude.

Partiu, animado, caminhando ao longo do penhasco. Em cerca de dez minutos avistou a edificação no penhasco. Um muro alto o cercava e uma grande porta de madeira pontilhada por cravos nele se embutia. Hercule Poirot foi até a porta e bateu. Havia uma grande aldrava de ferro. Ele então, com cautela, puxou uma corrente enferrujada, e uma pequenina e aguda campainha vibrou do outro lado da porta.

Um pequeno painel na porta correu para o lado e mostrou um rosto. Era um rosto desconfiado, emoldurado em branco engomado. Havia um bigode visível acima do lábio superior, mas a voz era de mulher, era a voz do que Hercule Poirot costumava chamar de uma *femme formidable*.

Perguntou o que ele queria.

– Este é o convento de Santa Maria de Todos os Anjos?

A impressionante mulher respondeu com aspereza:

– E o que mais seria?

Hercule Poirot não tentou responder à pergunta. Disse ao dragão:

– Eu gostaria de falar com a Madre Superiora.

O dragão estava indisposto, porém cedeu. Trancas foram removidas, a porta se abriu e Hercule Poirot foi conduzido a uma saleta nua, onde eram recebidas as visitas ao convento.

Depois de instantes, uma freira deslizou até ele, fazendo balançar o rosário que trazia preso à cintura. Hercule Poirot era católico de criação. Compreendia a atmosfera na qual se encontrava.

– Peço desculpas por incomodá-la, *ma mère* – ele falou –, mas creio que a senhora tem aqui uma *religieuse* que, no mundo, era conhecida como Kate Casey.

A Madre Superiora confirmou com a cabeça e respondeu:

– É verdade. Na religião, irmã Maria Úrsula.

Hercule Poirot continuou:

– Há um certo erro que precisa ser corrigido. Acredito que a irmã Maria Úrsula poderia me ajudar. Ela tem informações que podem ser de imensa valia.

A Madre Superiora negou com a cabeça. Seu rosto era plácido, sua voz calma e distante. Ela respondeu:

– A irmã Maria Úrsula não pode ajudá-lo.

– Mas eu lhe garanto que...

Ele parou. A Madre Superiora dizia:

– A irmã Maria Úrsula morreu faz dois meses.

V

No bar do Hotel de Jimmy Donovan, Hercule Poirot estava sentado sem conforto, apoiando as costas contra a parede. O hotel não fazia jus ao seu ideal de hotel. A cama estava quebrada, assim como dois dos vidros da janela de seu quarto, o que permitia a entrada daquele vento noturno do qual Hercule Poirot tanto desconfiava. A água quente que lhe haviam trazido estava, na verdade, morna, e a refeição que fizera estava produzindo sensações peculiares e dolorosas em suas entranhas.

Havia cinco homens no bar, e todos conversavam sobre política. Na maior parte do tempo, Hercule Poirot era incapaz de compreender o que diziam. De qualquer modo, não se importava muito.

Logo um dos homens veio sentar-se ao lado dele. Era um homem de uma classe levemente diferente da dos outros. Tinha em si a marca do homem citadino fracassado.

Comentou, com imensa dignidade:

– Vou lhe dizer, senhor, vou lhe dizer... Pegeen's Pride não tem chance, a menor chance... certeza que vai chegar por último, bem na rabeira. O senhor anote o que estou dizendo... todosh deviam prestar atenção no que digo. Shabe quem shou shenhor, shabe quem shou? Atlash, do Dublin Sun... Dei meus palpitesh a temporada toda... Não avisei sobre Larry's Girl? Vinte e cinco contra um, vinte chinco contra um. Ouça o que Atlash diz que não tem erro.

Hercule Poirot o observava com uma estranha reverência. Exclamou, com voz trêmula:

– *Mon Dieu*, é um presságio!

VI

Algumas horas haviam se passado. A lua se mostrava, de tempos em tempos, espiando, coquete, por detrás das nuvens. Poirot e seu novo amigo haviam caminhado por alguns quilômetros. Seu amigo mancava. Passou-lhe pela cabeça a ideia de que existiam, afinal, outros sapatos... mais apropriados para caminhar pelos campos do que seus calçados de couro. De fato, Georges respeitosamente lhe avisara.

– Um bom par de botinas – dissera ele.

Hercule Poirot menosprezara a ideia. Gostava que seus pés parecessem limpos e bem calçados. Mas agora, marchando por esse caminho de pedras, percebeu que *havia* outros sapatos...

Seu companheiro falou de repente:

– Será que o padre zangaria comigo por isso? Não quero um pecado mortal na minha consciência.

Hercule Poirot respondeu:

– Está apenas dando a César o que é de César.

Haviam chegado ao muro do convento. Atlas preparou-se para cumprir seu papel.

Soltou um grande gemido e exclamou, num tom baixo e pungente, que estava inteiramente destruído!

Hercule Poirot falou com autoridade.

– Fique quieto. Não é o peso do mundo que está tendo de levar. É apenas o peso de Hercule Poirot.

VII

Atlas mexia em duas cédulas novinhas de cinco libras.

Disse, cheio de esperanças:

– Talvez de manhã eu não lembre mais como foi que consegui esse dinheiro. Tô muito preocupado com o que Padre O'Reilly vai fazer.

– Esqueça tudo, meu amigo. Amanhã o mundo será seu.

Atlas murmurou:

– E onde vou colocar ele? Tem o trabalhadeiro, um cavalão, que cavalo bom que ele é! E tem Sheila Boyne. Sete contra um que coloco em cima dela.

Fez uma pausa:

– Foi imaginação ou ouvi o senhor mencionar o nome de um deus pagão? Hércules, o senhor disse, e benza Deus, tem um Hércules para correr amanhã às três e meia.

– Meu amigo – disse Hercule Poirot – ponha seu dinheiro nesse cavalo. Escute o que lhe digo, é impossível que Hércules perca.

E é verdade que no dia seguinte o Hércules do sr. Rosslyn inesperadamente venceu a corrida de Boynan, pagando 60 por 1.

VIII

Hercule Poirot desfez com habilidade o belo embrulho do pacote. Primeiro o papel pardo, depois o algodão protetor, e por fim o papel fino.

Sobre a mesa à frente de Emery Power, pôs um cintilante cálice dourado. Incrustada nele havia uma árvore com três maçãs de esmeraldas verdes.

O financista inspirou fundo e disse:

– Meus parabéns, sr. Poirot.

Hercule Poirot fez uma mesura.

Emery Power estendeu a mão. Tocou a borda do cálice, deslizando o dedo em torno. Disse, numa voz profunda:

– Meu!

Hercule Poirot concordou.

– Seu!

O outro suspirou. Recostou na cadeira e perguntou no tom objetivo de quem faz negócios:

– Onde o encontrou?

Hercule Poirot respondeu:

– Encontrei-o num altar.

Emery Power arregalou os olhos.

Poirot prosseguiu:

– A filha de Casey era freira. Estava prestes a fazer seus últimos votos à época da morte do pai. Era uma moça ignorante, mas muito devota. O cálice estava escondido na casa de seu pai em Liverpool. Ela o levou para o convento, creio que na esperança de expiar os pecados do pai. Ela presenteou o cálice para que fosse usado para a glória de Deus. Não acho que as freiras tenham suspeitado do seu grande valor. É provável que pensassem que fosse uma velha relíquia de família. Aos seus olhos, era um cálice, e o usaram como tal.

Emery Power exclamou:

– Uma história extraordinária! – Acrescentou: Como teve a ideia de ir até lá?

Poirot deu de ombros.

– Talvez... um processo de eliminação. E também havia o fato extraordinário de que ninguém tentou sequer uma vez passar o cálice para frente. Isso sugeria que estava em um lugar onde os valores materiais comuns não se aplicam. Então me lembrei de que a filha de Patrick Casey era freira.

Power disse com entusiasmo:

– Bom, como já disse, meus parabéns. Me diga seus honorários que vou fazer o cheque.

Hercule Poirot respondeu:

– Não há honorários.

O outro o encarou, espantado.

– O que quer dizer?

– Leu contos de fada quando criança? Os reis nos contos diziam: "Peça o que quiser".

– Então o senhor *está* pedindo algo em troca.

– Sim, mas não dinheiro. Apenas um simples pedido.

– Bem, o que é? Quer dicas de investimento?

– Isso seria apenas dinheiro em outra forma. Meu pedido é muito mais simples.

– O que é?

Hercule Poirot pôs as mãos no cálice.

– Mande isso de volta para o convento.

– O senhor perdeu a cabeça?

Hercule Poirot fez que não.

– Não, não perdi a cabeça. Veja, vou lhe mostrar uma coisa.

Ele pegou o cálice. Com a unha, pressionou com força as mandíbulas abertas da cobra enrodilhada na árvore. Dentro do cálice, uma pequena porção do interior de ouro cinzelado deslizou para o lado, abrindo uma comunicação com a alça oca.

Poirot perguntou:

– O senhor está vendo? Este foi o cálice do Papa Bórgia. Através deste pequeno orifício o veneno se misturava à bebida. O senhor mesmo disse que a história deste cálice está marcada pelo mal. Violência, sangue e paixões cruéis andaram junto de sua posse. Talvez o mal se volte contra o senhor.

– Superstição!

– É possível. Mas por que está tão ansioso pela posse dessa coisa? Não é pela beleza. Tampouco pelo valor. O senhor tem centenas, talvez mais de mil objetos belos e raros. O senhor o queria por orgulho. Estava decidido a não se deixar vencer. *Eh bien*, o senhor não foi vencido. Venceu! O cálice é seu. Mas, agora, por que não fazer um grande gesto... um gesto supremo? Mande-o de volta para onde permaneceu em paz por quase dez anos. Deixe que o mal que o acompanha seja purificado lá. Pertenceu à Igreja... deixe que volte às mãos da Igreja. Deixe que volte a ficar sobre o altar, purificado e absolvido como esperamos que as almas dos homens também sejam purificadas e absolvidas de seus pecados.

Ele se inclinou para frente.

– Deixe-me descrever para o senhor onde foi que o encontrei... foi no Jardim da Paz, com vista para o Mar do Oeste, na direção de um paraíso esquecido de juventude e beleza eterna.

Ele continuou, descrevendo com palavras simples o charme remoto de Inishgowlen.

Emery Power recostou-se na cadeira, cobrindo os olhos com a mão. Falou por fim:

– Nasci na costa oeste da Irlanda. Saí de lá garoto, para ir para os Estados Unidos.

Poirot respondeu com polidez:

– Assim ouvi dizer.

O financista empertigou-se. A astúcia voltara aos seus olhos. Disse, com um leve sorriso nos lábios:

– É um homem estranho, sr. Poirot. Façamos o que o senhor propôs. Leve o cálice para o convento, como um presente em meu nome. Um presente bem caro. Trinta mil libras... e o que ganho em troca?

Poirot respondeu, sério:

– As freiras rezarão missas pela sua alma.

O sorriso do homem rico ampliou-se... um sorriso esfomeado, ganancioso. Exclamou:

– Então, afinal, talvez seja um investimento! Talvez, o melhor que jamais fiz...

IX

No pequeno parlatório do convento, Hercule Poirot contou sua história e devolveu o cálice à Madre Superiora.

Ela murmurou:

– Mande-lhe os nossos agradecimentos, e diga que rezaremos por ele.

Hercule Poirot afirmou com gentileza:

– Ele necessita de suas preces.

– É um homem infeliz, então?

Poirot respondeu:

– Tão infeliz que já não sabe mais o que é felicidade. Tão infeliz que não sabe que é infeliz.

A freira disse suavemente:

– Ah, um homem rico...

Hercule Poirot nada mais disse... pois sabia que nada mais havia a dizer...

Capítulo 12

A captura de Cérbero

I

Hercule Poirot, sacudido de um lado para o outro no trem do metrô, num instante jogado contra um corpo, no próximo contra outro, pensou com seus botões que havia gente demais no mundo. Com certeza havia gente demais no mundo subterrâneo de Londres naquele momento específico (seis e meia da tarde). Calor, barulho, multidão, aperto... a pressão desagradável de mãos, braços, corpos, ombros! Encurralado e pressionado por estranhos... e no geral (ele refletiu com desgosto) um grupo muito chocho e desinteressante de estranhos! A humanidade vista assim, *en masse*, não era nada atraente. Como era raro ver o brilho da inteligência em um rosto, como era incomum uma *femme bien mise*! Que paixão era aquela que compelia as mulheres a tricotar nas circunstâncias mais adversas? O ato de tricotar não ressaltava em nada a beleza que uma mulher porventura tivesse; a concentração, os olhos vidrados, os dedos ocupados, frenéticos! Era preciso ser ágil como um gato selvagem e ter a força de vontade de um Napoleão para conseguir tricotar em um metrô lotado, mas as mulheres conseguiam! Mal se sentavam, lá vinha o maldito novelo cor-de-rosa camarão, e as agulhas começavam a bater umas nas outras!

Nada de repouso, pensou Poirot, nada de graça feminina! Sua alma idosa revoltava-se com o estresse e a correria do mundo moderno. Todas aquelas jovens mulheres que o cercavam... tão parecidas entre si, tão desprovidas de charme, tão sem aquela feminilidade rica, atraente! Ele exigia um apelo mais vivo, mais exuberante. Ah! Poder ver uma *femme du monde*, *chic*, agradável, *spirituelle*... uma mulher de curvas generosas, ridiculamente bem-vestida, com extravagância! Anos atrás havia mulheres assim. Mas agora... agora...

O trem parou em uma estação; as pessoas saíram aos magotes, empurrando Poirot para perto das pontas de um par de agulhas de tricô; entraram aos magotes, apertando-o como uma sardinha em lata contra seus companheiros de viagem. O trem pôs-se de novo em movimento com um solavanco, que jogou Poirot contra uma mulher corpulenta carregando pacotes pontudos. Disse "*Pardon!*", e foi então lançado na direção de um homem espichado e angular cuja maleta o atingiu na base da espinha. Pediu "*Pardon!*" mais uma vez. Sentiu que seus bigodes começavam a descair e ficar lisos. *Quel enfer*! Felizmente, a sua estação era a próxima!

Era também a estação de mais ou menos 150 outras pessoas, já que se tratava de Piccadilly Circus. Como uma grande onda elas fluíram do trem para a plataforma. Logo Poirot estava mais uma vez apertado em uma escada rolante, sendo elevado até a superfície da terra.

"Saindo", pensou Poirot, "das regiões infernais..." Como foi dolorida a pancada de uma pasta contra a parte de trás do joelho enquanto estava subindo!

Naquele instante, uma voz gritou o seu nome. Surpreso, levantou os olhos. Na escada rolante oposta, a que descia, seus olhos incrédulos deram com uma visão do passado. Uma mulher de formas cheias e opulentas; seus luxuriantes cabelos tingidos de vermelho eram coroados por um pequeno chapéu de palha, ao qual estava preso um verdadeiro batalhão de passarinhos de vívida plumagem. Peles de aspecto exótico caíam em cascata de seus ombros.

Sua boca pintada de carmesim se abriu, sua voz rica e de sotaque estrangeiro ecoou com sonoridade. Ela tinha pulmões muito fortes.

– É *ele*! – ela gritou. – Mas é ele! *Mon cher Hercule Poirot*! Precisamos nos encontrar de novo! Eu insisto!

Mas o próprio destino não é tão inexorável quanto o comportamento de duas escadas rolantes indo em direções opostas. Firme e implacável, Hercule Poirot foi sendo levado para o alto, e a condessa Vera Rossakoff, para baixo.

Virando-se de lado, inclinando-se sobre o corrimão, Poirot gritou em desespero:

– *Chère Madame*! Onde posso encontrá-la?

Sua resposta chegou abafada, vinda das profundezas. Foi uma resposta inesperada, mas no momento pareceu adequada.

– *No inferno...*

Hercule Poirot piscou. E piscou de novo. De repente sentiu o chão mexer. Sem que percebesse chegara ao topo e não pisara com o devido cuidado. A multidão que o rodeava se espalhou. Um pouco para o lado uma multidão compacta acotovelava-se para tomar a escada que descia. Deveria juntar-se a eles? Fora esse o significado das palavras da condessa? Sem dúvida, viajar nas entranhas da terra na hora do rush *era* o inferno. Se fora *esse* o sentido das palavras da condessa, não poderia estar mais de acordo...

Resoluto, Poirot cruzou até o outro lado, foi engolfado pela multidão que descia e mais uma vez transportado às profundezas. Ao pé da escada rolante não havia sinal da condessa. Poirot teria de escolher o sinal de qual cor escolheria seguir, azul, âmbar etc.

A condessa tomaria a linha Bakerloo ou a Piccadilly? Poirot passou por ambas as plataformas. Foi jogado de cá para lá em meio a multidões ondulantes que embarcavam ou desembarcavam, mas em nenhum lugar avistou aquela russa magnífica, condessa Vera Rossakoff.

Cansado, abatido e infinitamente desapontado, Hercule Poirot subiu à superfície e se misturou à confusão de Piccadilly Circus. Chegou em casa num estado de espírito de gostosa animação. É a desgraça dos homens pequenos e meticulosos sentir atração por mulheres grandes e flamejantes. Poirot jamais conseguira livrar-se do fascínio fatal que a condessa exerce sobre ele. Embora cerca de vinte anos houvessem se passado desde a última vez que a vira, a mágica continuava lá. É verdade que sua maquiagem agora fazia lembrar o crepúsculo de um pintor de paisagens, com a mulher bem escondida sob a maquiagem, mas para Hercule Poirot ela ainda era símbolo da suntuosidade e da atratividade. O pequeno burguês ainda sentia o encanto da aristocrata. A lembrança da categoria com que roubava joias fez reviver a velha admiração. Lembrou-se da compostura magnífica com que confessara os roubos, quando pressionada. Como ela, haveria talvez uma em mil... em um milhão! E ele a encontrara de novo... e a perdera!

– *No inferno* – ela dissera. Será que ouvira bem? Ela *realmente* dissera aquilo?

Mas qual seria o significado? Estaria se referindo ao metrô de Londres? Ou deveria entender suas palavras no sentido religioso? Bom, mesmo que seu estilo de vida fizesse do Inferno o destino mais plausível no pós-vida, certamente... certamente a condessa, com toda sua cortesia típica de uma russa, não estaria sugerindo que Hercule Poirot necessariamente iria para o mesmo lugar, estaria?

Não, o significado implícito devia ser outro, bastante distinto. Deve ter se referido... a mente de Poirot estava atônita, estupefata. Que mulher intrigante, imprevisível! Uma mulher inferior talvez gritasse "no Ritz" ou "no Claridge". Mas Vera Rossakoff gritara, de maneira tocante, um impossível "Inferno!".

Poirot suspirou. Mas não se deu por derrotado. Em sua perplexidade, na manhã seguinte escolheu o curso de ação mais simples e direto: perguntou à sua secretária, a srta. Lemon.

A srta. Lemon era feia de uma maneira insuportável e incrivelmente eficiente. Para ela, Poirot não tinha qualquer importância especial: era apenas o seu patrão. Seus pensamentos e sonhos concentravam-se em um novo sistema de arquivamento que aos poucos ia aperfeiçoando nos recônditos de sua mente.

– Srta. Lemon, posso lhe perguntar uma coisa?

– É claro, sr. Poirot. – A srta. Lemon afastou os dedos da máquina de escrever e esperou, atenta.

– Se um amigo ou amiga pedisse que a senhorita o encontrasse no inferno, o que faria?

A srta. Lemon, como de hábito, não hesitou. Ela tinha, como se costuma dizer, resposta para tudo.

– Seria aconselhável, creio eu, ligar para reservar uma mesa – respondeu.

Hercule Poirot ficou olhando para ela, estupefato. Perguntou, em staccato:

– A – senhorita – reservaria – uma – mesa?

A srta. Lemon fez que sim e puxou o telefone para perto de si.

– É para hoje à noite? – ela perguntou e, presumindo que o silêncio equivalia a uma resposta positiva, discou com eficiência.

– Temple Bar 14578? Aí é do *Inferno*? Gostaria de reservar uma mesa para dois, no nome do sr. Hercule Poirot. Onze horas.

Colocou o fone do gancho, e seus dedos voltaram a se aproximar das teclas da máquina de escrever. Um leve ar de impaciência, muito leve, era perceptível em seu rosto. Já fizera o que lhe cabia, sua expressão parecia dizer, e agora certamente o patrão a deixaria continuar com o que estava fazendo?

Mas Hercule Poirot exigiu explicações.

– O que é afinal esse *Inferno*? – ele perguntou.

A srta. Lemon pareceu um pouco surpresa.

– Ah, não conhece, sr. Poirot? É uma boate. Inaugurada há pouco tempo e muito na moda hoje. Parece que a dona é uma russa. Posso providenciar para que o senhor se torne sócio antes do anoitecer, sem dificuldades.

Ao que, tendo desperdiçado (como deixou óbvio) muito tempo, a srta. Lemon retomou a sua eficiente artilharia à máquina de escrever.

Às onze daquela noite Hercule Poirot passou por uma porta sobre a qual um cartaz de neon piscava discretamente uma letra de cada vez. Um cavalheiro de casaca vermelha o recebeu e levou seu sobretudo.

Um gesto indicou o caminho de uma escada de degraus amplos e baixos, para o subterrâneo. Em cada degrau havia uma frase escrita. O primeiro dizia:

"*Eu tinha boas intenções...*"

O segundo:

"*Apague a lousa e comece do zero...*"

O terceiro:

"*Paro quando quiser...*"

– As boas intenções de que o inferno está cheio – murmurou Hercule Poirot, satisfeito. – *C'est bien imaginé, ça!*

Ele desceu a escadaria. Ao pé dela se encontrava um tanque de água com lírios vermelhos. Sobre ele, uma ponte em formato de barco. Poirot a cruzou.

À sua esquerda, numa espécie de caverna de mármore, estava sentado o maior, mais negro e feio cão que Hercule Poirot já vira! Sentava-se muito ereto e sinistro e imóvel. Talvez não fosse, ele pensou (e assim desejou) *de verdade*. Mas naquele instante o cão virou sua cabeçorra feia e feroz e das profundezas de seu corpo negro um uivo longo e cavernoso foi emitido. Um som aterrorizante.

Então Poirot notou uma cesta decorativa de pequenos biscoitos caninos arredondados. Na cesta, lia-se: "*Um óbolo para Cérbero!*"

Era para os biscoitos que o cão olhava. Uma vez mais o uivo longo e grave foi ouvido. Hercule Poirot apressou-se em pegar um biscoito e jogá-lo para o enorme sabujo.

A cavernosa boca vermelha bocejou; então as poderosas mandíbulas se fecharam com estrépito. Cérbero aceitara seu óbulo! Poirot seguiu em frente, passando por uma porta aberta.

A sala não era grande. Era pontilhada por mesas pequenas, com uma pista de dança no meio. A iluminação era feita por pequenas lâmpadas vermelhas, a parede tinha afrescos, e na outra extremidade havia uma enorme grelha, na qual trabalhavam cozinheiros vestidos como demônios, com rabo e chifres.

Tudo isso Hercule Poirot observou antes que, com toda a impulsividade de sua natureza russa, a condessa Vera Rossakoff, resplandecente em seu vestido de noite vermelho, se jogasse sobre ele com as mãos estendidas.

– Ah, você veio! Meu querido... *queridíssimo* amigo! Que alegria te ver de novo! Depois de anos... tantos anos... quantos? Não, não falemos de quantos! Para mim, parece que foi ontem. Você não mudou, não mudou nada!

– Nem você, *chère amie* – Poirot exclamou, beijando-lhe a mão.

Porém, ele estava bastante consciente de que vinte anos são vinte anos. A condessa Rossakoff poderia ser descrita, não sem falta de piedade, como uma ruína. Mas era ao menos uma ruína espetacular. A exuberância, o gosto apaixonado pela vida ainda estavam lá, e ela sabia melhor do que ninguém como lisonjear um homem.

Ela levou Poirot consigo até uma mesa na qual duas outras pessoas estavam sentadas.

– Meu amigo, meu célebre amigo, o sr. Hercule Poirot – ela anunciou. – Ele, que é o pesadelo daqueles que fazem o mal! Certa vez eu mesma o temi, mas agora minha vida é de uma insipidez extrema e virtuosa. Não é verdade?

O velho alto e magro ao qual ela dirigira as palavras respondeu:

– Insípida nunca, condessa.

– O professor Liskeard – apresentou a condessa. – Aquele que conhece tudo sobre o passado e que me deu dicas valiosíssimas para a decoração do Inferno.

O arqueólogo teve um pequeno arrepio.

– Se eu soubesse então o que a senhora planejava fazer! – ele murmurou. – O resultado é tão assustador...

Poirot observou os afrescos com mais atenção. Na parede à sua frente Orfeu e sua banda de jazz tocavam, enquanto Eurídice olhava esperançosa para a grelha. Na parede oposta Osíris e Ísis pareciam dar uma festa sobre barcos no inferno egípcio. Na terceira parede, alguns jovens de ambos os sexos se banhavam, do jeito que vieram ao mundo.

– A Terra dos Jovens – explicou a condessa, e acrescentou de um mesmo fôlego, completando as apresentações: – E essa é minha pequena Alice.

Poirot fez uma mesura para a segunda ocupante da mesa, uma moça de aspecto severo, com saia e casaco axadrezados. Usava óculos de tartaruga.

– Ela é muito, *muito* inteligente – afirmou a condessa Rossakoff. – Tem um diploma e é psicóloga; sabe todas as razões de os lunáticos serem lunáticos! Não é, como talvez pense, porque sejam loucos! Não, há muitas outras razões! Acho isso muito curioso.

A moça chamada Alice sorriu com gentileza, mas com um pouco de desdém. Com voz firme perguntou ao professor se ele gostaria de dançar. Ele pareceu lisonjeado, mas hesitava.

– Minha querida senhorita. Temo que eu só saiba valsar.

– Mas o que está tocando *é* uma valsa – respondeu Alice com paciência.

Eles se levantaram e foram dançar. Não dançaram bem.

A condessa Rossakoff deu um suspiro. Seguindo uma corrente de pensamentos toda sua, ela murmurou:

– No entanto, ela não é *realmente* feia...

– Ela não explora ao máximo suas possibilidades – disse Poirot, judicioso.

– Francamente – exclamou a condessa – não consigo entender essa juventude de hoje! Elas não se esforçam para agradar... na minha juventude, sempre me esforcei... as cores que caíam bem em mim... os enchimentos no vestido... o corselete apertado na cintura... o cabelo, com um tom quem sabe mais interessante...

Jogou para trás as pesadas madeixas de um louro acobreado... estava claro que ela, ao menos, ainda se esforçava, e muito!

– Contentar-se com o que a natureza lhe deu, isso é uma *estupidez*! E é arrogância também! A pequena Alice escreve páginas cheias de palavras complicadas sobre o sexo, mas eu pergunto: quantas vezes ela foi convidada por um homem para um fim de semana em Brighton? Para ela só existem essas palavras difíceis e o trabalho, e o bem-estar da classe trabalhadora, e o futuro do mundo. Muito digno, mas eu pergunto: é *alegre*? E veja só que mundo tedioso que esses jovens fizeram! Só se fala de regulamentos, de proibições! Na minha juventude não era assim.

– O que me lembra, como vai o seu filho, madame? – No último instante, ele trocou a palavra "menino" por "filho", lembrando que vinte anos haviam se passado.

O rosto da condessa iluminou-se de animada corujice materna.

– Meu querido anjo! Está tão grande agora, com ombros tão largos... tão bonito! Está na América. Constrói coisas lá, pontes, bancos, hotéis, lojas de departamento, linhas de ferro, tudo o que os americanos quiserem!

Poirot pareceu um pouco confuso.

– Ele é engenheiro, então? Ou arquiteto?

– O que isso importa? – perguntou a condessa. – Ele é encantador! Vive em meio a vigas de ferro, máquinas e coisas chamadas de resistência de metais. O tipo de coisa que nunca pude entender. Mas nos adoramos, eu e ele, sempre nos adoramos! Então, por causa dele, adoro a pequena Alice. Mas, sim, estão noivos. Conheceram-se num avião. Ou num barco, ou num trem. E se apaixonaram, isso enquanto conversavam sobre o bem-estar da classe trabalhadora. E quando ela vem a Londres me faz visitas, e eu a recebo com todo o carinho – a condessa cruzou os braços sobre seu vasto colo. – E digo: "Você e Niki se amam, então eu também te amo, mas, se você o ama, por que deixa que fique na América?" E ela fala do "trabalho" dela e do livro que está escrevendo e da carreira, e com franqueza não entendo chongas, mas é como sempre digo: "É preciso ser tolerante". – E perguntou sem tomar fôlego: – Mas o que acha, *cher ami*, de tudo isso que criei aqui?

– É muito bem planejado – respondeu Poirot, olhando em volta com aprovação. – É *chic*!

O lugar estava cheio, e tinha aquele inconfundível ar de sucesso que não pode ser fingido. Havia lânguidos casais vestidos para a noite, boêmios em calças de veludo, senhores corpulentos em ternos de negócios. A banda, com todos vestidos de demônios, enchia o ar de música febril. Sem a menor sombra de dúvida, o *Inferno* fizera sucesso.

– Aqui vêm todos os tipos – disse a condessa. – É assim que deve ser, não acha? Os portões do Inferno estão abertos para todos, não é?

– Com exceção, talvez, dos pobres? – sugeriu Poirot.
A condessa riu.

– Não dizem que é difícil para um rico entrar no reino dos céus? Então é natural que tenham a preferência no inferno.

O professor e Alice estavam voltando para a mesa. A condessa levantou-se.

– Preciso falar com Aristide.

Ela trocou algumas palavras com o maître, um descarnado Mefistófeles, e então foi passando de mesa em mesa, conversando com os convidados.

O professor, limpando a testa e bebericando uma taça de vinho, observou:

– É uma figura, não é? A gente sente isso.

Ele pediu licença e foi falar com alguém em outra mesa. Poirot, deixado sozinho com a severa Alice, sentiu-se um pouco constrangido ao encontrar seus gélidos olhos azuis. Reconheceu que era, na verdade, bastante bonita. Mas a considerava nitidamente alarmante.

– Ainda não sei seu sobrenome – ele murmurou.

– Cunningham. Dra. Alice Cunningham. O senhor conheceu Vera nos velhos tempos, não é verdade?

– Deve fazer vinte anos.

– Acho-a um objeto de estudo muito interessante – disse a dra. Alice Cunningham. – Obviamente ela me interessa como mãe do homem com quem vou me casar, mas me interessa de um ponto de vista profissional também.

– É mesmo?

– Sim. Estou escrevendo um livro sobre psicologia criminal. Considero a vida noturna desse lugar muito esclarecedora. Há vários tipos criminosos que frequentam a casa. Discuti suas vidas passadas com alguns deles. É claro que o senhor sabe muito bem das tendências criminosas de Vera... quero dizer, que ela é uma ladra, não sabe?

– Ora, sim... sei disso – respondeu Poirot um tanto surpreso.

— Eu chamo isso de complexo corvídeo. Ela sempre rouba coisas *cintilantes*, sabe? Nunca dinheiro. Sempre joias. Acho que quando criança foi mimada e bajulada, mas muito protegida do mundo. A vida era insuportavelmente chata para ela... chata e sem riscos. Por natureza, precisava de algo dramático... ansiava por *punição*. Isso está na raiz de seu hábito de roubar. Ela quer a *importância*, a *notoriedade* da *punição*!

Poirot objetou:

— Sua vida com certeza não pode ter sido tediosa e sem riscos, tendo sido ela parte do *ancien régime* da Rússia durante a revolução, não acha?

Um olhar divertido apareceu nos olhos azul-pálidos da srta. Cunningham.

— Ah — perguntou. — Parte do *ancien régime*? Ela disse isso ao senhor?

— É sem dúvida uma aristocrata — disse o leal Poirot, lutando contra certas lembranças desconfortáveis dos relatos radicalmente diferentes que a condessa lhe fizera sobre sua vida passada.

— A gente acredita no que quer acreditar — observou a srta. Cunningham, lançando sobre ele um olhar profissional.

Poirot sentiu-se alarmado. Dentro de instantes, seria informado de qual era o *seu* complexo. Decidiu então levar a guerra para o campo do inimigo. Ele apreciava a companhia da condessa Rossakoff em parte por causa de sua *provenance* aristocrática, e não deixaria que seu prazer fosse estragado por uma menininha de óculos com um diploma em psicologia e olhos que pareciam groselhas cozidas!

— Sabe o que eu acho impressionante? — ele perguntou.

Alice Cunningham não admitiu em palavras que *não* sabia. Contentou-se em assumir um ar de entediada mas condescendente.

Poirot prosseguiu:

– Acho incrível que a *senhorita*, que é jovem, e que poderia parecer mais bonita se se desse ao trabalho... bem, me deixa pasmo que a senhorita *não* se dê ao trabalho! Veste um casaco pesado e saia com grandes bolsos, como se fosse jogar golfe. Mas isso aqui não é um campo de golfe, é um porão onde faz 22 graus Celsius, e o seu nariz está afogueado e lustroso, mas a senhorita não passa pó nele, e o batom que passa sem muito interesse nem se preocupa em realçar os contornos dos lábios! A senhorita é mulher, mas não chama atenção para o fato de ser mulher. E eu lhe pergunto: "Por que não?". É uma pena!

Por um instante, sentiu a satisfação de ver Alice Cunningham parecer humana. Chegou até a ver uma centelha de ira em seus olhos. Mas logo ela voltou à sua atitude de desprezo sorridente.

– Meu querido sr. Poirot – ela começou –, sinto dizer que o senhor não está inteirado da ideologia moderna. É o *essencial* que importa, e não os acessórios.

Ergueu o olhar quando viu que um rapaz moreno e muito bonito vinha em sua direção.

– Esse é um tipo muito interessante – ela murmurou empolgada. – Paul Varesco! Sustentado por mulheres, e tem uns desejos depravados muito peculiares! Quero que ele me conte mais sobre uma governanta que cuidava dele quando tinha três anos.

Alguns instantes depois ela dançava com o jovem. Ele dançava divinamente bem. Quando deslizaram para perto da mesa de Poirot, este a ouviu dizer:

– E depois do verão em Bognor ela lhe deu um guindaste de brinquedo? Um *guindaste*... sim, isso é muito sugestivo.

Por um momento Poirot permitiu-se brincar com a ideia de que o interesse da srta. Cunningham pelos tipos criminosos talvez um dia fizesse com que seu corpo mutilado fosse encontrado em um bosque isolado. Ele não gostava de Alice Cunningham, mas foi sincero o bastante para perceber que o motivo dessa antipatia era o fato de que ela visivelmente não se sentia impressionada por Hercule Poirot! Sua vaidade sofria!

Então viu algo que por ora tirou Alice Cunningham de sua mente. A uma mesa do outro lado da pista sentava-se um rapaz loiro. Estava vestido para a noite, e seu porte indicava ser alguém que vive uma vida fácil, de prazeres. Em frente a ele estava sentada uma moça que, era óbvio, custava caro. O rapaz a admirava com um ar tolo e apaixonado. Quem os visse poderia pensar: "Os ricos de boa vida!". Não obstante Poirot sabia muito bem que o rapaz não era nem rico, e nem tinha boa vida. Ele era, na verdade, o detetive inspetor Charles Stevens, e pareceu-lhe provável que o detetive inspetor Charles Stevens estivesse ali a trabalho...

II

Na manhã seguinte Poirot fez uma visita à Scotland Yard, ao seu velho amigo inspetor-chefe Japp.

A reação de Japp às suas tentativas de inquérito foi inesperada.

– Sua raposa velha! – disse Japp com afeto. – Como você percebe essas coisas eu não faço ideia!

– Mas garanto-lhe que não sei de nada, nada mesmo! É só uma curiosidade inocente.

Japp respondeu que Poirot podia dizer isso a outro!

– Quer saber tudo sobre esse tal de *Inferno*? Bem, pelo visto é só mais uma boate. Fez sucesso! Devem estar ganhando muito dinheiro, embora é claro as despesas não devam ser poucas. Parece que a dona é uma senhora russa, chamada condessa alguma coisa...

– Conheço pessoalmente a condessa Rossakoff – disse Poirot, seco. – Somos velhos amigos.

– Mas ela é só fachada – Japp continuou. – Não foi quem entrou com o dinheiro. Pode ser o maître, Aristide Papopolous (sei que tem um investimento na casa), mas não acreditamos que o chefão seja realmente ele também. Na verdade não sabemos *quem* é o mandachuva.

– E o inspetor Stevens tem ido até lá para descobrir?

– Ah, você viu Stevens então? Sortudo desgraçado, com um trabalho desses sendo pago pelos contribuintes! E até agora não descobriu nada de nada!

– O que você suspeita que há para descobrir?

– Drogas! Venda de drogas em grande escala. E a droga está sendo comprada não com dinheiro, mas sim com pedras preciosas.

– Hã?

– É o seguinte. Lady Fulana (ou a condessa Sicrana) acha difícil conseguir dinheiro em espécie, e de qualquer modo não quer sacar grandes quantias no banco. Mas ela tem joias, às vezes joias tradicionais de família! Elas são levadas para um lugar para "limpeza" ou "ajustes", e lá as pedras são retiradas e substituídas por falsificações. As pedras removidas são vendidas aqui na Inglaterra ou no continente. É tudo muito fácil, não houve roubo e ninguém está reclamando a falta delas. Digamos que cedo ou tarde se descubra que uma certa tiara ou um certo colar são falsos? Lady Fulana é só inocência e espanto... não consegue imaginar *como* ou *quando* a substituição pode ter acontecido... o colar nunca saiu de suas mãos! E lá vai a pobre polícia, bufando em buscas inúteis, atrás de criadas despedidas, mordomos misteriosos, ou faxineiros suspeitos.

"Mas não somos tão idiotas quanto essas socialites pensam! Tivemos vários casos, um seguido do outro, *e encontramos um fator comum*: todas as mulheres mostravam sinais de estarem sob o efeito de drogas: nervosas, irritáveis, cheias de tiques nervosos, pupilas dilatadas, etcetera. A questão era: onde elas estavam conseguindo a droga, e quem comanda o negócio?

– E a resposta, você pensa, é o *Inferno*?

– Acreditamos que seja o quartel-general de toda a operação. Descobrimos onde é feita a manipulação das joias, um lugar chamado Golconda Ltda., aparentemente um estabelecimento respeitável, que vende imitações de joias de primeira linha. Tem um salafrário que se chama Paul Varesco... ah, você o conhece então?

– Eu o vi. No *Inferno*.

– Gostaria de vê-lo lá... no verdadeiro! Ele é dos piores, mas as mulheres... até mesmo as mulheres direitas... comem na mão dele! Ele tem algum tipo de ligação com a Golconda Ltda., e estou bem certo de que é o homem por trás do *Inferno*. É perfeito para o objetivo dele... frequentado por todos, mulheres da sociedade, golpistas profissionais... é o ponto de encontro ideal.

– Acha que a troca (de joias por drogas) acontece lá?

– Sim. De uma das pontas, a Golconda, nós já sabemos. Agora queremos a outra: a das drogas. Queremos saber quem está fornecendo a coisa e de onde está vindo.

– E até agora não faz ideia?

– *Acho* que é a russa, mas não temos provas. Algumas semanas atrás pareceu que estávamos chegando a algum lugar. Varesco foi até a Golconda, pegou algumas pedras e foi direto de lá para o *Inferno*. Stevens o estava vigiando, mas não chegou a vê-lo passar as joias para frente. Quando Varesco saiu, nós o pegamos... e *as pedras não estavam com ele*. Demos busca na boate, revistamos tudo! Resultado: nenhuma pedra preciosa, nenhuma droga!

– Um *fiasco*, então?

Japp sentiu o golpe.

– Você quem está dizendo! Pode não ter tido todo o sucesso do mundo, mas por sorte na revista nós prendemos Peverel (sabe quem é, o assassino de Battersea). Pura sorte, pois diziam que ele havia fugido para a Escócia. Um dos nossos inteligentes sargentos o reconheceu das fotografias. Então tudo está bem quando termina bem, parabéns para nós, e uma grande propaganda para o clube, que desde então tem andado mais lotado do que nunca!

Poirot disse:

– Mas em nada contribuiu para a investigação sobre as drogas. Será que não há um esconderijo lá?

– Tem que haver. Mas não conseguimos achar. Passamos um pente fino naquele lugar. E cá entre nós, houve uma busca informal também... – disse Japp, com uma piscadela. – Na moita. Um arrombamentozinho. Não deu certo, nosso agente "informal" quase foi feito em pedaços por aquele maldito cachorro gigante! Ele dorme lá!

– Ah, Cérbero?

– Sim. Nome besta para um cachorro. Igual aquela marca de sal.

– Cérbero – murmurou Poirot, pensativo.

– Por que não tenta, Poirot? – sugeriu Japp. – É um belo problema, vale a pena tentar. Odeio o tráfico de drogas, é uma coisa que destrói as pessoas, o corpo e a alma. Isso *é* o inferno!

Poirot murmurou, num tom meditativo:

– O ciclo se fecharia, sim. Você sabe qual foi o décimo segundo trabalho de Hércules?

– Não faço ideia.

– *A captura de Cérbero.* Muito apropriado, não acha?

– Não sei do que está falando, meu velho, mas lembre-se: "Cachorro devora homem" dá uma boa manchete – e, ao dizer isso, Japp soltou uma gargalhada.

III

– Gostaria de conversar com a senhora com a maior seriedade – disse Poirot.

A noite mal começara, e o clube estava quase vazio. A condessa e Poirot sentaram-se a uma pequena mesa próxima à porta de entrada.

– Mas não estou me sentindo nada séria – ela protestou. – *La petite Alice*, ela está sempre séria e, *entre nous*, acho isso um tédio. Meu pobre Niki, quanta diversão ele terá? Nenhuma.

– Tenho muita afeição pela senhora – continuou Poirot com firmeza. – E não quero vê-la no que se costuma chamar de uma encrenca.

– Mas que absurdo diz o senhor! Estou no topo do mundo, o dinheiro está entrando à toda!

– É a dona do clube?

O olhar da condessa tornou-se um pouco evasivo.

– É claro – ela respondeu.

– Mas tem um sócio?

– Quem lhe disse isso? – perguntou agressiva a condessa.

– Seu sócio por acaso seria Paul Varesco?

– Ah! Paul Varesco! Que ideia!

– Ele tem uma péssima... tem uma ficha na polícia. A senhora sabe que criminosos frequentam este clube?

A condessa explodiu numa gargalhada.

– Falou o *bon bourgeois*! Mas é claro que sei! Não percebe que isso é a metade da atração do lugar? Esses jovens de Mayfair... eles se cansam de ver somente pessoas iguais a eles no West End. Vêm para cá, veem os criminosos; o ladrão, o chantagista, o vigarista profissional, talvez até mesmo o assassino, o homem que estará na primeira página do jornais da semana que vem! Isso é excitante, eles pensam que estão vendo a Vida! Assim como o bom cavalheiro que durante toda semana vende calcinhas, meias, cintas! Que diferença de sua vida respeitável, seus amigos respeitáveis! E uma emoção a mais: ali na mesa, acariciando o bigode, está o inspetor da Scotland Yard, um inspetor de casaca!

– Então você sabia? – perguntou Poirot, tranquilo.
Ela o olhou nos olhos e sorriu.
– *Mon cher ami*, não sou tão simplória como parece supor!
– Também negocia drogas aqui?
– Ah, *ça* não! – a condessa falava com agressividade. – Isso seria uma abominação!
Poirot ficou olhando para a amiga por alguns instantes, e então suspirou.
– Acredito em você – disse por fim. – Mas nesse caso é ainda mais necessário que me conte quem é o verdadeiro dono desse lugar.
– Eu sou a dona – explodiu ela.
– No papel, sim. Mas há alguém por trás de você.
– Sabe, *mon ami*, que o acho muito curioso? Ele não é curiosíssimo, Dou dou?

Sua voz transformou-se num arrulho ao dizer as últimas palavras, e jogou um osso de pato de seu prato para o grande cão negro, que o apanhou com um violento estalo das mandíbulas.

– Do que foi que chamou aquele animal? – perguntou Poirot, divertido.
– *C'est mon petit Dou dou*!
– Mas é ridículo, um nome desses!
– Mas ele é encantador! É um cão policial! Sabe fazer tudo, tudo! Veja!

Ela se levantou, olhou em torno, e subitamente pegou um prato com um grande bife suculento que acabara de ser servido a um cliente numa mesa próxima. Foi até o nicho de mármore e pôs o prato em frente ao cachorro, ao mesmo tempo falando algumas palavras em russo.

Cérbero ficou olhando para a frente. Era como se o filé não existisse.

– Está vendo? E ele pode continuar assim por *horas* se for preciso, e não só por uns míseros *minutos*!

Então ela murmurou uma palavra, e como um raio Cérbero curvou seu longo pescoço, e o bife desapareceu como se num passe de mágica.

Vera Rossakoff lançou os braços em volta do pescoço do cachorro e o abraçou com paixão, para isso ficando na ponta dos pés.

– Vê como ele é delicado? – gritou ela. – Comigo, com Alice, com os amigos dele... Nós podemos fazer de tudo! Mas basta dar a ordem e presto! Posso garantir que ele despedaçaria um... um inspetor de polícia, por exemplo! Sim, faria em pedacinhos!

Soltou uma gargalhada.

– Eu só teria que dizer uma palavra...

Poirot se apressou em interrompê-la. Não apreciava o senso de humor da condessa. O inspetor Stevens poderia estar correndo um grande perigo.

– O professor Liskeard quer falar com a senhora.

O professor estava de pé atrás da condessa, olhando com desagrado.

– A senhora pegou o meu filé – ele reclamou. – Por que pegou o meu filé? Era um ótimo filé!

IV

– Vai ser na noite de quinta, meu velho – disse Japp. – É nesse dia que o balão vai subir. A criança é de Andrew, é claro, do departamento de narcóticos. Mas ele apreciará muito a sua participação. Não, obrigado, não quero beber nenhum dos seus sofisticados *sirops*. Tenho que cuidar do meu estômago. O que vejo ali, um uísque? Agora sim!

Pousando o copo na mesa, continuou:

– Acho que resolvemos o problema. O clube tem uma outra saída... *e nós a encontramos!*

– Onde é?

– Atrás da grelha. Parte dela é giratória.

– Mas com certeza seria visível...

– Não, meu velho. Quando a busca começou as luzes se apagaram (a chave geral foi desligada) e demoramos um ou dois minutos para religá-la. Sabemos que ninguém saiu pela frente, que estava sendo vigiada, mas agora está claro que alguém poderia ter se escapulido pela passagem secreta com a muamba. Examinamos a casa que fica atrás do clube, e foi assim que descobrimos o truque.

– E sua proposta, qual é?

Japp deu uma piscadela.

– Deixar que tudo aconteça como o planejado: a polícia aparece, as luzes se apagam... *enquanto isso há alguém esperando do outro lado da porta secreta para ver quem sai por ela.* Dessa vez *pegamos* eles!

– Por que quinta-feira?

Nova piscadela de Japp.

– Estamos muito bem-informados do que acontece em Golconda. Vi sair um carregamento de lá na quinta-feira. As esmeraldas de lady Carrington.

– Permite – perguntou Poirot – que eu também tome uma ou duas pequenas providências?

V

Quinta-feira à noite, sentado à sua pequena mesa de sempre, perto da entrada, Poirot estudava o ambiente. Como de hábito, o *Inferno* estava à toda!

A condessa estava ainda mais espetacular do que o normal, se isso era possível. Estava muito russa naquela noite, batendo palmas e gargalhando escandalosamente. Paul Varesco havia chegado. Às vezes usava impecáveis trajes de noite, outras, como era o caso hoje, escolhia apresentar-se em um tipo de roupa de apache, com um casaco abotoado muito justo e um lenço enrolado no pescoço. Parecia cruel e atraente. Deixando uma corpulenta senhora de meia-idade, toda enfeitada de diamantes, chegou-se a Alice Cunningham, que estava em uma das mesas escrevendo absorta num pequeno caderno, e a chamou para dançar. A senhora corpulenta olhou com desprezo para Alice, e depois para Varesco com adoração.

Não havia adoração nos olhos da srta. Cunningham. Eles cintilavam com puro interesse científico, e Poirot ouviu fragmentos de sua conversa quando, dançando, o casal passava perto dele. Ela já passara da fase da governanta, e agora procurava informações sobre a diretora do colégio no qual Paul estudara.

Quando a música parou, ela sentou-se perto de Poirot, parecendo estar feliz e excitada.

– Muitíssimo interessante – ela comentou. – Varesco será um dos casos mais importantes do meu livro. O simbolismo é inconfundível. Veja a questão do colete, por exemplo... pois o colete é um símbolo da camisa de silício... e tudo fica perfeitamente claro. Pode-se dizer que ele com certeza é um tipo criminoso, mas uma cura é possível...

– Que seja possível reformar um mau-caráter – disse Poirot – sempre foi uma das ilusões mais caras às mulheres!

Alice Cunningham lançou-lhe um olhar gélido.

– Falo de um ponto de vista inteiramente *impessoal*, sr. Poirot.

– É sempre assim – disse Poirot. – É sempre por um altruísmo puro e desinteressado... mas o objeto desse altruísmo em geral é um espécime atraente do sexo oposto. A senhorita por acaso está interessada em que escola *eu* frequentei, ou em como *eu* era tratado pela minha governanta?

– O senhor não é um tipo criminoso – afirmou a srta. Cunningham.

– A senhorita sabe reconhecer tipos criminosos?

– Sem dúvida.

O professor Liskeard juntou-se a eles. Sentou ao lado de Poirot.

– Estão falando de criminosos? Devia estudar o código penal de Hammurabi, sr. Poirot. De 1800 a.C. É muito interessante. *O homem que for pego roubando uma casa enquanto esta pega fogo deverá ser jogado no mesmo fogo que consome a casa.*

Ficou olhando, divertido, para a grelha elétrica.

– E há leis ainda mais antigas, da Suméria. *Se uma mulher demonstrar ódio pelo marido e a ele disser: "Tu não és meu marido", ela será atirada no rio.* Mais fácil e barato do que um divórcio. Mas se um marido disser o mesmo para a esposa, só terá de pagar-lhe uma certa quantia em prata. Ninguém atira *ele* no rio.

– É a velha história – disse Alice Cunningham. – Uma lei para o homem e outra para a mulher.

– As mulheres, é claro, apreciam mais os valores monetários – disse o professor, pensativo. – Sabe – ele continuou –, eu gosto desse lugar. Venho aqui quase toda noite. Não preciso pagar. A condessa me fez esse favor... muita bondade da parte dela... em consideração aos bons conselhos que dei para a decoração do lugar, diz ela. Não que eu seja o responsável, na verdade, já que não fazia ideia de por que ela me fazia aquelas perguntas. E é claro que ela e o artista entenderam tudo *completamente* errado. Espero que ninguém jamais saiba que tive qualquer ligação com essas coisas horríveis. As pessoas nunca esqueceriam. Mas ela é uma mulher maravilhosa... sempre me fez pensar nas mulheres da Babilônia. Eram ótimas mulheres de negócios...

As palavras do professor foram abafadas por um súbito coro de vozes. A palavra "polícia" foi ouvida. As mulheres se levantaram, houve uma babel de sons. As luzes se apagaram, e também a grelha elétrica.

Como um ruído de fundo da confusão, a voz do professor continuou tranquilamente a recitar vários excertos do código de Hammurabi.

Quando as luzes voltaram, Hercule Poirot subia a escada de degraus amplos e rasos. Os policiais à porta o saudaram, ele saiu para a rua e foi caminhando com tranquilidade até a esquina. Virando a esquina, colado à parede, havia um homenzinho com nariz vermelho que exalava um cheiro forte. Ele falou num sussurro ansioso e rouco.

— Tô aqui, patrão. É hora de eu ir lá?
— Sim. Vá em frente.
— Tem uma porrada de polícia aí!
— Não tem problema. Foram informados sobre você.
— Não vão se meter?
— Não vão se meter. Tem certeza que pode cumprir o que se dispôs a fazer? O animal em questão é grande e feroz.
— Comigo, não – disse o homenzinho, confiante. – Não com o que eu tenho aqui! Qualquer cachorro iria até o inferno atrás disso!
— Nesse caso – murmurou Hercule Poirot – ele tem de segui-lo para *fora* do inferno!

VI

Na madrugada, o telefone tocou. Poirot atendeu.
A voz de Japp disse:
— Você pediu que eu ligasse.
— Sim, pedi. *Eh bien*?
— Nada de drogas. Pegamos as esmeraldas.
— Onde?
— No bolso do professor Liskeard?
— Do professor Liskeard?
— Ficou surpreso também? Para ser franco, não sei o que pensar! Ele parecia estupefato como um bebê, ficou olhando para as pedras, disse que não fazia a menor ideia de como haviam entrado no bolso dele, e o pior é que

acreditei que falava a verdade! Varesco pode ter facilmente enfiado as pedras no bolso dele enquanto estava tudo escuro. Não faz sentido um homem velho como Liskeard estar metido num negócio desses. O homem é membro de todas aquelas sociedades científicas empoladas... tem ligações até com o British Museum! Só gasta dinheiro com livros, e, para piorar, livros mofados de segunda mão. Não, ele não se encaixa. Estou começando a achar que tudo foi um engano nosso, e que nenhuma droga passou por aquele clube.

— Ah, meu amigo, as drogas estavam lá essa noite. Diga-me, ninguém saiu pela sua passagem secreta?

— Sim, o príncipe Henry de Sandenberg e seu ajudante de ordens... ele só chegou na Inglaterra ontem. Vitamian Evans, o ministro (deve ser um inferno ser ministro quando se é do partido trabalhista, o sujeito precisa tomar tanto cuidado! Ninguém se importa de ver um conservador vivendo como um nababo, porque todos acreditam que o dinheiro é dele mesmo... mas, quando é um trabalhista, os contribuintes acham que é o dinheiro *deles* que ele está gastando! E é mesmo, de certa forma). Lady Beatrice Viner foi a última... ela vai se casar depois de amanhã com o jovem duque de Leominster, um sujeito todo puritano. Não creio que nenhum desses esteja envolvido na trama.

— E tem razão. Porém, as drogas *estavam* no clube e alguém as tirou de lá.

— E quem foi?

— Eu, *mon ami* – falou Poirot suavemente.

Colocou o telefone no gancho, cortando a explosão de raiva de Japp, quando a campainha tocou. Levantou-se e foi abrir a porta da frente. A condessa Rossakoff entrou sorrateira.

— Se não fôssemos, infelizmente, velhos demais, isso seria muito comprometedor! – ela exclamou. – Vim como você me pediu no bilhete. Acho que há um policial atrás de mim, mas ele pode ficar na rua. Então, meu amigo, o que é?

Poirot, galante, ajudou-a a tirar suas peles de raposa.

— Por que pôs aquelas esmeraldas no bolso do professor Liskeard? – ele perguntou. *Ce n'est pas gentille, ce que vous avez fait là!*

A condessa arregalou os olhos.

— Naturalmente, minha intenção era colocar as esmeraldas no *seu* bolso!

— Ah, no *meu* bolso?

— Mas é claro. Fui correndo até a mesa que você ocupa normalmente... mas as luzes estão apagadas e acho que, sem querer, coloquei as pedras no bolso do professor.

— E por que queria colocar esmeraldas roubadas no meu bolso?

— Me pareceu... eu tive de pensar rápido, é claro... que era o melhor a fazer!

— Realmente, Vera, você é *impayable*!

— Mas, meu querido amigo, *pense*! A polícia chega, as luzes se apagam (nosso arranjozinho particular para os fregueses que não podem passar pelo constrangimento), *e uma mão leva a minha bolsa da mesa*. Eu pego de volta, mas através do veludo sinto alguma coisa muito dura. Enfio a mão na bolsa, descubro pelo toque que são joias e compreendo imediatamente quem as pôs lá!

— Ah, compreende, é?

— Mas é claro que sim! Foi aquele *salaud*! Aquele réptil, monstro, verme de duas caras, traidor, víbora filho de uma porca, Paul Varesco.

— O homem que é seu sócio no *Inferno*?

— Sim, sim, ele é o dono do lugar, é quem entra com o dinheiro. Até agora eu não o havia traído... posso ser muito leal, sim! Mas agora que ele me passou a perna, que tentou me deixar mal com a polícia... ah! Agora vou cuspir o nome dele, sim, *cuspir*!

– Acalme-se – disse Poirot – e venha comigo para o cômodo ao lado.

Ele abriu a porta. Era um cômodo pequeno, e parecia por um momento estar cheio até a tampa do cachorro. Cérbero parecia gigante mesmo no amplo espaço do *Inferno*. Na pequena sala de jantar do flat de Poirot, o cômodo inteiro parecia ser ocupado pelo animal. Lá estava também, contudo, o homenzinho odoroso.

– Viemos pra cá como o senhor mandou, patrão – disse o homenzinho numa voz rouca.

– Dou dou! – gritou a condessa. – Dou dou, meu anjinho!

Cérbero bateu no chão com seu rabo, mas não se moveu.

– Deixe-me apresentá-la ao sr. William Higgs – gritou Poirot, para ser ouvido apesar do estrépito causado pelo rabo de Cérbero. – Um mestre em sua profissão. Durante o barata-voa dessa noite – continuou Poirot –, o sr. Higgs induziu Cérbero a segui-lo para fora do *Inferno*.

– O *senhor* o induziu? – a condessa observava incrédula o homenzinho com cara de rato. – Mas *como*? *Como*?

O sr. Higgs baixou os olhos, encabulado.

– Num me sentiria à vontade de dizer na frente duma senhora. Mas tem coisas que os cachorros não resistem. O bicho me segue pronde eu for, se eu quero. Claro que não funciona com cadelas... não, aí é diferente, sim senhora.

A condessa Rossakoff virou-se para Poirot.

– Mas por quê? *Por quê*?

Poirot explicou, devagar:

– Um cachorro que seja treinado para tal pode carregar um objeto em sua boca até que receba a ordem de soltá-lo. Se for preciso, pode carregá-lo por horas. Por favor, mande seu cachorro largar o que tem na boca.

Vera Rossakoff olhou, virou-se e disse duas breves palavras.

As grandes mandíbulas de Cérbero se abriram. Então, foi realmente assustador... *a língua de Cérbero pareceu cair de sua boca...*

Poirot deu um passo para frente. Apanhou um pequeno pacote embrulhado em um material cor-de-rosa. Abriu. Dentro, havia um pacote de pó branco.

– O que é isso? – a condessa perguntou, agressiva.

Poirot respondeu com suavidade:

– *Cocaína*. Parece tão pouca... mas o que há aqui vale milhares de libras para os que estiverem dispostos a pagar... O suficiente para arruinar e destruir muitas centenas de pessoas...

Ela prendeu a respiração por alguns instantes, e então gritou:

– E você pensa que *eu*... mas não é verdade! Juro que não é verdade! No passado me diverti com as joias, os bibelôs, meus tesourinhos... isso ajuda a gente a viver. E o que acho é: por que não? Por que outra pessoa tem mais direito de posse sobre alguma coisa do que eu?

– Acho a mesma coisa quando o assunto é cachorros – interrompeu o sr. Higgs.

– Você não tem o senso do certo e do errado – disse à condessa um Poirot triste.

Ela continuou a falar:

– Mas *drogas*... *isso não*! Elas causam sofrimento, dor, degeneração! Eu não fazia ideia, a mais mínima ideia, de que meu *Inferno*, tão charmoso, tão inocente, tão agradável, estava sendo usado para *isso*!

– Concordo com a senhora nisso das drogas – afirmou o sr. Higgs. – Dopar os cachorros de corrida é uma coisa que não se faz! Eu nunca meteria a minha mão num troço desses, e *nunca* meti!

– Mas você acredita em mim, meu amigo? – implorou a condessa.

– Mas é claro que acredito! Não me dei ao trabalho de condenar o verdadeiro organizador desse esquema de drogas? Não realizei o décimo segundo trabalho de Hércules resgatando Cérbero do inferno para mostrar que eu estava certo? Pois lhe digo isso, não gosto que conspirem contra meus amigos... isso mesmo, *conspiração*... pois seria *você* a sofrer as consequências se tudo desse errado! As esmeraldas deviam ser encontradas na *sua* bolsa, e se alguém tivesse a inteligência (como eu tive) de suspeitar que a boca de um cão feroz estava sendo usada como esconderijo... *eh bien*, ele é o *seu* cachorro, não é? Mesmo *tendo* ele aceito *la petite Alice* a ponto de também obedecer às ordens dela! Sim, está bem na hora de abrir os seus olhos! Desde o início não gostei daquela senhorita, com seu jargão científico e aquele casaco e aquela saia de bolsos grandes. Sim, *bolsos*. Não é natural que uma mulher seja tão descuidada com a própria aparência! E o que ela me diz? Que o essencial é que importa! Aha! O essencial são os bolsos. Bolsos nos quais ela podia levar drogas e joias, uma pequena troca muito fácil de fazer em meio a uma dança com o seu cúmplice, que ela finge considerar um estudo de caso em psicologia. Ah, mas que disfarce! Ninguém suspeita da cientista, da psicóloga, muito franca, que usa óculos e tem um diploma. Ela pode contrabandear drogas, e induzir seus pacientes ricos a desenvolver o hábito, e fornecer o dinheiro para fazer uma boate, e arranjar para que ela seja administrada por alguém com... digamos, uma pequena fraqueza em seu passado! Mas ela menospreza Hercule Poirot, acha que pode enganá-lo com aquelas conversas de governantas e coletes! *Eh bien*, estou pronto para ela. As luzes se apagam. Rapidamente saio de minha mesa e vou para perto de Cérbero. Na escuridão, posso ouvi-la se aproximando. Ela abre a boca do cachorro, insere o pacote lá dentro, e eu, com cuidado, sem que ela perceba minha presença, corto com uma tesourinha um pequeno pedaço de sua manga.

Fazendo suspense, ele apresenta um pedacinho de tecido.

– Observe... o mesmíssimo tweed xadrez... e entregarei isto a Japp, para que ele o encaixe em seu lugar de origem e efetue a prisão... e diga como mais uma vez a Scotland Yard foi astuta.

A condessa Rossakoff o encarava, estupefata. De repente soltou um grito que fazia lembrar uma sirene de navio.

– Mas meu Niki... meu Niki. Isso vai ser terrível para ele... – Interrompeu-se. – Ou acha que não?

– Há muitas outras moças na América – disse Hercule Poirot.

– E não fosse por você a mãe dele estaria presa... *presa*... com o cabelo cortado... sentada numa cela... e cheirando a desinfetante! Ah, mas você é maravilhoso... *maravilhoso*.

Atirando-se para a frente, agarrou Poirot em seus braços e abraçou-o com fervor eslavo. O sr. Higgs olhava, satisfeito. O cão Cérbero batia o rabo no chão.

Em meio a tal cena de efusão ouviu-se o trinar da campainha.

– Japp! – exclamou Poirot, libertando-se dos braços da condessa.

– Talvez seja melhor que eu vá para o outro cômodo – disse a condessa.

Ela desapareceu pela porta. Poirot dirigiu-se ao hall.

– Patrão – disse o sr. Higgs, preocupado –, melhor se olhar no espelho antes, não?

Poirot obedeceu e recuou de susto. Batom e máscara ornamentavam seu rosto, em um caos fantástico.

– Se for o sr. Japp da Scotland Yard, vai pensar o pior, certeza – disse o sr. Higgs.

E falou ainda, enquanto a campainha trinava pela segunda vez e Poirot se esforçava freneticamente para remover aquela graxa vermelha das pontas de seu bigode:

– E o que o patrão quer que *eu* faça? Cascar fora também? E esse cão dos infernos?

– Se me lembro bem – disse Hercule Poirot – Cérbero voltou para o inferno.

– O patrão é que manda – falou o sr. Higgs. – Na verdade eu até que me afeiçoei pelo bicho... Mesmo assim, não é do tipo que eu gostaria de ter, é muito chamativo, se é que me entende. E imagine o quanto isso deve custar em carne de vaca e de cavalo. Deve comer igual um leão, esse bicho.

– Do leão de Nemeia à captura de Cérbero – murmurou. – Minha tarefa está completa.

VII

Uma semana depois, a srta. Lemon entregou uma conta ao patrão.

– Com licença, sr. Poirot. Devo pagar isso aqui? *Leonora, Florista. Rosas vermelhas.* Onze libras, oito xelins e seis pence. Enviadas à condessa Vera Rossakoff, *Inferno*, 13, End St., WC1.

Tão vermelhas quanto as rosas ficaram as bochechas de Hercule Poirot. Ele corou, corou até a raiz dos cabelos.

– Perfeitamente, srta. Lemon. Um pequeno... hum, tributo... a... a uma ocasião. O filho da condessa acaba de ficar noivo nos Estados Unidos, com a filha de seu patrão, um magnata do aço. As rosas vermelhas... se me lembro bem, são as flores favoritas dela.

– Certo – disse a srta. Lemon. – São muito caras nessa época do ano.

Hercule Poirot empertigou-se.

– Há ocasiões – disse ele – em que não se deve economizar.

Solfejando uma pequena melodia, ele saiu porta afora. Andava com passos leves, quase saltitava. A srta. Lemon ficou olhando. Esqueceu do seu novo sistema de arquivamento. Todos os seus instintos femininos se acenderam.

– Santo Deus – ela murmurou. – Será que... *Nessa* idade!... Não pode ser...

Livros de Agatha Christie publicados pela **L&PM** EDITORE

O homem do terno marrom
O segredo de Chimneys
O mistério dos sete relógios
O misterioso sr. Quin
O mistério Sittaford
O cão da morte
Por que não pediram a Evans?
O detetive Parker Pyne
É fácil matar
Hora Zero
E no final a morte
Um brinde de cianureto
Testemunha de acusação e outras histórias
A Casa Torta
Aventura em Bagdá
Um destino ignorado
A teia da aranha (com Charles Osborne)
Punição para a inocência
O Cavalo Amarelo
Noite sem fim
Passageiro para Frankfurt
A mina de ouro e outras histórias

Memórias
Autobiografia

Mistérios de Hercule Poirot

Os Quatro Grandes
O mistério do Trem Azul
A Casa do Penhasco
Treze à mesa
Assassinato no Expresso Oriente
Tragédia em três atos
Morte nas nuvens
Os crimes ABC
Morte na Mesopotâmia
Cartas na mesa
Assassinato no beco
Poirot perde uma cliente
Morte no Nilo
Encontro com a morte
O Natal de Poirot
Cipreste triste
Uma dose mortal
Morte na praia
A Mansão Hollow
Os trabalhos de Hércules
Seguindo a correnteza
A morte da sra. McGinty
Depois do funeral
Morte na rua Hickory
A extravagância do morto
Um gato entre os pombos
A aventura do pudim de Natal
A terceira moça
A noite das bruxas
Os elefantes não esquecem
Os primeiros casos de Poirot
Cai o pano: o último caso de Poirot
Poirot e o mistério da arca espanhola e outras histórias
Poirot sempre espera e outras histórias

Mistérios de Miss Marple

Assassinato na casa do pastor
Os treze problemas

Um corpo na biblioteca
A mão misteriosa
Convite para um homicídio
Um passe de mágica
Um punhado de centeio
Testemunha ocular do crime
A maldição do espelho
Mistério no Caribe
O caso do Hotel Bertram
Nêmesis
Um crime adormecido
Os últimos casos de Miss
  Marple

MISTÉRIOS DE
  TOMMY & TUPPENCE

O adversário secreto
Sócios no crime
M ou N?

Um pressentimento funesto
Portal do destino

ROMANCES DE MARY
  WESTMACOTT

Entre dois amores
Retrato inacabado
Ausência na primavera
O conflito
Filha é filha
O fardo

TEATRO

Akhenaton
Testemunha de acusação e
  outras peças
E não sobrou nenhum e outras
  peças

ANTOLOGIAS DE ROMANCES E CONTOS

Mistérios dos anos 30
Mistérios dos anos 40
Mistérios dos anos 50
Mistérios dos anos 60

Miss Marple: todos os romances
  v. 1
Poirot: Os crimes perfeitos
Poirot: Quatro casos clássicos

GRAPHIC NOVEL

O adversário secreto
Assassinato no Expresso Oriente
Um corpo na biblioteca

Poirot

Agatha Christie

- Morte no Nilo
- Morte na Praia
- Noite das Bruxas
- Encontro com a Morte
- Assassinato no Expresso Oriente
- A Mansão Hollow

© 2017 Agatha Christie Limited. All rights reserved

L&PMPOCKET

Agatha Christie

EM TODOS OS FORMATOS
AGORA TAMBÉM EM FORMATO TRADICIONAL (14x21)

L&PM EDITORES

lepmeditores
www.lpm.com.br
o site que conta tudo

IMPRESSÃO:

PALLOTTI
GRÁFICA

Santa Maria - RS | Fone: (55) 3220.4500
www.graficapallotti.com.br